本书为上海文化发展基金图书
出版专项基金资助项目

江南制造局翻译馆图志

上海图书馆历史文献研究丛刊

主　　编：樊兆鸣

撰　　写：樊兆鸣　曾　明　黄孅婉
李　琼　姜静怡　王　勤

上海科学技术文献出版社

图书在版编目（CIP）数据

江南制造局翻译馆图志/上海图书馆编. --上海：上海科学技术文献出版社，2011.1

ISBN 978-7-5439-4480-0

I.①江… II.①上… III.①江南制造局翻译馆-文化史 IV.①G239.295.2

中国版本图书馆CIP数据核字(2010)第154601号

责任编辑：倪文君

封面设计：何　旸

江南制造局翻译馆图志

上海图书馆 编

出版发行：上海科学技术文献出版社

地　　址：上海市长乐路746号

邮政编码：200040

经　　销：全国新华书店

印　　刷：江苏常熟市人民印刷厂

开　　本：787X1092　1/16

印　　张：14

字　　数：175 000

版　　次：2011年1月第1版　2011年1月第1次印刷

书　　号：ISBN978-7-5439-4480-0

定　　价：56.00元

http://www.sstlp.com

序

中外文化交流，源远流长。江南制造局翻译馆存在四十多年，在悠久的中外文化交流史上虽然只占短短的一页，却居于特殊的地位，具有突出的意义。

中国较大规模的对外文化交流，当可远溯东汉和盛唐时期。东汉佛教的传入和盛唐对域外文化的包容，丰富了中国古代文明，中国古代文明的成就也对世界人类文明的发展起过积极的作用，产生过深远的影响。此后千百年间，中外文化交流仍绵延不断，不绝如缕。及至明清之际，随着中西航路的开通，中外文化交流又掀起新的热潮。利玛窦等来华耶稣会士以介绍西方科学文化作为传教的手段，导致16世纪中叶以后西方近代思想文化输入中国。中国士大夫探究西学一时蔚然成为风气。但是在清初闭关锁国的政策下，这次短暂的中外文化交流被人为地阻绝，使中国处于与外部世界隔绝的封闭状态长达一百多年。

在这一百多年间，西方几个主要国家思想上历经启蒙运动的洗礼，经济上在工业革命的推动下，资本主义得到蓬勃的发展，中西之间文化发展水平的差距日益拉大。19世纪中叶，西方列强势力扩张，终于打开了老大中国的大门。经受两次鸦片战争失败的刺激和国内太平天国运动的严重打击，清朝部分统治者和在野的士大夫从洋枪洋炮所代表的西方物质文明中终于认识到只有改弦更张，师夷长技，才能挽救摇摇欲坠的皇朝统治。一场向西方学习的高潮——洋务运动终于掀起。洋务运动又一次开启了中西文化交流的闸门，结束了清皇朝闭关锁国的状态。

与东汉和盛唐时期不同——汉、唐时期中华文化和域外文化是在相对平等地位上作双向的交流，盛唐皇朝更是以强盛的国力、恢弘的气度，对异域文化主动采纳，兼容并蓄；中华文化也强劲辐射，泽被远西，在世界文明史上留下深深的履痕——洋务运动时期的中外文化交流，则反映出在西方殖民势力的猛烈撞击下，中国面临“古今未有之变局”，被西方列强强行纳入世界殖民主义—资本主义体系。为此，容纳西学是当时中国朝野无可奈何的被动抉择。洋务运动时期的文化交流也不同于明清之际的中西文化交流，虽然两者都是资本主义文化和封建传统文化两种异质文化的碰撞和融合，但是明末清初的交流主要停留在西方来华耶稣会士同热衷西学的少数中国士人学者之间互相合作的层面上，其影响是有限的；而洋务运动时期的西方文化，是作为强势文化，伴随着西方列强的坚船利炮输向中国，中西文化交流所引起的思想革新和社会变革，其广度和深度都是明清之际的西学输入所难望其项背的。

在洋务运动时期，西方来华传教士大量译书、创办报刊，设立新式学校，以介绍西学作为传教手段。与此同时，清政府创办了一系列近代军事工业和民用企业，设立京师同文馆、江南制造局翻译馆，派遣青少年出洋留学，等等。这些，都表明在“中学为体、西学为用”的前提下，输入西学已经成为政府的决策和政府行为。一大批西方科技著作和一些人文学科著述被译介到中国。其中，江南制造局翻译馆在晚清官办译书机构中历时最久、译书最多、影响最大，成为晚清中西文化交流的重要基地。

本书正是以江南制造局翻译馆为对象，对晚清西学的译介进行全面而深入的个案研究。作者阐述翻译馆设立的历史背景及其创办历程，分析它最后衰落的原因。针对当时国门初开，中国人中熟悉外文的人才稀缺和西方近代文化与中国传统文化有明显差异的具体情况，翻译馆的翻译采取了西人口授、中国学者笔录的“西述中译”方法，确定了译名的原则——不少新创的化学元素译名沿用至今。书中介绍的翻译馆出版印刷技术和发售机制，极大地推动了我国近代出版史的研究；书中摘载了馆内西员简况，对他们的工作作了公允的评价，并缕述中方主要翻译人员小传，表明当时中国知识界已经出现一个由传统向现代转型的特殊群体。书中对翻译馆不同时期出版物数量、种类和特点所作的具体统计和量化分析，表明翻译馆在近代西学输入中占据了重要的地位。这些著作的内容，从应用科学技术比重逐步减少，和社会科学译著增加的变化，可以看出洋务运动的重点从求强到致富的发展轨迹，以及它向维新运动推进的端倪。

十分值得注意的是，本书是以上海图书馆所藏丰富的历史文献为基础，对翻译馆在其存在期间有关西学的全部出版物，逐一扼要介绍其内容，查出原著名称及其简要内容，这是本书的一大特色。当然，尽管本书以上海图书馆馆藏文献为基础，但它绝不是资料的简单堆砌。它根据扎实的资料，充分吸收了前人已有的研究成果，夹叙夹议，作了相应的理论分析。本书为近代中西文化交流提供了具体的例证，为中国早期现代化的历史补充了生动的内容，它对中国近代史的研究，尤其是近代西学东渐的思想文化史的研究，具有重要的参考价值和研究意义，自不待言。

陈　绛

2010 年 6 月

于沪西寓所

目 录

一、中国工业文明的启明星——江南制造局

在北京中华世纪坛的中华民族大事记青铜板上，1865 年这一块上刻着这样的文字："1865 年(清同治四年)，江南机器制造总局在上海成立。"

根据魏允恭《江南制造局记》的记载，江南机器制造总局(亦简称为江南制造局)设立时间约为 1865 年 5 月底至 6 月初，由丁日昌买下美商旗记铁厂而建局。1865 年，距离鸦片战争已经有 25 年，这 25 年来，内忧外患，国无宁日：1843 年，鸦片战争以签订《江宁条约》(《南京条约》)和《五口通商附粘善后条款》(《虎门条约》)而告终。不到 10 年，太平天国运动爆发，两年后捻军又起，1856 年英法联军又挑起第二次鸦片战争，1860 年攻陷北

旗记铁厂位置图

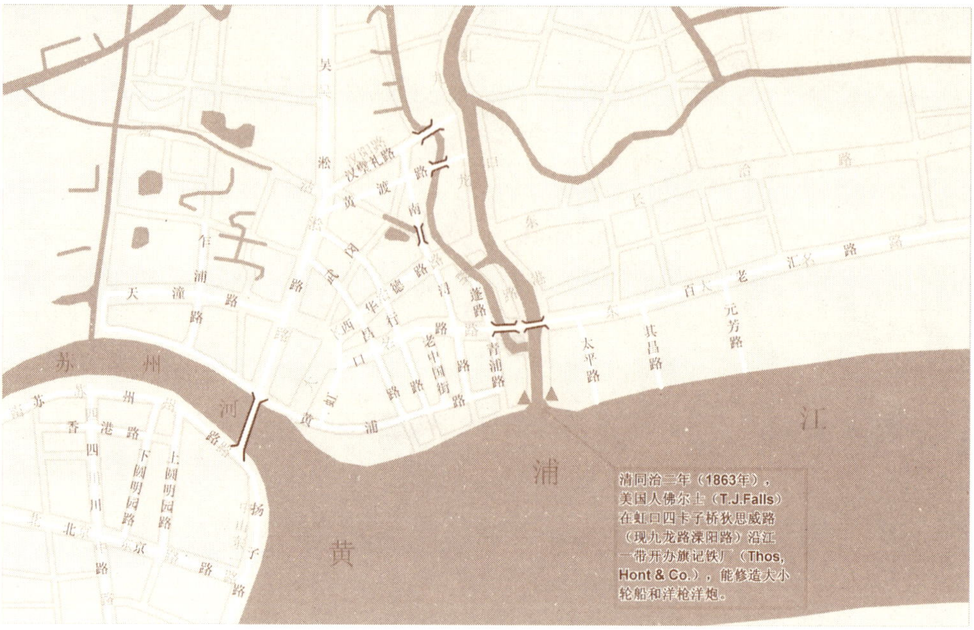

京……可以说，从鸦片战争到江南机器制造总局建立的25年间，是一个天翻地覆、血雨腥风的年代。

外国军队的现代舰船枪炮，甚至太平军引进的外国火器，都对仍然以粗劣的火炮和冷兵器为主的清军造成了极大的震撼，清廷官员不得不开始正视过去被视作“奇技淫巧”的科学技术。从1842年魏源的《海国图志》到1861年冯桂芬的《校邠庐抗议》，一批首先放眼世界的人物向当局提出了涉及科学技术、国家体制、人文思想等各领域的新主张。然而，受到眼界、思想的局限，特别是出于利益的考虑，在清政府的高官中，军械的现代化成了中国提高国力的唯一目标，似乎只要中国能够造出媲美西洋的枪炮舰船，就可以和西洋诸国一样主宰自己的命运了。江南制造局的创始者们也同样把近代科技与工业看作拯救国家的首要力量，华蘅芳在他的《防海新论序》中就认为“必先操可胜之柄，而后可以议战”，而这“可胜之柄”，就是他所擅长、并准备以此效力朝廷的现代科技。洋务运动，或称自强运动，就是在内外双重压力下由朝廷的有识之士和民间的能工巧匠共同缔造的中国近代工业与科技文明的开端。

在今天上海虹口区的溧阳路、九龙路之间，有一条被称作虹口港的不大的河流，汇入黄浦江中。当时的虹口，大部分地方已划为美租界，美国人在虹口港两岸创办了旗记铁厂（Thos. & Hunt Co.），该公司的创立日期已经不清楚，只知道1863年已经存在了。旗记铁厂的业务主要是修船和修造枪炮，在被中国官方购入之前，就曾为清政府造过火炮和弹药。在19世纪，不仅军舰装备军械，民用运输船只也普遍装备军械用以自卫和应对冲突，因此，军械的修造常常是修船企业不可或缺的业务之一。李鸿章上奏言其“技艺甚属周到，所有轮船、枪炮机器俱能如法制造”，虽有夸大，但可以看出，他并非只是看重旗记铁厂是一个修造船企业，而更多的是看重其在军事工业方面的综合能力。因此，购入旗记铁厂作为江南机器制造总局的基础，当时考虑的还是其较强的军事工业综合能力。

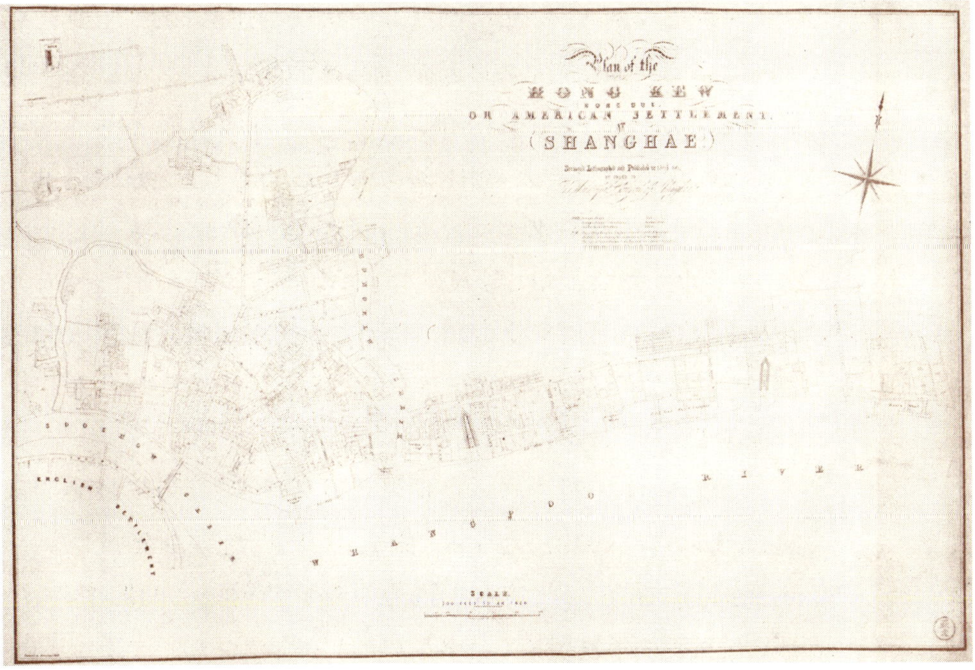

上海美租界图（1866年）

建局高昌庙图纸

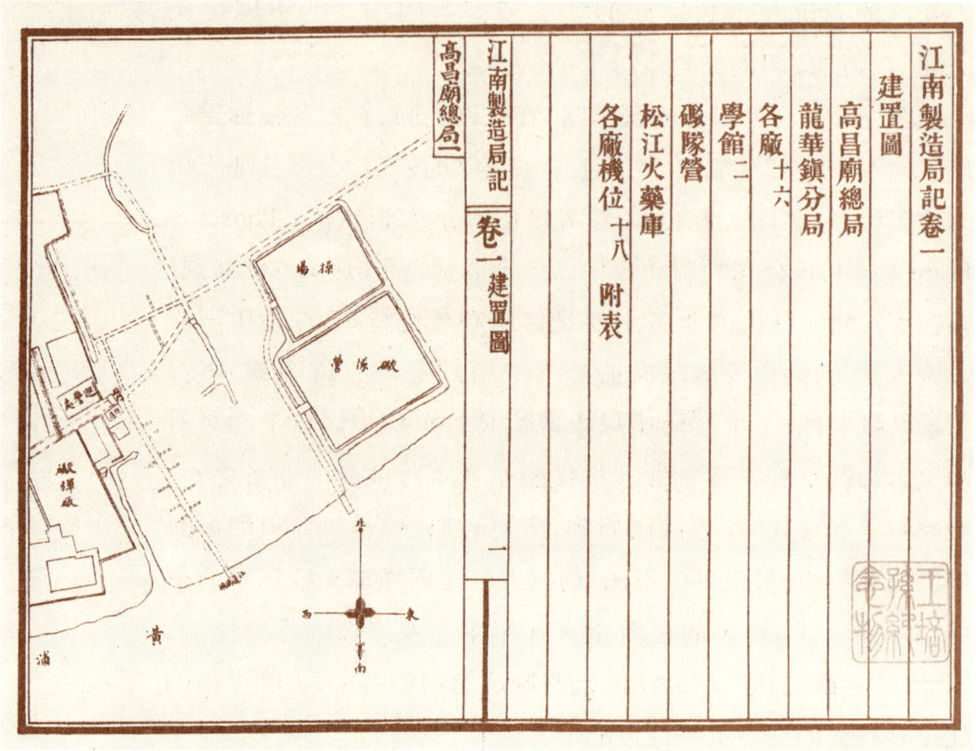
江南製造局記卷一

建置圖

高昌廟總局

龍華鎮分局

各廠十六

學館二

礮隊營

松江火藥庫

各廠機位十八 附表

江南製造局記 卷一 建置圖 一

高昌廟總局一

建局仅仅两年后，江南制造局就从虹口迁出，来到当时被称为高昌庙的黄浦江畔，直到近年为世博会而迁址长兴岛，在那里整整度过了140个年头。从虹口迁出，一方面是因为制造局生产弹药的规模日益扩大，周围的美国人担心有安全问题，且虹口华洋杂处，易引起中外纠纷，故不得不另觅栖身之地。另一方面，由于业务发展很快，到搬迁时，仅制造局的工人就已经有六百人之众，虹口港地窄水浅，根本无法满足越来越大的军火和舰船生产的要求。搬到高昌庙，使制造局有了足够大的发展空间而最终成为中国最有影响的一家工业企业。

在晚清，江南制造局一直是朝廷最为重视、最为依赖的工业重镇，李鸿章、曾国藩、左宗棠、张之洞、袁世凯等朝廷重臣先后担任过它的督办，而江南制造局也没有辜负创始者的期望，为中国工业文明的最初兴起，发出了启明星的微光。

李鸿章

曾国藩

左宗棠

张之洞

袁世凯

江南制造局见证了中国近代工业从无到有的诞生过程。建局之初，制造局就招募了诸如徐寿、华蘅芳、徐建寅、徐华封等此前就已经在安庆有所建树的中国第一批科技人才，也吸纳了旗记铁厂留下的佛尔士（T. J. Falls，旧译科尔）等“洋匠”和一批中国工匠。其中的中坚人物，是一批颇具理想主义色彩，同时也具备一定西方科技知识的精英，他们“壮心夙具凌云志”，抱着“终教绝技等屠龙”的强国志向，在处处受阻的环境中艰难地坚持着自己的事业。江南制造局要成为一个大型的综合性军工企业，对懂得科学知识的人才有着迫切的需求。中国传统的教育内容和教育体系完全不能为即将到来的现代工业的兴起提供亟需的知识和人才,在这样的情况下,江南制造局翻译馆和工艺学堂的诞生自然顺理成章。

严峻的事实让江南制造局的创始者清楚地认识到,中国人的自强之梦不是单单靠仿制几支枪械、几门大炮就可以实现的,中国所缺少的不仅仅是枪炮,更缺少配套的工业体系、技术人才,尤其缺少科学知识。在这种条件下造出的枪炮轮船,无异于无本之木,无源之水。因此,江南制造局不得不担负起了对于一个企业而言从未有过的文化创建和文化传播的职责,翻译馆、工艺学堂就是江南制造局应对工业文明的成功创举。

江南制造局兵工学堂为中国最早的职业教育机构,图为兵工学堂格致室

在中国近代史上,1868 年创办的江南制造局翻译馆和广方言馆、同文馆并列为引进国外先进科技知识、翻译国外科技文献的先行者,在中国近代早期介绍西方科学文化知识的机构中占有重要的地位。同时,江南制造局在培养科技人才方面,除了通过生产实践训练了大批熟练工匠外,还设立了带有学堂性质的

画图房，并教授外语、数学和机械制图等。1898 年，又在此基础上建立了工艺学堂，即后来的兵工学堂，为制造局和其他企业培养了大批技术人才。

江南制造局的翻译馆、工艺学堂在当时起到了传播现代科学和普及应用技术教育的作用，这正是中国科学和工业技术亟需的、亦不可偏废的两个组成部分。因此，江南机器制造总局在中国近代史上的意义才大大超出了一个企业的范畴，成为中国近代科学和技术启蒙教育的一个重要开拓者。

江南制造局也是见证中国近代工业体系从无到有的一个标志。江南制造局建局之初，在造枪炮的时候发现得先炼钢，造子弹的时候发现得先造无烟火药，造兵船的时候发现得先造加工机械，于是不得不样样从零开始，创造出了许多的“中国第一”，从而成就了江南制造局作为中国工业先驱的历史地位。

在江南制造局，徐寿、华蘅芳、徐建寅等中国第一代科技工作者在机械制造、化工、冶金等方面始终保持着亲力亲为的传统。他们亲自参与设计、测绘，在造船、枪炮、火药、冶金和机械制造等各个领域都作出了杰出的贡献。在到江南制造局之前，他们就已致力于科学技术的实践。他们曾为了探索光学奥秘，将水晶印章磨成三角形来代替难以找到的三棱玻璃，“验得光分七色”；为了验证枪弹运行的轨迹是否呈抛物线，他们设远近靶子，通过实弹射击验证了解弹道抛物线的计算；在安庆，徐寿等人在曾国藩的支持下试造出了最早的蒸汽轮船。他们全面的技术素养直接对当时以江南制造局为代表的中国早期工业产生了深刻影响，使江南制造局在军工、造船、机械和化工等方面走在了全国的前列。到 19 世纪 90 年代，江南制造局已成为中国乃至东亚技术最先进、设备最齐全的机器工厂，并且成为中国诸多工业行业的先行者。

江南制造局制造了大量的“制器之器”。在 1867—1904 年间，制造了车床等工作母机约 600 台。在中国还没有机器制造业的情况下，对民族工业的起步和技术的发展起到了重要作用。

江南制造局迁址高昌庙后，开船坞、自造锅炉和各种轮船用的机器设备，初步具备了制造轮船的能力。1868 年 8 月，中国自造的第一艘木壳机器兵船“恬吉”号（后因避光绪帝载湉讳改名为“惠吉”号）下水，之后，又续造了“操江”、“测海”等舰船。1875 年，江南制造局又建成中国第一艘铁甲船“金瓯”号。

“惠吉号兵船”示意图。1867 年江南制造局建成中国第一艘机动兵船“惠吉号”

1869 年江南制造局建成“操江号”兵船，曾参加甲午海战

1875 年江南制造局建成中国最早的铁甲炮艇“金瓯”号

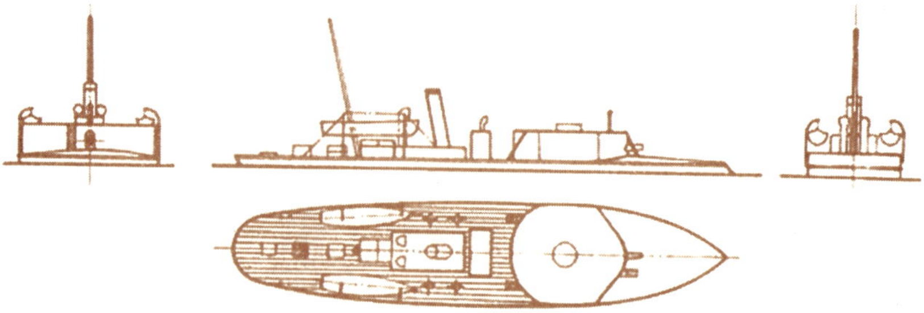

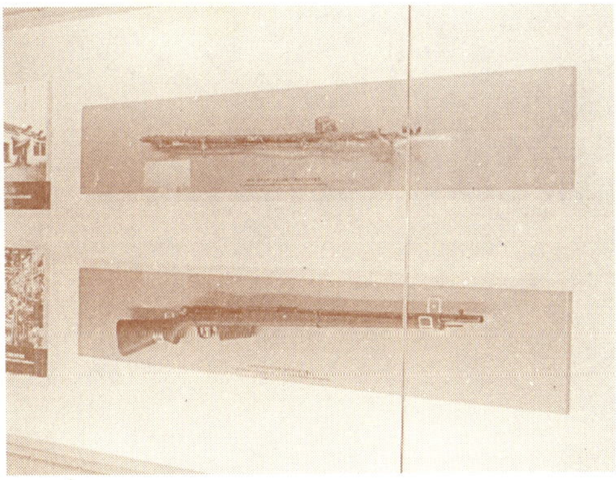

江南造船博物馆内陈列的前膛枪和中国最早的连发枪

在枪炮弹药的制造方面，制造局于1871年仿造林明敦枪，制成中国最早的后装线膛枪，后又进一步在综合奥地利漫利夏枪和德国的新毛瑟枪的基础上于1891年试制成功中国最早的连发枪“快利”。1872年制成前装线膛炮，1888年制成后装线膛阿姆斯特郎炮，成为中国最早的现代火炮。制造局在枪炮制造上很快地赶上世界先进水平，并一直走在中国的前列。

江南制造局制造的仿阿姆斯特朗岸房炮，是中国最早的后装线膛炮

大炮上的团龙徽记

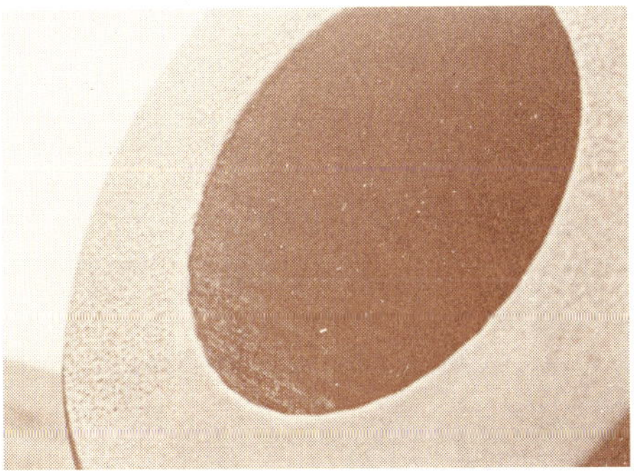

大炮炮口内的螺旋膛线

陈列在北京革命军事博物馆的
江南制造局制造的中国第一尊钢炮

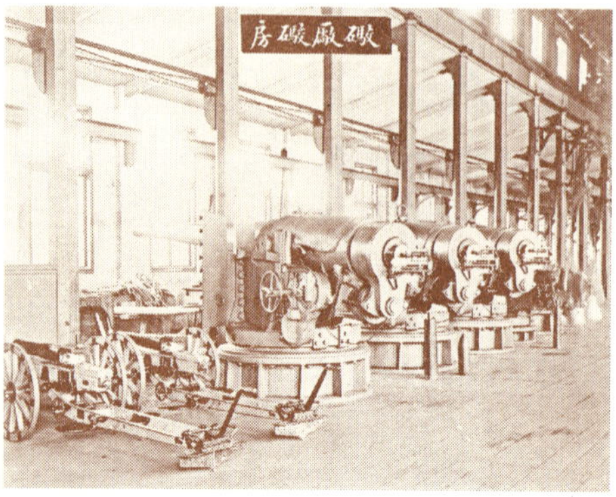

江南制造局炮厂炮房

江南制造局炮弹厂车弹机器房

江南制造局枪厂枪机房

1875 年 1 月 8 日(旧历十二月初一日),徐寿在江南制造局龙华火药局自行制造镪水,“较西国所来镪水毫无少异”,1884 年江南制造局火药厂制成中国最早的无烟火药,催生了中国的现代化工工业。

值得特别提出的,江南制造局在 1891 年炼出了中国的第一炉钢,比汉阳铁厂炼钢早了两年。1891 年虽只炼出 10 吨钢,但却是从无到有的良好开端。

江南制造局不仅是中国许多工业行业的开拓者,而且它的技术和人员对后来企业的创办起到了重要的作用,张之洞汉阳钢铁厂的总办就是曾在江南制造局翻译馆工作过的徐寿的儿子

制造局炼钢厂十五吨钢炉

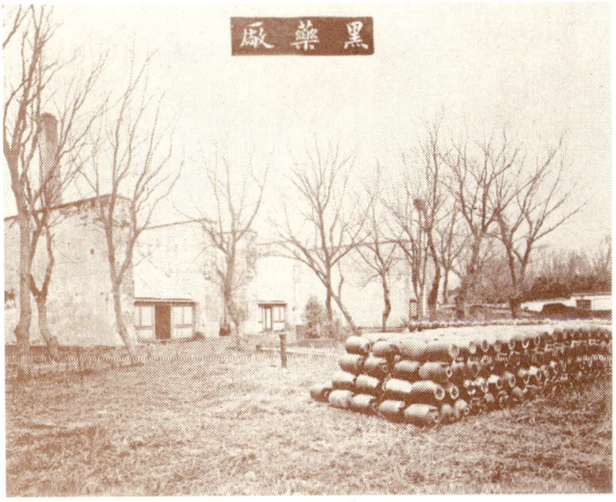

江南制造局生产黑色火药的厂房

徐建寅。1870 年，江南制造局筹建龙华黑药厂（又称火药厂或制药厂等），是我国最早引进西方技术制造枪炮炸药的兵工厂，日后成为远东闻名的上海兵工厂。在洋务运动中，中国终于建立了自己初步的工业体系，也正是因为如此，江南制造局从 1905 年“局坞分家”走向商务化开始，逐渐放弃了船舶以外的所有无关业务，成为相对专一的船舶企业。

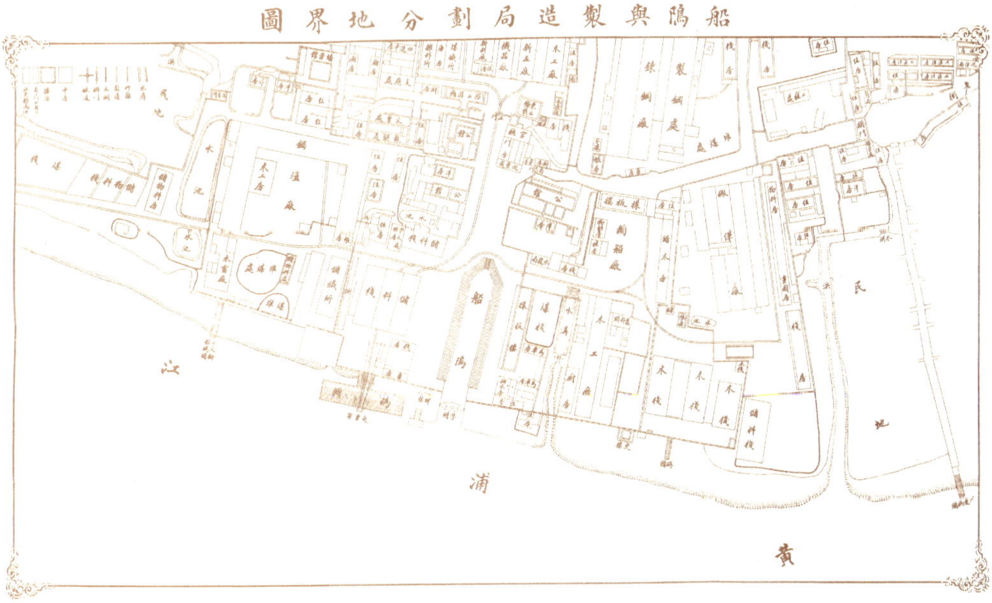

1905 年局坞分家后的制造局和船坞分布图

三菱重工业株式会社江南造船所

1905年，在荒废了近30年的船坞"穷极当变之时"，造船业务正式从江南机器制造总局划分出来，建立"江南船坞"，史称"局坞分家"。江南制造局成为专门制造军火的兵工厂，并逐步迁往龙华，江南船坞专营造船，采取商务化经营，生产大幅上升。1912年，北洋政府把江南船坞划归海军部直接管辖，改称江南造船所。抗战初期，上海沦陷。1938年1月，江南造船所被日军侵占，改名"三菱重工业株式会社江南造船所"，一直到1945年日本投降。连年战乱使江南造船所始终未能恢复以往的生气，尤其是1949年5月国民党军队撤退前的大破坏，使造船所满目疮痍，破败不堪。

1949年5月，陈毅签署上海市军管会第一号命令，正式接管江南造船所，从此江南厂迅速恢复生产，持续创造了一个又一个"第一"：建造了中国第一艘潜艇、第一艘护卫舰、第一台万吨水压机、第一艘自行研制的国产万吨轮"东风"号、第一代航天测量船"远望"系列，又一次成为举世瞩目的中国工业重镇。

20世纪70年代改革开放以后，江南造船厂进入了快速发展的新时期。1996年6月，江南造船厂改制为"江南造船(集团)有限责任公司"。在高质量地完成国家下达的专项军工任务的同时，江南造船厂率先跨出国门，在中国船舶出口业中发挥主力作用。"江南巴拿马"型系列散货船是中国第一个在国际租船市场上挂牌交易的国际著名品牌。江南造船厂在开发与研制水平方面居于世界前列，制造出的中国第一艘液化气(LPG)运输船、汽

1956 年江南造船厂建造的中国第一艘潜艇

1960 年江南造船厂建造的中国第一艘采用国产材料和设备自行设计建造的万吨轮“东风号”

1961 年江南造船厂建造的中国第一台万吨水压机

1961 年江南造船厂建造的中国第一艘 65 型护卫舰

江南造船（集团）有限责任公司成立揭牌仪式

车滚装船、快速集装箱船、大型自卸船、跨海火车渡船等一大批高技术船舶都达到了国际先进水平，成为中国造船业的标志性产品。一系列先进的海军舰艇更让江南造船厂继续雄踞于军工企业的前列。目前，高雄路2号（高昌庙）厂址已成为上海2010年世博会园区的一部分，位于长江口的长兴岛上崭新的造船基地将续写江南造船厂崭新的历史篇章。

2003年江南造船厂建造的中国第一艘跨海火车渡轮“粤海铁一号”下水

江南造船(集团)公司建造的“远望号”科学考察船

江南造船(集团)公司建造的“青岛号”导弹驱逐舰

2004 年高雄路 2 号江南造船(集团)公司沿江景色

在漫长的年代里，江南制造局从江南船坞、海军江南造船所、新中国的江南造船厂、到江南造船(集团)公司，它一路走来，成为越来越成功的船舶和军工企业。但是历史上的江南制造局在中国工业文明曙光初升的时代对整个中国的影响，依然令人难以忘怀。

二、江南制造局翻译馆的兴衰

1. 江南制造局翻译馆的创办背景与经过

江南制造局翻译馆是江南制造局的附属机构，创设于1868年。

19世纪60年代，为挽救摇摇欲坠的清王朝，恭亲王奕䜣和曾国藩、李鸿章、左宗棠等人在沿海和内陆陆续兴办了一批近代军事工业，史称“洋务运动”。无论是西方的坚船利炮还是科学技术，对闭关锁国几个世纪的中国来说都是那么陌生，摆在洋务派面前的除了资金外还有一系列亟待解决的问题。军事工业的发展必然会带动诸如开矿、冶金、铁路、邮政、电报等近代工业的发展，并由此推动近代科学技术的传播，产生了对各种科技人才

奕䜣像

的需求。因此，聘请技师、建校培养外语人才、设馆译书乃必办之事。江南制造局翻译馆的创办，正是适应了新时期的需求。

翻译馆的设立与徐寿、华蘅芳等人的努力是分不开的。徐寿父子建造“黄鹄”号木壳蒸汽轮船是在既无图纸，又无模型仿照，更无工程师指导的情况下，靠反复研究墨海书馆翻译出版的《博物新编》一书而获得成功的。工作的实践，使徐寿、华蘅芳等人深知翻译西书的重要性。1867 年，江南制造局移至高昌庙，规模大为扩充。是年，徐寿被调往江南制造局襄办造船事宜。他旋请沈保靖、冯焌光总办“设一便考西学之法，至能中西艺术相颉颃”，想“将西国要书译出，不独自增识见，并可刊印播传，以便国人尽知”。[1]徐寿亦向两江总督曾国藩奏陈四项建议：一、开煤炼铁，二、自造大炮，三、操练轮船水师，四、翻译西书。曾国藩一一加以拒绝，批示说翻译西书太难，外国书籍不难购求，但难于翻译，“必得熟精洋文而又深谙算造且别具会心者，方能阐明秘要”，[2]并批评徐寿“未得要领”，暗示他要搞好正业，专注于造船事业，不要精力旁骛。然而徐寿并没有灰心放弃，他认为“泰西工艺精良，必有原理在，徒事仿效非计，议建翻译馆，译泰西有用书，求其根柢”，只有引进和翻译西方科技著作，究其根本为己所用，才能实现自强。徐寿反复用这些道理说服沈保靖、

① 傅兰雅：《江南制造总局翻译西书事略》，光绪六年(1880)，载《格致汇编》，上海格致书室，清光绪二年至十八年(1876—1892)，铅印本。

② 曾国藩：《曾文正公全集》，清同治光绪年间传忠书局刊本，1876 年。

冯焌光二人。沈保靖、冯焌光对徐寿的建议颇为赏识，他们奏请曾国藩“允其小试”。制造局遂聘请西人译书。不久，傅兰雅与徐建寅合作试译了《运规约指》一书。制造局又请伟烈亚力与徐寿、玛高温同华蘅芳分别翻译了《汽机发轫》和《金石识别》。当时华蘅芳与玛高温合作译书，玛高温在虹口租界行医，与华蘅芳住处相距十余华里。翻译工作一半在玛高温家中进行，一半在华蘅芳家中进行。每日由华蘅芳上、下午两次徒步到玛诊所，等待玛行医空暇之余，听口译作笔录，中午则回到自己的住处吃饭。时间紧张的时候，华蘅芳就自己带点食品充饥了事。“寒暑无间，风雨不辍，汗不得解衣，咳不得涕吐，病困疲乏，犹隐忍而不肯休息”。① 每晚，华蘅芳还要带着一天的初译稿，回到住处，重新推敲、整理，其过程之艰辛可以想见。这些书译成后，呈送曾国藩审阅。曾国藩对译书“甚为许可”，改变了他早先认为译书很难，又不如造船为当务之急的想法，开始支持译书的工作了。他奏请扩大翻译馆的规模，新建翻译学馆，“另立学堂，以习翻译。盖翻译一事，系制造之根本。洋人制器出于算学，其中奥妙皆有图说可寻，特以彼此文义捍格不通，故虽日习其器，究不明夫用器与制器之所以然。本年局中委员于翻译，甚为究心，先后订请英国伟烈亚力、

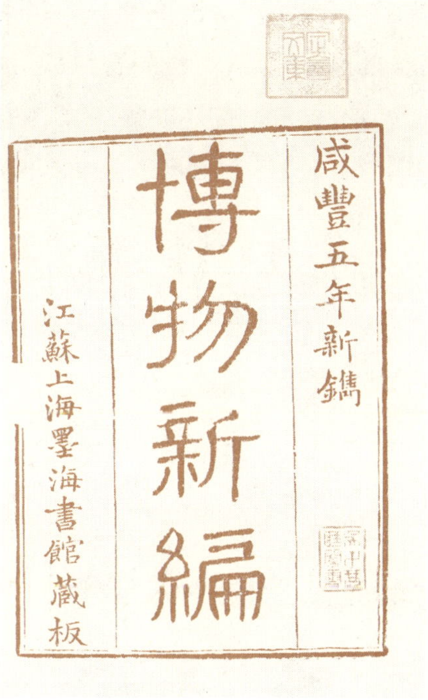

《博物新编》书影

① ［美］代那撰，华蘅芳译：《金石识别》译序，清同治年间江南制造局刊本，1872 年。

美国傅兰雅、玛高温三名，专择有裨制造之书详细翻出，现已译成《汽机发轫》、《汽机问答》、《运规约指》、《泰西采煤图说》四种，拟俟学馆建成，即选聪颖子弟，随同学习，妥立课程，先从图说入手，切实研究，庶几物理融贯，不必假手洋人，亦可引申其说，另勒成书。”①

在徐寿等人的积极筹备下，1867 年，李鸿章会同曾国藩、丁日昌在江南制造总局内附设翻译馆。1868 年农历四月初一，翻译馆正式动工兴建学馆，地址设在制造局西北角。1868 年 6 月，翻译馆正式开馆，由徐寿主事，分设翻译、格致、化学、制造各书提调一人，口译二人，笔述三人，校对图画四人。1869 年底，徐寿、华蘅芳、王德军、徐建寅等翻译委员经过仔细研究，制订了翻译馆的长远规划——《再拟开办学馆事宜章程十六条》。规划主

徐寿（右）、华蘅芳（中）、徐建寅（左）在翻译馆

① 中国史学会著《洋务运动》(四)，上海书店出版社；上海人民出版社，2000 年，第 79 页。

翻译馆外景

翻译馆今貌

要涉及两方面内容：一是招收学生，培养翻译科技书刊的专门人才和技术人才；二是翻译西书。然而，1870 年 1 月学馆建成后，新任上海道兼江南制造总局总办涂宗瀛认为制造局开设学堂与广方言馆“事属相类”，请示曾国藩后，将广方言馆迁入江南制造局，两者归并一处。学馆计楼房、平房 8 座 74 间，楼上 24 间为翻译馆，其余为广方言馆。建筑高低有致，院内竹木扶疏，浓荫夹道，幽雅宜人。据王韬记载，翻译馆内“人各一室，日事撰述。旁为刻书处……自象纬、舆图、格致、器艺、兵法、医术，罔不搜罗毕备，诚为集西学之大观”①。西书的翻译大抵是按照十六条中的有关计划实施的。如按照第七条“测经纬以利行船”，此后每年由贾步纬编译《航海通书》；据第八条“译舆图以参实测”，李凤苞编译了世界地图、中国沿海海道图、长江地图等多种地图；依照第十条“录新报以知情伪”，自 1871 年开始编译《西国近事汇编》、《翻译新闻纸》等等。

2. 江南制造局翻译馆极盛期的活动

翻译馆从 1868 年开馆后出现过短期的兴盛，初创的十余年(1868—1878)是译书最多、最有成就的阶段。那时，馆中人才济济，口译人员根据各人所长，译书各有偏重，大规模地翻译出版西方科技著作，这在以后都是不能比拟的。当时，担任笔述的中国学者有徐寿、华蘅芳、徐建寅、王德均、贾步纬和李凤苞等人，都是当时有名的专家。西人专职口译者有傅兰雅、金楷理、伟烈亚力等人，另有兼职广方言馆的教员林乐知等等。

1) 译书方法

翻译馆翻译操作过程大致如下：(1)傅兰雅等人从西方国家、主要是英国订购西文书籍；(2)由外国学者将西书之义，逐句读成华语，再由中国学者逐句笔录；(3)由精通古文的中国学者

① 王韬：《瀛壖杂志》，清光绪年间刊本，1875 年。

将笔录好的全篇修改润色，使之符合中文文法；(4)校印出版。

翻译馆用书主要由傅兰雅向英国订购。早在 1868 年 3 月 18 日，翻译馆正式开张前，傅兰雅已受委托订购了英文书籍 52 种；同年 7 月 31 日，订购第二批书籍 98 种；1870 年 1 月 18 日，订购第三批 40 种。① 选购书籍主要分三大类：第一类是翻译时所需的一般工具书，有英语词典、地图和百科全书等，第二类是英美流行的教科书和参考书，第三类是关于工艺及制造技术方面的各行业的标准著作。傅兰雅、徐寿等翻译者拟从《大英百科全书》着手翻译，以便对西方科学的语汇和概念有一个循序渐进的了解过程。然而他们编译"西学丛书"的目标与洋务派对翻译馆的需求产生了矛盾。清政府要求先"特译紧要之书"，选译的西方科技著作均系江南制造局急用者，而不在乎各门学科的系统性。如植物学、动物学、名人传等书尚未译出，另有其他书籍虽与格致不甚关联，然于水陆兵勇、武器装备等事有益，则先行译出。李鸿章曾上奏言："最要为算学、化学、汽机、火药、炮法等编，因属关系制造；即如行船、防海、练军、采煤、开矿之类，亦皆有裨实用。"②可见当时官方译书意图仍体现了洋务派"富国强兵"的指导思想。

当时所译西书大多是第一次译成中文。为了解决中西文化的差异、语言的隔阂，翻译馆确定了一套翻译的原则。大致的方法有以下几种：

第一，尽可能沿用中文已有之名。如中文已有、但字典内无处可寻，则或查中国已有的格致或工艺等中译西书及明清以降来华的天主教徒的著作，或访问中国客商、制造、工艺等应知此名目之人。

第二，设立新名。方法有三：(一)以平常字外加偏旁创立新

---

① A. A. Bennett, *John Fryer: The Introduction of Western Science and Technology into 19th-century China*, pp. 73—81. Harvard University Press, 1967.

② 中国史学会著《洋务运动》(四)，第 3 页。

西名	分劑	西號	華名
Carbon.	六	C.	炭
Kalium.	三九二	K.	鉀
Natrium.	二三	Na.	鈉
Lithium.	六九	Li.	鋰
Caesium.	一三三	Cs.	鏭
Rubidium.	八五三	Rb.	鉫
Barium.	六八五	Ba.	鋇
Strontium.	四三八	Sr	鍶
Calcium.	二〇	Ca.	鈣
Magnesium.	一二二	Mg.	鎂
Aluminum.	一三七	Al.	鋁
Glucinum.	六九	G.	鋊
Zirconium.	二二四	Zr.	鋯

徐寿翻译的《化学鉴原》中的元素表，这是最早的元素中文译名

名，仍读本音，如镁、硅等。或以字典内不常用之字释以新义而为新名，译员们尽量不生造新字，他们从《康熙字典》中选择一些古字，例如钒。或寻找一些已废弃不用的古字，如铂、钾、钴、锌等。（二）用最少的几个字解释新名词，如养气（今氧气）、轻气（今氢气）。（三）用华字（汉字）写西名，以官音为主，而西名音亦代以常用相同的华字。在翻译外国地名和人名时，这种方法使用很普遍，但在科学术语翻译中除有机化合物名称外，却用得很少。徐寿还曾仔细规定过一些音译中的统一用字，如-ne 为“尼”，-l 为“里”等等。值得一提的是，徐寿和傅兰雅在初译化学教材时，首创了化学元素汉译名原则，“取罗马文之音首，译一华字，首音不合，则用次音，并加偏旁以别其类，而读仍本音”。①他们首创的 65 个元素汉译名，其中 36 个沿用至今——铝、钡、铋、溴、钙、镉、钴、铬、铒、碘、铟、铱、钾、锂、镁、锰、钼、钠、铌、镍、钯、铂、铷、钌、硒、铽、碲、钍、铀、锑、钒、钨、锌、锆、钽、镓。梁启超非常赞同江南制造局翻译馆译化学书籍时造新字之法，于是建议“所译名物，宜通用其例，乃至属鱼类者加鱼旁，属鸟类者加鸟旁，属木类者加木旁，属器类者加工旁。自余一切，罔不如是”②。

第三，编写中西名目字汇，即中西译名对照表。凡译书时所设新名，无论事物、人名、地名，随创随记，登记于华英小簿，后刊书时附于书末。这样做，一方面便于阅读者核查或询问西人，另

① 傅兰雅：《江南制造总局翻译西书事略》，载《格致汇编》，1880 年。

② 梁启超：《论译书》，载《饮冰室合集》，中华书局，1936 年。

一方面，可以做到同一部书前后译名一致，制造局所译各书彼此一致，避免混乱。翻译馆先后编译出版了《金石中西名目表》(1883)、《化学材料中西名目表》(1884)、《西药大成药品中西名目表》(1887)、《汽机中西名目表》(1889)，为后来学习和介绍西学的学者打开了方便之门。梁启超对这些对照表称道备全："泰西专门之学，各有专门之字，条理繁多，非久于其业者，不能尽通而无谬误也，况于以中译西，方音淆舛，尤不可凭，毫厘千里，知难免矣。局译有《金识别表》、《化学材料表》、《汽机中西名目表》、《西药大成药名表》等书，西字、译音，二者并列，最便查检，所定名目，亦切当简易。后有续译者，可踵而行之也。"①

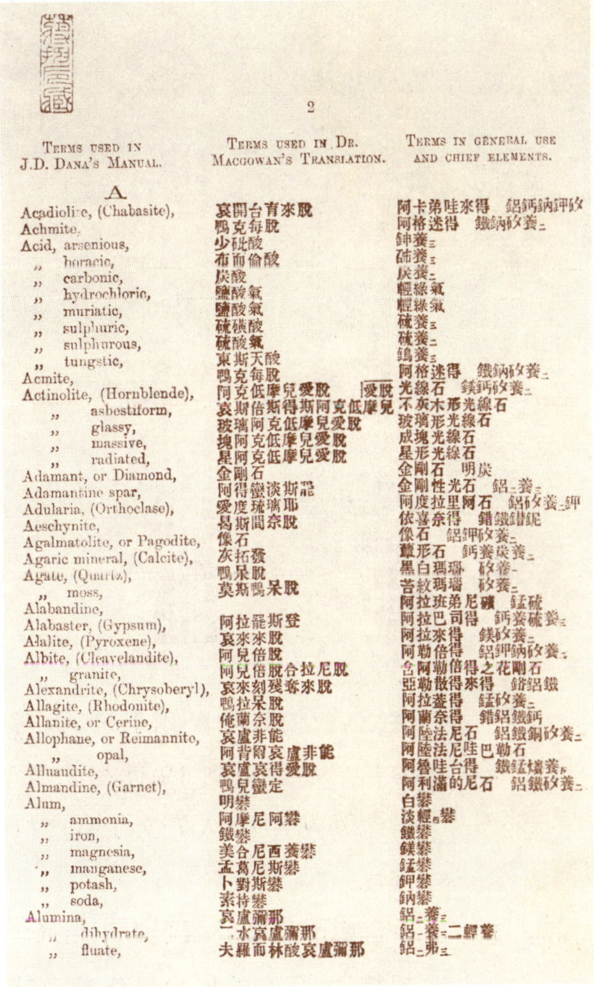

2

Terms used in J.D. Dana's Manual.	Terms used in Dr. Maccowan's Translation.	Terms in general use and chief elements.
A		
Acadiolite, (Chabasite),	哀開台育來脫	阿卡弟哇來得　鋁鈣鈉鉀矽
Achmite,	鴨克每脫	阿格迷得　鐵鈉矽養二
Acid, arsenious,	少砒酸	鉮養三
,, boracic,	布而倫酸	硼養三
,, carbonic,	炭酸	炭養二
,, hydrochloric,	鹽酸氣	輕綠氣
,, muriatic,	鹽酸氣	輕綠氣
,, sulphuric,	硫磺酸	硫養三
,, sulphurous,	硫酸氣	硫養二
,, tungstic,	東斯天酸	鎢養三
Acmite,	鴨克每脫	阿格迷得　鐵鈉矽養二
Actinolite, (Hornblende),	阿克低摩兒愛脫	光線石　鎂鈣矽養二
,, asbestiform,	哀斯倍斯得斯阿克低摩兒愛脫	不灰木形光線石
,, glassy,	玻璃阿克低摩兒愛脫	玻璃形光線石
,, massive,	塊阿克低摩兒愛脫	成塊光線石
,, radiated,	星阿克低摩兒愛脫	星形光線石
Adamant, or Diamond,	金剛石	金剛石　明炭
Adamantine spar,	阿得蠻淡斯罷	金剛性光石　鋁二養三
Adularia, (Orthoclase),	愛度琉璃耶	阿度拉里阿石　鋁矽養二鉀
Aeschynite,	曷斯間奈脫	依喜奈得　錯鐵錯鈮
Agalmatolite, or Pagodite,	像石	像石　鋁鉀矽養二
Agaric mineral, (Calcite),	灰拓發	蕈形石　鈣養炭養二
Agate, (Quartz),	鴨呆脫	黑白瑪瑙　矽養二
,, moss,	莫斯鴨呆脫	苔紋瑪瑙　矽養二
Alabandine,		阿拉班弟尼礦　錳硫
Alabaster, (Gypsum),	阿拉罷斯登	阿拉巴司得　鈣養硫養三
Alalite, (Pyroxene),	哀來來脫	阿拉來得　鎂矽養二
Albite, (Cleavelandite),	阿兒倍脫	阿勒倍得　鋁鉀鈉矽養二
,, granite,	阿兒倍脫合拉尼脫	含阿勒倍得之花剛石
Alexandrite, (Chrysoberyl),	哀來刻殘奪來脫	亞勒散得來得　鋊鋁鐵
Allagite, (Rhodonite),	鴨拉呆脫	阿拉蓋得　錳矽養二
Allanite, or Cerine,	俺蘭奈脫	阿蘭奈得　錯鋁鐵鈣
Allophane, or Reimannite,	哀盧非能	阿陸法尼石　鋁鐵銅矽養二
,, opal,	阿背留哀盧非能	阿陸法尼哇巴勒石
Alluaudite,	哀盧哀得愛脫	阿魯哇台得　鐵錳燐養五
Almandine, (Garnet),	鴨兒蠻定	阿利滿的尼石　鋁鐵矽養二
Alum,	明礬	白礬
,, ammonia,	阿摩尼阿礬	淡輕四礬
,, iron,	鐵礬	鐵礬
,, magnesia,	美合尼西養礬	鎂礬
,, manganese,	孟葛尼斯礬	錳礬
,, potash,	卜對斯礬	鉀礬
,, soda,	素持礬	鈉礬
Alumina,	哀盧彌耶	鋁二養三
,, dihydrate,	二水哀盧彌耶	鋁二養三二輕養
,, fluate,	夫羅而林酸哀盧彌耶	鋁二弗三

西药大成药品中西名目表

这套翻译原则，奠定了以后西书中译的基础，其命名方法和很多译名，至今仍在使用。

江南制造局翻译馆的译书沿用了明末清初以来翻译西书的老办法，即口译和笔述相结合。这种译书方法在中国的翻译史上具有悠久的传统，从东汉末年佛经翻译采用了这种翻译方

① 梁启超：《读西学书法》，光绪二十二年(1896)铅印本。

《化学材料中西名目表》书影

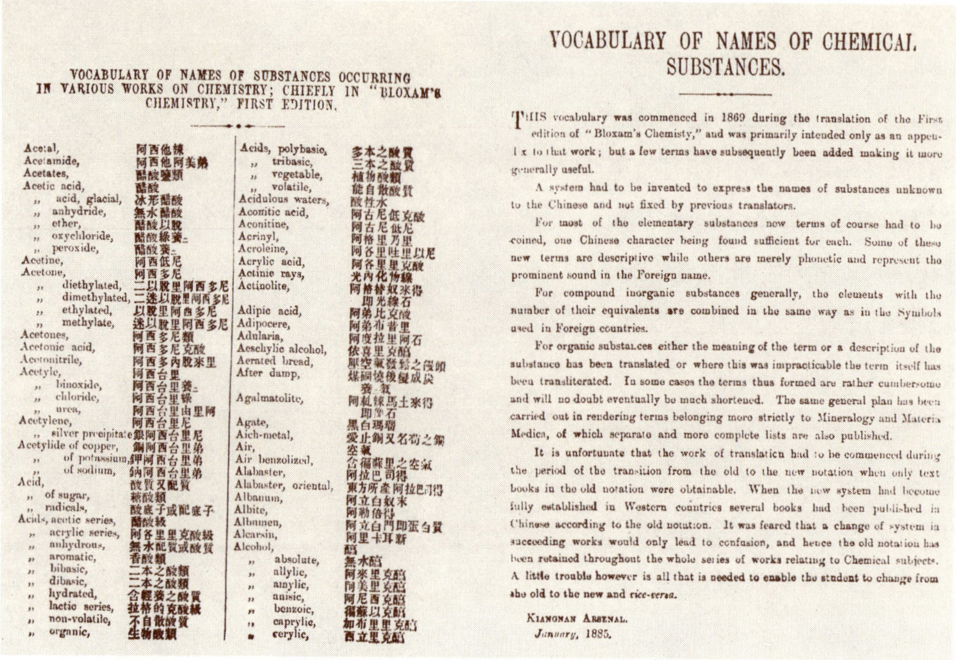

VOCABULARY OF NAMES OF SUBSTANCES OCCURRING IN VARIOUS WORKS ON CHEMISTRY; CHIEFLY IN "BLOXAM'S CHEMISTRY," FIRST EDITION.

Acetal,	阿西他辣
Acetamide,	阿西他阿美弟
Acetates,	醋酸鹽類
Acetic acid,	醋酸
,, acid, glacial,	冰形醋酸
,, anhydride,	無水醋酸
,, ether,	醋酸以脱
,, oxychloride,	醋酸綠養二
,, peroxide,	醋酸養二
Acetine,	阿西低尼
Acetone,	阿西多尼
,, diethylated,	二以脱里阿西多尼
,, dimethylated,	二迷以脱里阿西多尼
,, ethylated,	以脱里阿西多尼
,, methylate,	迷以脱里阿西多尼
Acetones,	阿西多尼類
Acetonic acid,	阿西多尼克酸
Acetonitrile,	阿西多內脱來里
Acetyle,	阿西台里
,, binoxide,	阿西台里養二
,, chloride,	阿西台里綠
,, urea,	阿西台里由里阿
Acetylene,	阿西台里尼
,, silver precipitate	銀阿西台里尼
Acetylide of copper,	銅阿西台里弟
,, of potassium,	鉀阿西台里弟
,, of sodium,	鈉阿西台里弟
Acid,	酸質又配質
,, of sugar,	糖酸類
,, radicals,	酸底子或配底子
Acids, acetic series,	醋酸級
,, acrylic series,	阿各里里克酸級
,, anhydrous,	無水配質或酸質
,, aromatic,	香酸類
,, bibasic,	二本之酸類
,, dibasic,	二本之酸類
,, hydrated,	含輕養之酸質
,, lactic series,	拉格的克酸級
,, non-volatile,	不自散酸質
,, organic,	生物酸類

Acids, polybasic,	多本之酸質
,, tribasic,	三本之酸質
,, vegetable,	植物酸類
,, volatile,	能自散酸質
Acidulous waters,	酸性水
Aconitic acid,	阿古尼低克酸
Aconitine,	阿古尼低尼
Acrinyl,	阿格里乃里
Acroleine,	阿各里哇里以尼
Acrylic acid,	阿各里里克酸
Actinic rays,	光內化物線
Actinolite,	阿格替奴來得 即光線石
Adipic acid,	阿弟比克酸
Adipocere,	阿弟布昔里
Adularia,	阿度拉里阿石
Aeschylic alcohol,	依喜里克醕
Aerated bread,	壓空氣發鬆之饅頭
After damp,	煤硐燒後變成炭養二氣
Agalmatolite,	阿粗辣馬土來得 即像石
Agate,	黑白瑪瑙
Aich-metal,	愛止銅又名荷之銅
Air,	空氣
Air benzolized,	含徧蘇里之空氣
Alabaster,	阿拉巴司得
Alabaster, oriental,	東方所產阿拉巴司得
Albanum,	阿立白奴末
Albite,	阿勒倍得
Albumen,	阿立白門即蛋白質
Alcarsin,	阿里卡耳新
Alcohol,	醕
,, absolute,	無水醕
,, allylic,	阿來里克醕
,, amylic,	阿美里克醕
,, anisic,	阿尼西克醕
,, benzoic,	徧蘇以克醕
,, caprylic,	加布里里克醕
,, cerylic,	西立里克醕

VOCABULARY OF NAMES OF CHEMICAL SUBSTANCES.

THIS vocabulary was commenced in 1869 during the translation of the First edition of "Bloxam's Chemisty," and was primarily intended only as an appendix to that work; but a few terms have subsequently been added making it more generally useful.

A system had to be invented to express the names of substances unknown to the Chinese and not fixed by previous translators.

For most of the elementary substances new terms of course had to be coined, one Chinese character being found sufficient for each. Some of these new terms are descriptive while others are merely phonetic and represent the prominent sound in the Foreign name.

For compound inorganic substances generally, the elements with the number of their equivalents are combined in the same way as in the Symbols used in Foreign countries.

For organic substances either the meaning of the term or a description of the substance has been translated or where this was impracticable the term itself has been transliterated. In some cases the terms thus formed are rather cumbersome and will no doubt eventually be much shortened. The same general plan has been carried out in rendering terms belonging more strictly to Mineralogy and Materia Medica, of which separate and more complete lists are also published.

It is unfortunate that the work of translation had to be commenced during the period of the transition from the old to the new notation when only text books in the old notation were obtainable. When the new system had become fully established in Western countries several books had been published in Chinese according to the old notation. It was feared that a change of system in succeeding works would only lead to confusion, and hence the old notation has been retained throughout the whole series of works relating to Chemical subjects. A little trouble however is all that is needed to enable the student to change from the old to the new and *vice-versa*.

KIANGNAN ARSENAL.
January, 1885.

法之后，便长期沿用下来，包括林纾译《茶花女》，也是根据王寿昌口述。直到 19 世纪末严复直接从原著翻译，特别是 20 世纪初期中国人开始独立翻译西文书籍之后，该方法才被淘汰。

由于当时外国学者不精通中文，中国学者不熟悉外文，两者相结合，产生了那个时代特有的译书方法——西述中译。傅兰雅曾在《江南制造总局翻译西书事略》中具体描述道："至于馆内译书之法，必将所欲译者，西人先熟览胸中，而书理已明，则与华士同译，乃以西书之义，逐句读成华语，华士以笔述之；若有难言处，则与华士斟酌何法可明；若华士有不明处，则讲明之。译后，华士将初稿改正润色，令合于中国文法。有数要书，临刊时华士与西人核对；而平常书多不必对，皆赖华士改正。因华士详慎郢斫，其讹则少而文法则精。"①也就是先由一位懂得中文的外国译

① 傅兰雅：《江南制造总局翻译西书事略》，载《格致汇编》1880 年。

员，把要旨、书义逐句逐段口述，然后由一位中国译员写下，再将外国译员口述的中文笔述转为书面语，文字的推敲、整理、抄写和编印等大量工作，全部要由中国译员承担。

这种翻译方式对口译者和笔述者要求都比较高，双方都要具有相关领域、相关方面丰富的知识基础，才能较好地完成译书任务。当时能说中国话的外国人，绝大多数中文表达并不流

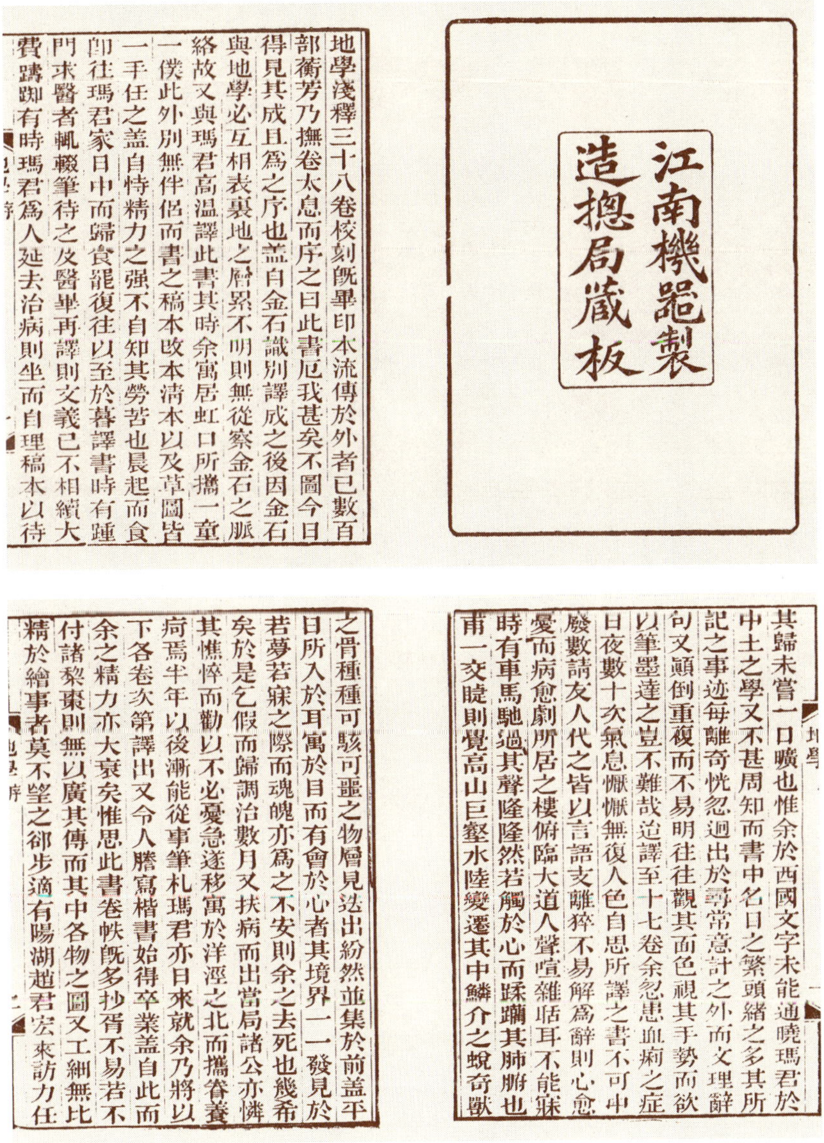
江南機器製造總局藏板

地學淺釋三十八卷校刻既畢印本流傳於外者已數百部蘅芳乃撫卷太息而序之曰此書厄我甚矣不圖今日得見其成且爲之序也蓋自金石識別譯成之後因金石與地學必互相表裏地之層累不明則無從察金石之脈絡故又與瑪君高溫譯此書其時余寓居虹口所擕一童一僕此外別無伴侶而書之稿本改本淸本以及草圖皆一手任之蓋自恃精力之强不自知其勞苦也晨起而食即往瑪君家日中而歸食罷復往以至於暮譯書時有蹱門求醫者輒輟筆待之及醫畢再譯則文義已不相續大費躊躇有時瑪君爲人延去治病則坐而自理稿本以待

其歸未嘗一日曠也惟余於西國文字未能通曉瑪君於中土之學又不甚周知而書中名目之繁頭緒之多其所記之事迹每離奇恍忽迴出於尋常意計之外而文理辭句又顚倒重複而不易明往往觀其面色視其手勢而欲以筆墨達之豈不難哉迨譯至十七卷余忽患血痢之症日夜數十次氣息懨懨無復人色自思所譯之書不可中廢數請友人代之皆以言語支離猝不易解爲辭則心愈憂而病愈劇所居之樓俯臨大道人聲喧雜聒耳不能寐時有車馬馳過其聲隆隆然若觸於心而蹂躪其肺腑也甫一交睫則覺高山巨壑水陸變遷其中鱗介之蛻奇獸之骨種種可駭可噩之物層見迭出紛然並集於前蓋平日所入於耳寓於目而有會於心者其境界一一發見於若夢若寐之際而魂魄亦爲之不安則余之去死也幾希矣於是乞假而歸調治數月又扶病而出當局諸公亦憐其憔悴而勸以不必憂急遂移寓於洋涇之北而擕眷養疴焉半年以後漸能從事筆札瑪君亦日來就余乃將以下各卷次第譯出又令人謄寫楷書始得卒業蓋自此而余之精力亦大衰矣惟思此書卷帙旣多抄胥不易若不付諸梨棗則無以廣其傳而其中各物之圖又工細無比精於繪事者莫不望之却步適有陽湖趙君宏來訪力任

华衡芳在《地学浅释》序中描述了他翻译西书的艰苦状况

利，译书也比较口语化，表述不够准确。加之当时汉语中还有很多没有现存的词汇可以表达相应的内容的情况，译员在译书过程中时常会碰到既难意会、更难言传的问题。这就要求笔述者在翻译时须与口译者相互配合，一起理解原文，斟字酌句。华蘅芳在《地学浅释》序言中描述了他与玛高温翻译时的情况："惟余于西国文字未通晓，玛君于中土之学又不甚周知。而书中名目之繁，头绪之多，其所记之事迹每离奇恍惚，迥出于寻常意计之外，而文理辞句又颠倒重复而不易明。往往观其面色，视其手势，而欲以笔墨达之，岂不难哉！"①华蘅芳不懂英文，玛高

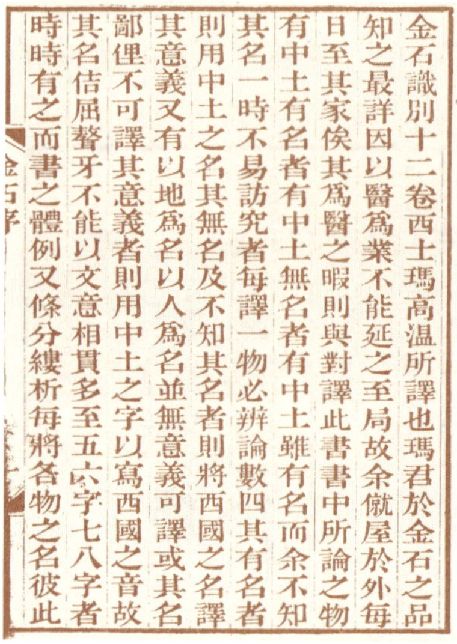

金石識別十二卷西士瑪高温所譯也瑪君於金石之品知之最詳因以醫爲業不能延之至局故余僦屋於外每日至其家俟其爲醫之暇則與對譯此書書中所論之物有中土有名者有中土無名者有中土雖有名而余不知其名一時不易訪究者每譯一物必辨論數四其有名者則用中土之名其無名及不知其名者則將西國之名譯其意義又有以地爲名以人爲名並無意義可譯或其名鄙俚不可譯其意義者則用中土之字以寫西國之音故其名佶屈聱牙不能以文意相貫多至五六字七八字者時時有之而書之體例又條分縷析每將各物之名彼此

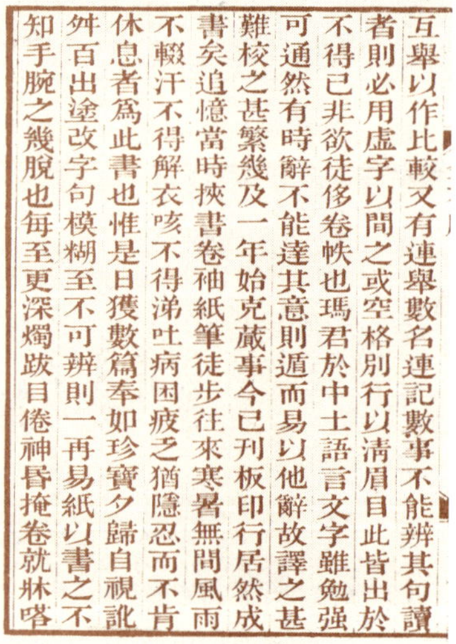

互舉以作比較又有連舉數名連記數事不能辨其句讀者則必用虛字以間之或空格別行以清眉目此皆出於不得已非欲徒侈卷帙也瑪君於中土語言文字雖勉强可通然有時辭不能達其意則遁而易以他辭故譯之甚難校之甚繁幾及一年始克蕆事今已刊板印行居然成書矣追憶當時挾書卷袖紙筆徒步往來寒暑無間風雨不輟汗不得解衣咳不得涕吐病困疲乏猶隱忍而不肯休息者爲此書也惟是日獲數篇奉如珍寶夕歸自視訛舛百出塗改字句模糊至不可辨則一再易紙以書之不知手腕之幾脫也每至更深燭跋目倦神昏掩卷就牀嗒

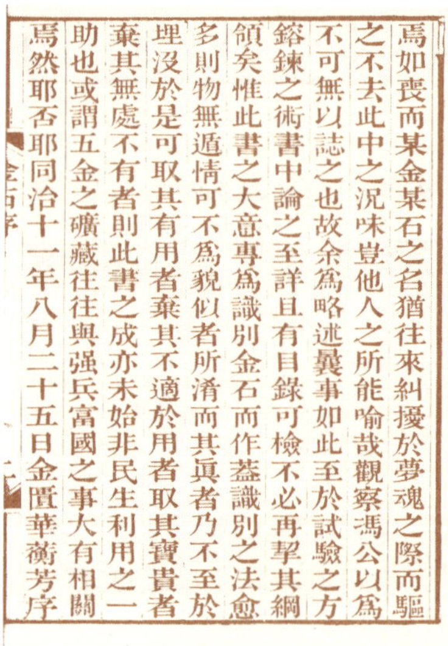

焉如喪而某金某石之名猶往來糾擾於夢魂之際而驅之不去此中之況味豈他人之所能喻哉觀察馮公以爲不可無以誌之也故余爲略述曩事如此至於試驗之方鎔鍊之術書中論之至詳且有目錄可檢不必再挈其綱領矣惟此書之大意專爲識別金石而作蓋識別之法愈多則物無遁情可不爲貌似者所淆而其眞者乃不至於埋沒於是可取其有用者棄其不適於用者取其寶貴者棄其無處不有者則此書之成亦未始非民生利用之一助也或謂五金之礦藏往往與强兵富國之事大有相關焉然耶否耶同治十一年八月二十五日金匱華蘅芳序

华蘅芳为《金石识别》所作之序

① (英)雷侠儿撰；玛高温口译，华蘅芳笔述：《地学浅释》序，清同治年间江南制造局刊本，1873年。

温也只懂得有限的中国语言和文化知识，而且华蘅芳精于数学，对地学几乎不通，常常要靠玛高温的面部表情和手势才能翻译出来。译至十七卷时，华突患痢疾，连续便血。可即使如此，他仍带病照常去玛高温家中工作，以至后来病情加重，卧床不起。当老朋友徐寿来住处看望他时，华早已是极度虚脱，面无人色。在翻译《金石识别》时，华蘅芳亦是“每至更深烛跋，目倦神昏，掩卷就床，嗒焉如丧”。[①]由此可见，翻译西书是一件异常辛苦与繁难的工程，需要耗费大量的时间和精力，非有坚强意志和刻苦钻研的精神者不能胜任。也正是有了这样一批心怀救国之志的有识之士，西学东渐，近代中国人才慢慢走出蒙昧，走出黑暗。

2）印刷机构

众所周知，印刷术是我国古代四大发明之一，为人类的文明发展和社会进步做出了巨大的贡献。清初，中国传统印刷术呈现出空前的繁荣景象，这是文化事业的发展和传统印刷技术成熟、精湛的必然结果。然而，进入 19 世纪以后，随着西方近代印刷术的传入，在中国流传了一千多年的传统印刷术开始衰落，为近代印刷术所代替。从技术上看，铅活字凸印率先传入，随后，石印术、制版照相术、平板胶印、雕刻凹版和影写凹版、泥版、纸型铅版、珂罗版等相继传入。为数众多、遍及各地的新型印刷出版机构纷纷建立。这些印刷出版机构大致可以分成官方与民间两大系统。其中，官办的印刷出版机构是由清朝和民国时期各级政府公费建立的，包括京师同文馆、江南制造局和遍布全国的官书局、官印局、官报局，以及户部、度支部、邮传部、海关等建立的印刷出版机构；民间的印刷出版机构则是由私人和非政府部门、譬如学堂和学校建立的印刷出版机构。

---

① (英)雷侠儿撰；玛高温口译，华蘅芳笔述：《地学浅释》序，清同治年间江南制造局刊本，1873 年。

作为洋务运动中早期创办的企业，江南制造局翻译馆合翻译、出版为一体，翻译馆自设印书处，书译好后，便付梓印行。江南制造局翻译馆翻译的书籍，大部分是由本局印刷刊行。印书处专门负责雕刻书版、排字、印刷等事宜，配备全套雕版印刷设备和铅活字一套及其他相关印刷设备若干。印书处工作人员最多时达 30 多人，相当于目前的一家中小型印刷厂。傅兰雅《江南制造总局翻译西书事略》（简称《译书事略》）云：“局内刊板印书之处，原为小屋；然刊书一事渐大，故其屋亦增广。内有三十余人，或刊板，或刷印，或装订，而一人董理，又一人董理售书之事，另有三四人抄写各书。”①

早期翻译馆翻译的图书是雕版印刷的。印书主要采用木版手工印刷，插图也大部分为木刻，傅兰雅将雕版印刷的过程描述为：“将书以宋字写于薄纸，反糊于木板，则用刀剞劂。书中所有图画，则有画工摹成，同糊板上镌之。”“至于伟烈亚力所译《谈天》书内之图，则为英国以钢板所印者；而地图与海道各图，乃局内所刻阴纹铜板所印者。”②可见还有少数插图用钢版和阴刻铜版印刷。

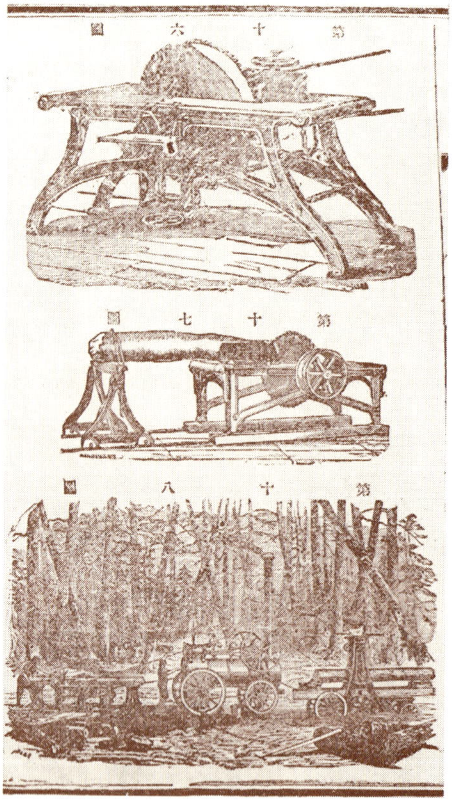

金属版插图

据《译书事略》记载“近来上海多用铅字活

①② 傅兰雅：《江南制造总局翻译西书事略》，载《格致汇编》，1880 年。

板，印中国书籍甚便。局内亦有一幅铅字并印书架等。”①从傅兰雅文字可知，印书处购置铅印设备约在 1875 年后，设备是很原始的，尚属半机械启动，称“印架”而不称“印机”，似属平压型。1880 年时，传统雕版印刷工艺仍是江南制造局印书处主要的工艺方法。《新报》1882 年并入制造局，与制造局印书处向近代印刷术过渡有关。② 1901 年，江南机器制造总局仿制成压书机。

中国出现古滕堡改进后的铅活字印刷技术是在 19 世纪初，1814—1823 年，英国伦敦会教士马礼逊在东印度公司支持下，在澳门编成出版六卷《华英字典》。此字典分三部分，第一部分书名为《字典》，共三卷，第一卷于 1815 年印刷出版。之后，铅字印刷技术进入中国内地，一些外国人在我国建立出版印刷机构，组织或雇佣中国人雕刻中文铅字及中文字模，出版印刷书刊等。

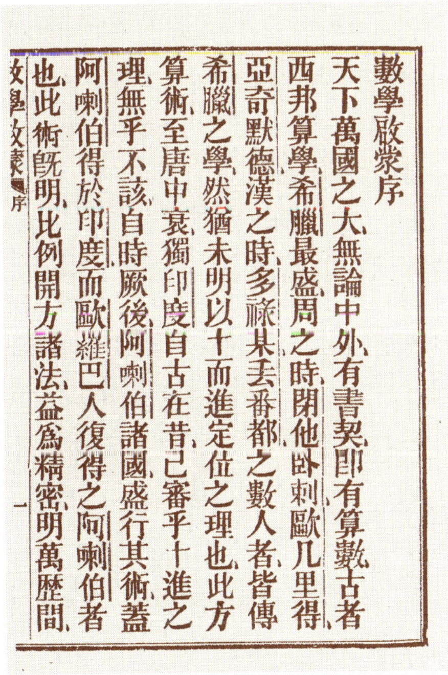

數學啟蒙序
天下萬國之大、無論中外、有書契、即有算數、古者
西邦算學、希臘最盛、周之時、閉他卧刺、歐几里得、
亞奇默德、漢之時、多禄某丢番都之數人者、皆傳
希臘之學、然猶未明以十而進定位之理也、此方
算術、至唐中衰、獨印度自古在昔、已審乎十進之
理、無乎不該、自時厥後、阿喇伯諸國、盛行其術、蓋
阿喇伯得於印度、而歐羅巴人復得之阿喇伯者
也、此術既明、比例開方諸法、益爲精密、明萬歷間、

數學啟蒙 序 一

伟烈亚力著《数学启蒙》，
1853 年墨海书馆活字印刷

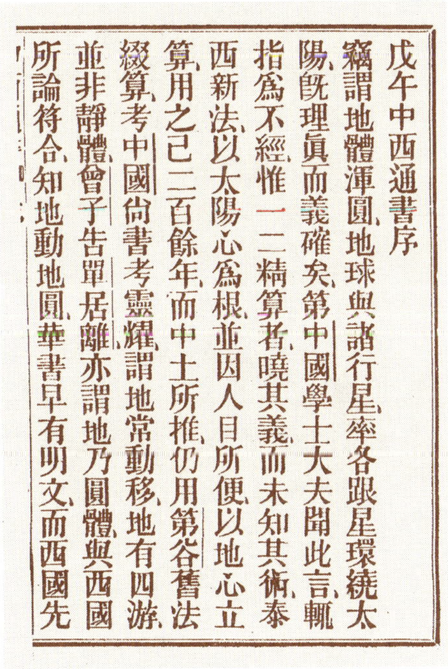

戊午中西通書序
竊謂地體渾圓、地球與諸行星、率各跟星環繞太
陽、既理真而義確矣、第中國學士大夫聞此言、輒
指爲不經、惟一二精算者、曉其義、而未知其術、泰
西新法、以太陽心爲根、並因人目所便、以地心立
算、用之已二百餘年、而中土所推、仍用第谷舊法
綴算、考中國尚書考靈耀、謂地常動移、地有四游、
並非靜體、曾子告單居離、亦謂地乃圓體、與西國
所論符合、知地動地圓、華書早有明文、而西國先

艾约瑟编《中西通书》，
1058 年墨海书馆活字印刷

① 傅兰雅:《江南制造总局翻译西书事略》，载《格致汇编》，1880 年。
② 范慕韩主编:《中国印书近代史》(初稿)，印刷工业出版社，1995 年版，第 196 页。

1843年，英国传教士麦都思在上海老门大境杰阁开设了“墨海书馆”，后又迁到洋泾浜附近，他边传教边办馆，从海外运来一些当时可谓新式的印刷机械设备，包括“长一丈数尺，广三尺”的“铁制印书车床”。由于此时上海还没有使用电力，要滚动印书机上沉重的齿轮，只得以畜力来作动力，“一牛旋转机轴”，当时被人们看作稀世怪事。时隔25年后，江南制造局就引进了西方的印刷设备。

虽然19世纪初已有西方传教士和中国教徒在南洋和广东等地研究把汉字制成铅活字，使近代印刷术在中国推广，虽然西方的科学技术知识早在明朝末年已由利玛窦等人介绍到中国，但是中国人使用雕版印书的传统工艺的概念是根深蒂固的。不仅在17世纪初利玛窦等人的译著是用雕版印刷，甚至直到19世纪六七十年代，江南机器制造局翻译馆出版的物理化学等自然科学书籍的印刷，仍以雕版为主。这一时期，书籍印刷主要采用中国传统的雕版印刷，传统印刷仍很兴旺，出现了传统印刷与近代印刷并存的局面。近代印刷术在当时的中国推广缓慢，说明从雕版印刷技术到近代印刷技术的演进不是一蹴而就的，而有一个此消彼长的发展过程。

当时的中国，铅字活版印刷技术并没有得到迅速广泛的普及。作为清政府官营的最大的翻译出版机构江南制造局翻译馆，虽然购置了铅字和印刷机器，实际上却搁置未用，而是采用传统的木版雕印办法，印刷汉译西学书刊。正如傅兰雅所说，“然所译格致书，仍用古制而刊木板，以手工刷印。此法为欧洲初有印书法之先多年而中国已用者，较铅字活板更省更便。其板各页等大，略宽八寸，长十二寸，厚半寸，每板两面刻字，每面当西书两面之用，可见一书全板占地无几。”①

傅兰雅通过介绍雕版印刷优于铅活字印刷之处，分析了翻译馆印书处倾向于雕版印刷的原因。之所以如此，实际上主要

---

① 傅兰雅：《江南制造总局翻译西书事略》，载《格致汇编》，1880年。

是因为刊行数量的问题。“有云：‘刻一木板，较排活板所贵有限，且木板已成，则每次刷印，随意多寡，即只印一部亦可。’此法之便可见矣。若照西法以活板印书，则一次必多印之，始可拆板，设所印者年深变旧，或文字错讹，则成废纸而归无用。惟中国法则不然，不需巨资多印存储；若板有差字，亦易更改；而西法已印成书，则无法能更改也。有云：‘最能印书者，一日可印五千页，不用印架，不需机器，俱以手工手器印之，而工价亦廉，每四工约得洋一圆。’”①从 1871 年到 1879 年，该馆共刊印书籍 98 种，每种印数仅 300 册左右，印数少，销售时间长。如果用西法，一次印出很多，不仅要占用资金和存储库房，并且，已经印成的书籍放置时间一长，也会变色变质。在这种情况下，自然木版雕印更能显出优势。因为可以随用随印，即使只印一册，也能及时操作，灵活便捷，易于改错，而且人工费也节省了很多。

到 19 世纪下半叶，在中国形成了雕版、铅印和石印并行，凸版、平版和凹版并行的局面。作为通商口岸的上海，在光绪年间成了西法印刷的中心，同时也代替北京成为全国最大的出版中心。②处于上海这个印刷出版中心的江南制造局翻译馆印书处也曾采用多种工艺印刷图书。

石印术传入中国的时间，普遍认为是光绪二年(1876)，上海徐家汇土山湾印刷所首先用来印天主教宣传品。也有学者指出，1846 年，上海已有石印中文书出现，即上海墨海书馆的麦都思用石印法印刷了《耶稣降世传》、《马太传福音注》。③ 石印用于翻印古籍、彩绘画报，效果很好，并逐渐兴盛起来，成为中国当时最主要的一种印刷形式。

江南制造局印书大多为木刻，石印者仅知有《艺器记珠》一种。但翻译馆在设立后不久，即翻译了两部介绍石印技术的著

---

① 傅兰雅：《江南制造总局翻译西书事略》，载《格致汇编》，1880 年。

②③ 张秀民著，韩琦增订：《中国印刷史》，浙江古籍出版社，2006 年版，第 464 页。

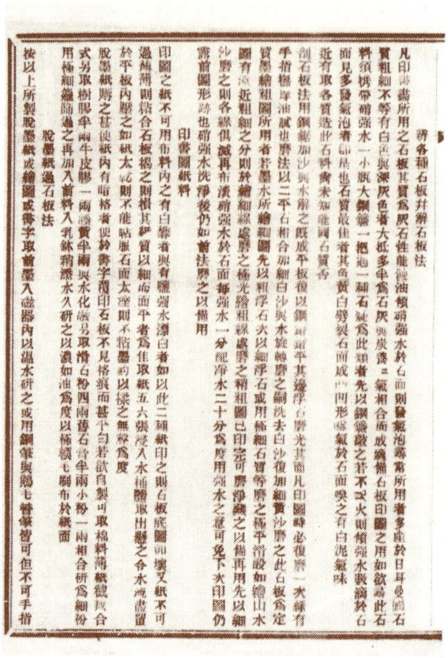
辨各種石板并辦石板法

凡印書畫所用之石板其質爲灰石性能吸油質硝強水於石面則發氣泡最當所用者多産於日耳曼國石
質粗細不等有白色與深灰色者大抵多半爲石灰與炭養二氣相合而成者備石板印圖之用如欲試此石
料須携帶硝強水一小瓶大鋼錐一把細石試爲此類者先以鋼錐畫之若不出火則傾強水數滴於石
面見多發氣泡者即是也石質最佳者其色黃白劈裂石面成凹凸形嗅其氣於石面嗅之有白泥氣味
近有取各質造此石料者未知能同石質否
磨石板法用鋼鐵加沙與水磨之既成平板復以鋼鐵磨平其邊浮石磨光其面凡印圖時必復磨一次始有
手指擦痕油膩也磨法以二平石相合加細白沙與水旋轉磨之嗣洗去白沙復加細黃沙磨之此石板爲定
質墨繪粗圖所用者若墨水所繪細圖先以粗浮石次以細浮石或用極細石質等磨之極平滑而如繪山水
圖有遠近粗細之分則於繪細線處磨之極光繪粗線處磨之稍粗圖已印完可磨淨藏之以備再用先以細
沙磨之則各線俱滅再布淡硝強水於石面每強水一分配淨水二十分爲度用強水之意可免下次印圖仍
露前圖形跡也硝強水洗淨後仍如前法磨之以備用

印書圖紙料

印圖之紙不可用布料內之有白礬者與有礬強水漂白者如以此二種紙印之則石板底圖面壞又紙不可
過稀薄則粘合石板揭之則損其紗質以細而平者爲佳取紙五六張浸入水桶內取出壓之令水痕盡留
於平板內壓之如紙太乾則不能貼服石面太濕則不粘墨約以操之無聲爲度
脫墨紙用之甚便紙內有暗格者便於書字覆印石板不見格痕而甚平勻若欲自製可取棉料薄紙鋪與合
式另取樹膠半兩牛皮膠一兩漂黃半兩與水化爲易取滑石粉四兩膏石膏半兩小粉一兩相合研爲細粉
用極細篩篩過之再加入前料入乳鉢稍添水久研之以濃如油爲度以極軟毛刷布於紙面

脫墨紙過石板法

按以上所製脫墨紙或繪圖或書字取前墨入瓷器內以溫水研之或用鋼筆與鵝毛管筆皆可但不可手指

《格致汇编》一书中关于石印法的介绍

作。一为英国人傅兰雅口译、徐建寅笔述的《石板印法》(*Lithography by Straker*)一册;一为傅兰雅口译、王德均笔述的《石板印法略》(*Lithography by Berry*),这两本书见载于傅兰雅1880年所写的《江南制造总局翻译西书事略》一文中,但当时未能出版。这些书的翻译比点石斋石印局和徐家汇土山湾印书馆石印所(1876年创建)的创立略早。①

同治九年(1870),上海大南门清心堂教士范约翰引进了石膏版印刷术。江南制造局翻译馆亦有一刘姓工匠掌握了刻石膏版的技术,用来刊刻译印西书所用图版;但因为精细程度较逊,未能流行于世。

套色石印机之一

套色石印机之二

① 张秀民著,韩琦增订:《中国印刷史》,浙江古籍出版社,2006年版,第464页。

上海徐家汇土山湾印刷所是中国最早试制照相铜版的印刷机构。光绪二十六年(1900),该所夏修士首先试制,未得结果。翌年,由蔡修士、范神父及安修士3人继续试制,获得成功。①在此之前,江南制造局翻译馆印书处刘某亦曾试制照相版,印刷广方言馆出版的书籍,但其方法仅限于馆内,很少为外人所知。

到19世纪末,江南制造局翻译馆印书处所印图书,已多数为铅印。除《物理学》、《照相镂板印图法》等为光绪二十六年(1900)木刻外,其余《西国近事汇编》等,均用大铅字印。

这里,举一江南制造局翻译馆印书处印刷的书籍实例。

由江南制造局翻译馆译刻的外国农书《农务全书》为雕版线装,刻工用墨也属良品,粗墨单栏,白口、双鱼尾,每半页十行,行22字不等。该书部头大,内容丰。全书三编48卷,24册、4函,与古代和当时的农书相比,算是大作,在当时的译著中亦属篇幅最大,即使将《农学丛书》中所有译作加起来,也只是平分秋色。《农务全书》是一部现代农学著作,内容涉及近代农学的各个方面。该书刊印时间本来不长,却分两次刊刻而成,上编刻于1887年,中下编刻于1909年。虽然两次合刊而成,但从刻风上讲分不出前后,相隔了22年而能做到完全一致很不容易,也不多见。

《农务全书》是美国哈万德大书院农务化学教习施妥缕所撰,由江南制造局翻译馆舒高第口译,赵治琛笔述,并由江南制造局印书处刻印。该书是江南制造局开始译印外来著作十年以后的译著。出版此书理应采用铅字排印或石印等新技术,但不知为什么,《农务全书》却采用了中国传统印刷工艺雕版技术。如果说在1878年可能因为印刷技术(铅印或石印)还不完备,效果不理想,用刻版效果好,那么到了1909年,铅字排印技术已相当成熟,世间所出印刷品基本上是用此种技术印刷之时,《农务全书》仍用雕版印制,则可能是为了保持全书前后印刷风格的一

① 张静庐编:《中国近代出版史料初编》,上海书店出版社,2003年版,第267页。

致吧。

翻译馆印书处印刷用纸有两种，上等者为连史纸，次者为赛连纸，赛连纸的纸价为连史纸的 80%。书印刷完成后用白丝线装订，每册书的页数一般为 60 到 100 页左右，“较平常书籍格外精致，甚合于学士文人之用。”①

3）图书出版发行

19 世纪 40 年代起，西方出版机构陆续进入中国，中国原有的图书发行体系因此经历了一场剧变。江南制造局翻译馆的图书发行方式就是在这场变革过程中逐渐形成的。

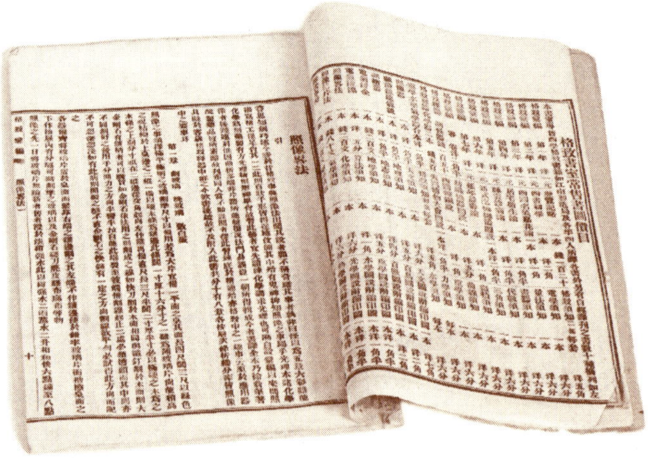

格致书室常售书图价目

1885 年，傅兰雅在上海创立格致书室，发售江南制造局的译书。1886 年，书室售书目录列举中外书籍、地图、挂图等 371 种，两年后的目录中西学书增至 650 种。不久，北京、烟台、奉天、天津、杭州、汕头、福州、厦门、香港等地先后开设书室分店，销售书籍达 15 万册。②这说明翻译馆的发行工作还是较成功的，

① 傅兰雅：《江南制造总局翻译西书事略》，载《格致汇编》，1880 年。

② Adrian A. Bennett: *John Fryer: The Introduction of Western Science and Technology into Nineteenth-Century China*, Harvard University Press, 1967, pp. 63—65.

尽管与正式出版机构的发行相比还处在比较初级的层面。他们还配备专人“董理售书之事”。

江南制造局翻译馆发行的图书委托上海工部局书信馆邮递至全国各通商口岸，且言明不收邮资。“凡上海工部局书信馆所能邮递之埠镇，如北京、天津、牛庄、烟台、汉口、武昌、九江、南京、镇江、安庆、宜昌、重庆、苏州、杭州、宁波、温州、福州、厦门、香港、汕头、广州等处欲购书者，本馆皆可代买送上，不取水脚，惟须先将书价寄来，庶不致误，或将钱先交于该处代售《格致汇编》西人，托其寄函来亦可。”① 傅兰雅主持的格致书室不仅在天津、汉口、汕头、北京、福州、香港等地设分销处，在其他一些没有正式设立分销处的地方，也通过传教士、外国商人和其他一切可以利用的渠道，进行代销。傅兰雅在其创办的中国近代第一份科学普及期刊《格致汇编》上刊登了江南制造局的译书目录，其中所售书名、每册书价等内容一应俱全，另外还有单行本的书目可以索取。

翻译馆不像商务印书馆那样具有资本主义经营的色彩，不以赢利为目的，他们的书定价较为便宜。每种书售价大致为100文到2 000文不等。每本书的页数一般为60到100页左右。平均下来，大约每本在200文上下，最多不过300文出头，少量的不到100文或超过2 000文。“每书连史纸价钱，从几十文到几千文不等。有标价七十文的《量法代算》，也有二千四

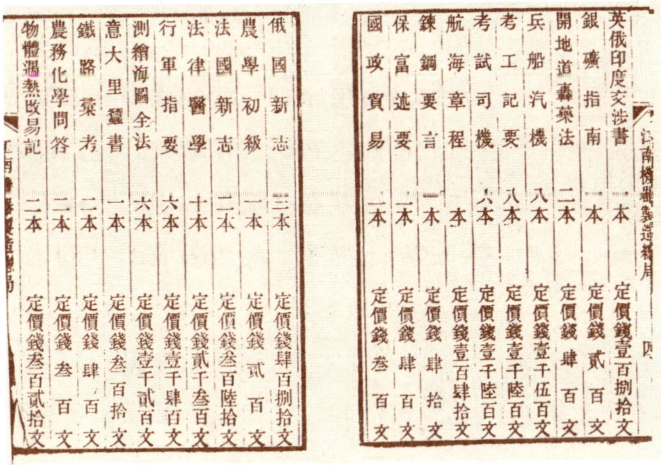

江南機器製造總局

英俄印度交涉書	一本	定價錢壹百捌拾文
銀礦指南	一本	定價錢貳百文
開地道轟藥法	二本	定價錢肆百文
兵船汽機	八本	定價錢壹千伍百文
考工記要	八本	定價錢壹千陸百文
考試司機	六本	定價錢壹千陸百文
航海章程	一本	定價錢壹百肆拾文
鍊鋼要言	一本	定價錢肆拾文
保富述要	一本	定價錢肆百文
國政貿易	一本	定價錢叁百文
俄國新志	三本	定價錢肆百捌拾文
農學初級	一本	定價錢貳百文
法國新志	二本	定價錢叁百陸拾文
法律醫學	十本	定價錢貳千叁百文
行軍指要	六本	定價錢壹千肆百文
測繪海圖全法	六本	定價錢壹千貳百文
意大里蠶書	一本	定價錢叁百拾文
鐵路彙考	二本	定價錢肆百文
農務化學問答	二本	定價錢叁百文
物體遇熱改易記	二本	定價錢叁百貳拾文

《江南机器制造总局》一书中记载的制造局译书定价

① 傅兰雅：《江南制造总局翻译西书事略》，载《格致汇编》，1880年。

百文的《代数难题解法》,一般书价在几百到上千文之间。”①书的价钱不但与篇幅大小直接相关,自然也与纸张好坏有关,上述价格是指连史纸本,如果以赛连纸印刷,则以上述价格的八折计。有时为了扩大发行,他们还减价销售,实际上就是按一定的折扣销售,这本身也是图书发行的一个特点,说明江南制造局翻译馆也较早使用了这一手段。

我们对 19 世纪 80 年代前后的物价状况并不了解,很难判断当时书价到底贵不贵。周振鹤先生在其《一册只有四叶的书》一文中有这样的推断:清人刘大鹏《退想斋日记》光绪十八年(1892)六月二十一日记山西太原当时因受旱灾影响,粮价上涨,白面每斤 60 文。翌年五月初八日记一教书人,所教童子五六人,每人送束脩钱 1 600 文,一年所得不满十千钱。以这几项数据与江南制造局的书价相较,则其时书价不菲。一个教书匠,教学生一人,一年只能有 1 600 文的收入,而一部《水师章程》就要 3 200 文,怎么买得起?何况这种书与乡下的穷知识分子关系不大,是不会去买它的。但是一斤白面在涨价时卖到 60 文,则便宜时按麦价之跌幅推测只得 30 文,而江南制造局所译西书平均每本只得三四斤或五六斤白面价钱,似乎又不能算太贵。如果对城市里稍有余裕的知识分子而言,这种书价是负担得起的,因此推测这些西书在清末科技启蒙方面应该起了一定的作用。②

另外有些随时编印的时政书,如《西国近事汇编》等,也经常送给上海等地的各省官员。同治十年(1871),翻译馆受官府之命,要金楷理、蔡锡龄译出《布国新报》一书,曾国藩到上海时看过,并要求“陆续译出寄阅”。于是,翻译馆自同治十年十二月初五日(1872.1.24)起,至同治十一年四月初五日(1872.5.11)止,汇取英、美、普、法各国新闻纸,选择重要的部分,翻译后铅印装

① 傅兰雅:《江南制造总局翻译西书事略》,载《格致汇编》,1880 年。
② 周振鹤著:《中人白话》,华东师范大学出版社,2001 年版,第 10 页。

《西国近事汇编》书影

订成册，向南洋大臣何璟送了10本，请其寄送总理衙门。何璟寄了四本。总理衙门于同治十一年七月二十五日（1872.8.28）收到此书，七月二十九日（9.1）复信南洋大臣，称赞所送之《西国近事汇编》，要求江南制造局将此书再寄6本，以便传观，并希望以后如有此类书籍，均寄10本。何璟接信，要制造局再寄8本，并要以后再寄此类书时均以12本为度。制造局总办冯焌光随即照办，共送北京12本，送南京4本。江南制造局此后所送此类书不断增加。同治十二年六月初八日（1873.7.2），南洋大臣李宗羲在致总理衙门信中便说，新印的《西国近事汇编》按季度译编成册，送往北京、南京。光绪十年正月初五（1884.2.1），总理衙门要求南洋大臣左宗棠将光绪丁丑年（1877）以后各年的《西国近事汇编》送呈北京。

光绪元年（1875），上海道冯焌光在接管卷内，看到总理衙门要求江南制造局将所译《防海新论》一书寄呈50部，其他新印各关涉洋务、西学、兵事、机器、天算等书籍，每样寄呈20部。所送书籍凡31种，内有《运规约指》、《化学鉴原》、《化学分原》等。光绪二年（1876），冯焌光又将《测海绘图》等14种，另加《平圆地球图》，每种20部，送呈北京。光绪七年（1881），上海道刘瑞芬又将江南制造局译成的西书21种，每种30部，呈送总理衙门。①

① 熊月之：《江南制造局翻译馆》，载《中国出版史料（近代部分）》（第一卷），湖北教育出版社，2004年版，第591—592页。

在短短12年时间，江南制造局就出版销售了这么多书，在当时的条件下，已是非常不容易了。然而傅兰雅仍对江南制造局的图书销售感到苦恼，他认为“阅以上所售之书，其数虽多，然中国人数太多，若以书数与人数相较，奚啻天壤”①。江南制造局所出科学图书由于受当时中国交通条件限制，发行量都不大，这也是令傅兰雅苦恼并筹办格致书室的一个主要原因。

3. 江南制造局翻译馆的消亡

1875年前后，翻译馆几个重要的笔述人员如李凤苞、徐建寅、华蘅芳等先后调离。1878年，金楷理离馆。1881年，林乐知也辞去馆内译职，在此后很长一段时期内，傅兰雅是馆中唯一的专职口译人。1884年，翻译馆的主要创办人徐寿去世。正如傅兰雅所言：“但此常换人之事，自必有碍于译书。盖常有要书译至中途，而他人不便续译；或译成之原稿，则去者委人收存，至屡去屡委，则稿多散失。”②翻译馆这一时段的人事变动对翻译出版的影响是不可低估的。在19世纪70年代，每年翻译的书籍至少有10余种，刊出7到8种，但到1882年，一年只译出了8种，刊出仅4种。此后几年内，似乎一年不如一年。在1880年以前，制造局每年用以译书及编制舆图的经费多则六千余两，最少也两千数百两，但在1881—1896年间，竟有七年经费在一千两以下，其他各年也仅一千两左右。③1880年以后的其他年份，用以译书及编制舆图的经费均较1880年以前有大量缩减，严重阻碍了翻译馆对西学著作的翻译和出版。

翻译馆在江南制造局的地位已显无足轻重。究其主要原因恐怕在于原本是“因制造而译书”，而实际上译书对当时的“制造”却无多大直接的用处。制造局负责制造武器军火的洋匠师

---

①② 傅兰雅：《江南制造总局翻译西书事略》，载《格致汇编》，1880年。

③ 王扬宗：《江南制造局翻译馆史略》，载《中国科技史料》1988年第3期，第69页。

是不能利用翻译馆的译书的，因为他们不懂中文，即使懂中文，译书对他们也无多大用处。就最可能对制造有用的工艺技术译著来看，情况也不能令人满意。如该馆早期翻译有不少矿冶著作，但制造局到 1890 年才建造钢厂，而这时译著的内容也已过时了。再如，所译的军工著作中回特活德钢炮和克虏伯枪炮与制造局生产的阿姆斯特郎大炮、林明敦式枪炮根本就不是一回事。特别应该指出，制造局自 70 年代末始，就逐渐放弃了制造轮船的计划，从 1877 年到 1884 年，一艘轮船也未造。仅在 1885 年造了一艘钢板船，此后即令停止造船。李鸿章认为造出的船质量差、式样旧、成本高、耗时长，他对制造轮船已经不抱希望，认为不如现买外国舰船。①造船既停，与此密切相关的译书计划虽未停止，也受挫折。

1885 年，李鸿章曾招傅兰雅北上，商讨扩充翻译馆，详情不得而知。②但翻译馆并没有从此而有所起色，则是显而易见的。

甲午战败后，中国出现了前所未有的研求西学热潮。翻译馆的绝大多数译著被一再盗印重刊，译书供不应求。戊戌维新变法时期，许多新的译书机构纷纷设立，对于素负盛名的制造局翻译馆，清政府谕令“仍应查照案认真办理，毋令废弛”。在这种形势下，翻译馆也有所振兴，译书经费有所增加。所刊之书中有许多是译成而未刊印的译著，也有一些校订刊印的。如《决疑数学》、《物体遇热改易记》等。另外，又翻译了一些新的重要著作，如《通物电光》、《物理学》、《无线电报》等等。但 1896 年随翻译馆最重要的口译者傅兰雅赴美任教后，口译人员更换频繁，翻译馆趋于停滞，翻译馆的消亡为时不远了。1901 年后，只有舒高第一人任口译。

---

① 上海科学院经济研究所：《江南造船厂厂史(1865—1949)》，江苏人民出版社，1983 年版，第 41—44 页。

② *A Beautiful Life: Memoir of Mrs. Eliza Nelson Fryer 1847—1910*, Berkeley, 1912, p.52. 转引自王扬宗：《江南制造局翻译馆史略》，载《中国科技史料》1988 年第 3 期，第 69 页。

随着中国人对西学认识的逐步深化，西学传播的内容也日益丰富，并从自然科学方面扩大到人文科学方面。特别是在中日甲午战争以后，资产阶级维新派在为变法奔走呼号的同时，开始对西方资产阶级上升时期的哲学、政治学、伦理学等社会科学进行宣传介绍，从而把西学的传播推进到一个更新更高的阶段。在维新思潮的激荡下，各种以宣传变法和新学为宗旨的学社团体、报纸刊物以及编译出版机构，犹如雨后春笋，在全国各大城市破土而出。当时，影响较大的图书出版机构有强学书局(成立于 1895 年)、南洋公学译书院(成立于 1897 年)、商务印书馆(成立于 1897 年)以及英美传教士于 19 世纪 80 年代创办的广学会。这些机构编译出版的西书宏富驳杂，无论是在数量上还是在质量上，都超过江南制造局翻译馆译著的水平。①这样，翻译馆在西学传播中失去了中心地位而逐渐淡出。

20 世纪初，留日归国学生数量剧增，他们将学习西方的渠道转向日本，办报刊、翻译日文书籍成为一时潮流，而江南制造局在 1901 至 1904 年间共出版日文译著 5 种，1902 至 1904 年间出版其他语种译著大约 10 种，此时翻译馆已跟不上时代了。1905 年，江南制造局内部进行机构调整，制造局局坞分家，广方言馆和工艺学堂改成工业学堂，翻译馆归上海兵工厂。

江南制造局翻译馆在 1913 年因经费没有着落而停办，标志着江南制造局从一方文化上影响着整个国家的官方试验田渐渐演变为一个普通的企业。段祺瑞在给安徽都督柏文蔚的信中谈到翻译馆是否续办时说："翻译馆既非目前需要，且所译各书，又不尽系兵工之用，自应一并停办，以资撙节。"显然，段祺瑞认为既然是企业的翻译馆，就应该只翻译一些直接供兵工使用的资料，否则就是不务正业。另一方面，到 1913 年，中国已经有了初步的工

---

① 史革新：《江南制造局翻译馆和近代中国的西学传播》，载《文史知识》1986 年第 9 期，第 57 页。

业体系，江南制造局已经只是其中的一个，只是海军部所属的造船所，其对中国文化已经不再具有决定性的影响，加之当局对企业的定位只是“尽系兵工之用”，文化上的衰落也是自然之事。

1913年，在出版了上一年编译的《航海通书》后，翻译馆便完成了它的历史使命。在上海兵工厂改建后的机构中，已经没有翻译馆了。

4. 江南制造局翻译馆的影响

江南制造局翻译馆的创设在西学东渐史上标志着一个新时期的开始。翻译馆是中国近代史上历时最久、系统出书最多、影响最大、最重要的译书机构。①

19世纪60年代，一批“睁眼看世界”的人们开始从求购“坚船利炮”中寻求新路。江南机器制造局就是在这样的时代风雨中走上历史舞台的。两次鸦片战争轰开了中国的大门，为挽救摇摇欲坠的清王朝，以恭亲王奕䜣和曾国藩、左宗棠、李鸿章等为首的洋务派发起了购买和仿造洋船洋炮、加强军事实力的洋务运动，兴办了一批近代军事工业。“机器制造一事，为今日御侮之资，自强之本”，这就是李鸿章创建江南制造局的初衷。除了单纯的制造外，为培养技术力量和传播科技知识，江南制造局附设有广方言馆、翻译馆、工艺学堂。

翻译馆于1868年创办，为清政府官办的翻译出版机构，这是近代中国第一个由政府创办的西书翻译机构，附设于江南机器制造总局。江南制造局翻译馆主要为军工制造提供技术资料，梁启超在《变法通议·论译书》中说，翻译馆译书“专以兵为主，其间及算学、电学、化学、水学诸门者，则皆得资以制造，以为强兵之用”②。由于许多科技成果往往首先在军事领域中得到应

① 熊月之著：《西学东渐与晚清社会》，上海人民出版社，1994年版，第493页。
② 梁启超：《梁启超全集》第一卷，北京出版社，1999年版，第46页。

用，因此翻译馆所译西书涉及许多学科，如数学、物理学、化学、天文学、地质学、地理学、生物学、医学等。

制造局在技术领域的优势是与翻译馆的工作分不开的，尤其是翻译馆的主力人员同时又是制造局的技术主管，国外最新的科学技术被直接应用于制造局的生产，使江南制造局的技术处于当时中国领先的地位。

在中国近代史上，江南制造局的翻译馆和广方言馆、同文馆一样，都是中国近代引进国外科学技术知识，翻译国外科技文献的机构。翻译馆经过四十余年的译书活动，出版西学译著达160种，①其范围包括自然科学和应用技术的各个方面，特别偏重军事理论和技术方面，也涉及西方政治、经济和外交等方面。实际上，江南制造局翻译馆并不仅仅是一个翻译机构，它在引进国际先进的基础科学知识和实用技术方面同样也发挥着重要的作用，是江南制造局技术引进、开发和研究的一个重要机构。但是，翻译馆并没有成为单纯的技术资料和说明书的翻译机构，而是以相当全面的眼光审视了世界科学与技术的发展，将世界先进的科学技术比较全面地介绍进中国。它较好地平衡了基础科学与实用技术、甚至社会科学的关系，因此对整个中国的科学、工业技术和社会进步都发挥了积极、重要的作用。正因为如此，翻译馆在中国近代科学技术史上的意义才大大超出了江南机器制造总局的范畴，成为中国近代科学技术的一个重要开拓者。翻译馆的以上成就，大大促进了西学在我国的传播，填补了许多科技领域的空白，为我国近代科技的发展奠定了必要的基础。当时有人评论说："自同治初年创设机器制造局以后，凡天文、地理、格致、气化诸学，无一不精愈求精，备愈求备，规模日益见其大，学问日益见其新。"②

---

① 陈洙等编：《江南制造局译书提要》，江南制造局光绪六年(1919)，铅印本。

② 《万国公报》，华文书局1968年影印本，第417卷。

江南制造局翻译馆自成立至停办，历时 40 余年，翻译出版了大量西方的科技图书，对近代中国的军事工业的发展、西方科技在中国的传播普及和应用产生了重大影响。与此同时，翻译馆也是近代中国翻译出版人才的重要基地，培养了一大批科技翻译出版人才，为以后的科技翻译出版发展奠定了重要基础，并对近代中国的政治、特别是清末的变法运动产生了重要影响。曾在翻译馆工作过的赵元益后来主持成立上海译书公会，组织了许多曾在翻译馆工作的翻译人才，引进翻译了大量西方新兴资产阶级的政治、法律等书籍，对清末的政治产生了很大影响。

在翻译馆，集聚在一起的学有专长的科学家们还从事近代科学技术的研究、创造或教育方面的工作。他们在科学翻译过程中追求真理的态度，不仅对先前的科学理论作了补正，而且对后继科学术语翻译和确定起了导向性作用。他们翻译的一大批近代西方自然科学的基础理论及部分研究成果，打破了中国闭关自守的封闭状态，推动了中国近代科学的研究，为近代中国向西方学习扫清了障碍，铺平了道路。

三、翻译馆主要翻译人员

在江南制造局翻译馆长达45年的翻译史上，产生了一大批中国近代早期的开西书中译先河者，这些翻译人员中既有来华的西人传教士，也有中国的第一批华人翻译家。

江南制造局的译员，可考者59人，其中外国人9名，中国人50名。每人译书多寡不等，多的有六十多种，少的只有一种。参加译书的人员屡有更换，或不愿终其一生译书，或因译书通晓西方政事被升官而辞职的，故常常换人，有些书因译至半途而他人又不便续译而中辍，有些译稿因屡经周转而散失。以下，我们为参加翻译馆译书事业的重要中外翻译家编辑小传，略作介绍，从中可以看出近代早期翻译事业筚路蓝缕的艰辛历程。

1. 西方主要翻译人员

傅兰雅(1839—1928)

傅兰雅

英文名 John Fryer,英国人,1839 年生于英国肯特郡海德镇一个牧师家庭。1860 年毕业于伦敦海伯雷师范学院;1861 年受英国圣公会派遣,以新教传教士的身份到香港圣保罗书院任校长;1863 年被圣公会派到北京,经圣公会传教士包尔腾(John Shaw Burdon)引荐至京师同文馆担任英文教习,同时被圣公会接纳为非神职的传教士;1865 年南下上海,先后在英华学塾、广方言馆执教;1866 年被字林洋行聘为《上海新报》兼职编辑;1868 年 4 月应江南制造局要求,辞去《上海新报》编辑一职,担任江南制造局专职译员,从此与教会脱离关系;1870 年广方言馆迁入江南制造局新馆后,开始兼任该馆法文教习直至 1878 年;1874 年参与创办上海格致书院,并长期担任书院的董事和秘书;1876 年自己出资创办并主编中国第一份科学普及期刊——《格致汇编》;1877 年开始兼任"学校教科书委员会"(School and Textbook Series Committee,中文名称为"益智书会")总编辑,从事科学入门读物的编

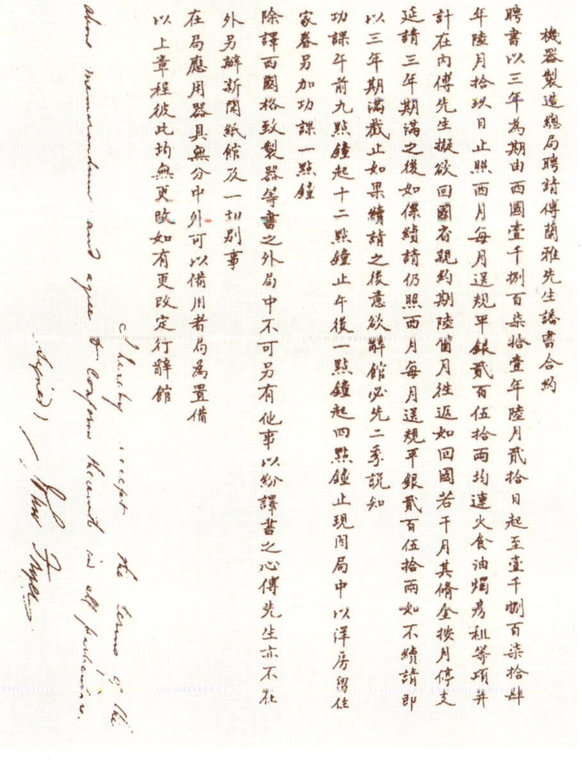

機器製造總局聘請傅蘭雅先生譯書合約

聘書以三年為期由西國壹千捌百柒拾壹年陸月貳拾日起至壹千捌百柒拾肆年陸月拾玖日止照西月每月送規平銀貳百伍拾兩均連火食油燭房租等項并計在內傅先生擬欲回國省親約期陸個月往返如回國若干月其脩金按月停支延請三年期滿之後如係續請仍照西月每月送規平銀貳百伍拾兩如不續請即以三年期滿截止如果續請之後意欲辭館必先二季說知

功課午前九點鐘起十二點鐘止午後一點鐘起四點鐘止現因局中以洋房留住家眷另加功課一點鐘

除譯西國格致製器等書之外局中不可另有他事以紛譯書之心傅先生亦不在外另辦新聞紙館及一切別事

在局應用器具無分中外可以備用者局為置備

以上章程彼此均無更改如有更改定行辭館

I hereby accept the terms of the above memorandum and agree to conform thereunto in all particulars.

(Signed) John Fryer

江南机器制造总局与傅兰雅签署的聘用合同

中厤光緒二年春季
西厤一千八百七十六年春季

每季出印一卷
此卷三次排印

格致彙編

是編補續中西聞見錄
在上海格致書室發售

英國傅蘭雅輯

《格致汇编》书影

译工作；1885 年自筹资金创办当时唯一的科技书店——格致书室（The Chinese Scientific Book Depot），主要经营“格致之学”和“制器之术”类的译著以及中国人自著的天算、地理、博物类著作，直至 1911 年退出；1895 年参与创办天足会，并发起新小说大众竞赛，抨击他眼中的中国社会的“三弊”——鸦片、时文和缠足，得到了读者的热烈响应；1896 年应美国加利福尼亚大学聘请，出任该校第一位东方语言文学教授，直至 1913 年退休，在任教的二十余年间开设了汉语、中国历史、中国文化等多种课程，为东语系的建设做出了巨大的贡献；从 1897 年到 1903 年在美任教期间，仍坚持每年夏天回上海为江南制造局翻译馆译书；1908 年，作为加利福尼亚大学东方教育调查计划的特派员回到中国进行教育改革的考察；1911 年以个人名义出资，在上海开办了上海盲童学堂（Institution for the Chinese Blind），其幼子傅步兰担任校长，并于 1928 年增设女校部；1928 年 7 月在美国去世，终年 89 岁。

上海盲童学堂教员及学生合影

傅兰雅为江南制造局翻译馆译书共达一百余种，是众多译者中译书数量最多的，在江南制造局翻译馆的译书总数中也

占了很大的比重，其译著的内容涉及数学、物理学、化学、矿冶、机械工程、化工、军事技术、医学、社会科学等多个领域。其中数学类的《代数术》和《微积溯源》、物埋学类的《声学》和《电学》、化学类的《化学鉴原》和《化学考质》、矿冶类的《金石识别》和《冶金录》、机械工程类的《器象显真》、化工类的《化学工艺》、军事技术类的《制火药法》和《防海新论》、医学类的《西药大成》、社会科学类的《佐治刍言》等译著均对当时的西方科学技术在中国的传播起到了极大的推动作用。

上海盲童学堂的临时校舍

林乐知(1836—1907)

英文名 Young John Allen，生于美国佐治亚州伯克县，美国基督教南部监理会传教士。1858 年毕业于埃默里大学；1859 年被派来华传教，1860 年 7 月抵沪。在中国生活的四十多年间，林乐知开展了多种形式的西学传播活动。1864 年经冯桂芬介绍进入广方言馆为英文教习，6 个月后即被解聘，1867 年再次被广方言馆聘为英文教习；同年得到傅兰雅的推荐担任《上海新报》的主笔；1868 年 9 月自费创办并主编《中国教会新报》(*Chinese Church News*，后改名《教

林乐知

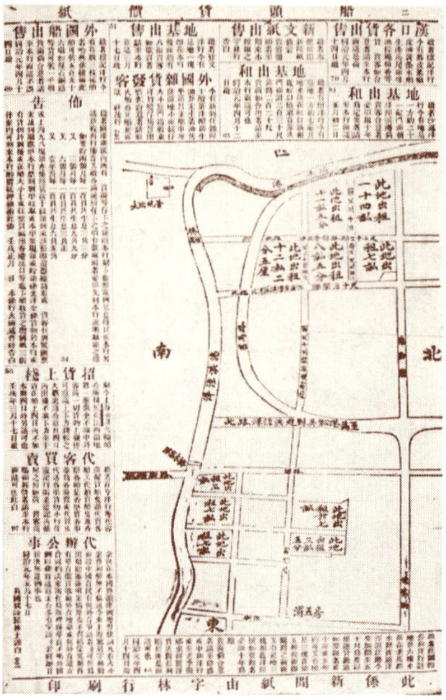

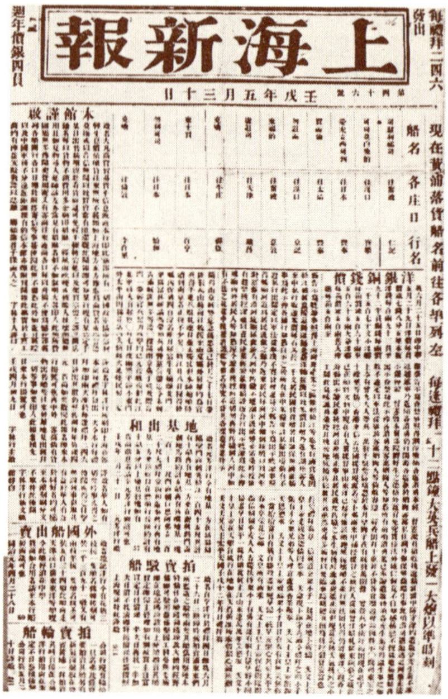
上海新報

《上海新报》：近代上海首份中文报纸，创刊于 1861 年 12 月。傅兰雅、林乐知曾任主编。由英商字林洋行印行。1872 年 12 月停刊。

会新报》)，后于 1874 年改为《万国公报》；1869 年开始参加江南制造局翻译馆的译书工作长达 12 年；从 1873 年到 1881 年，与金楷理等人根据《泰晤士报》等编译《西国近事汇编》；1877 年在益智书会中负责高级教材的编写；1879 年在苏州开办博习书院；1882 年在上海创办中西书院（Anglo-Chinese Methodist School)，并担任监院（院长），该院后与苏州的中西书院合并为东吴大学；1887 年出任由英国传教士韦廉臣（Alexander Williamson)在上海创办的新教在华最大翻译出版机构——广学会（The Christian Literature Society of China)协理，译书、编书十余种，包括《中东战纪本末》和《文学兴国策》；同时期担任复刊的《万国公报》主编；1890 年发起创办中西女塾（Mc Tyeire High School)；1895 年，辞去中西书院监院一职，专事办刊和译书。1876 年，清政府为了表彰其译书和教学的贡献，授予他五品顶戴官衔，后又“钦加四品衔”。1907 年 5 月 31 日在上海病逝。林乐知为江南制造局译书共 8 种，多为史志、外交方面的书籍，包括《四裔编年表》、《列国岁计政要》、《欧洲东方交涉记》等，自然科学方面有《格致启蒙》。《西国近事汇编》的编译工作中，林乐知的贡献最大。

金楷理(1839—1914)

英文名 Carl Traugott Kreyer，美国人，1866 年来华，在杭州市为浸礼会设立教会站；1870 年辞去教会职务，在上海江南制造局翻译馆任翻译；数年后辞去翻译一职，被聘为上海道通事，仍兼职译书；1890 年随驻俄公使许景澄赴俄，任中国驻俄使馆参赞；1901 年醇亲王载沣为德使克林德被杀一事赴德道歉时被派为随员。为表彰金楷理在中国推广西学的卓越贡献，清政府授予他四品头衔。在江南制造局任职期间，金楷理共译书 17 种，仅次于傅兰雅，位居第二，其译作主要可分为军事科学类、船政类、自然科学类和社会科学类。军事科学方面有《兵船炮法》、《临阵管见》、《克虏伯炮说》、《行军指要》、《克虏伯炮准心法》、《克虏伯炮饼药法》、《克虏伯炮弹造法》、《攻守炮法》、《营垒图说》等；船政类主要有《行海要术》、《御风要术》、《海道图说》等，这一类译著的应用价值比较高，所涉及的技术和知识均被运用于当时军事工厂的武器制造和新式军队的训练作战中；自然科学类主要有《光学》、《测候丛谈》、《绘地法原》等，其中与赵元益合译的《光学》学术价值非常高；社会科学方面参与了《西国近事汇编》的编译工作，此书是晚清同治光绪年间中国的知识分子了解世界大事的重要参考书之一，康有为、梁启超等人都将此书视为必读之书。

卫理(1854—1944)

英文名 Edward Thomas William，美国美以美会教士、外交官。1887 年来华，在南京传教；1896 年辞去教会职务；1898 年

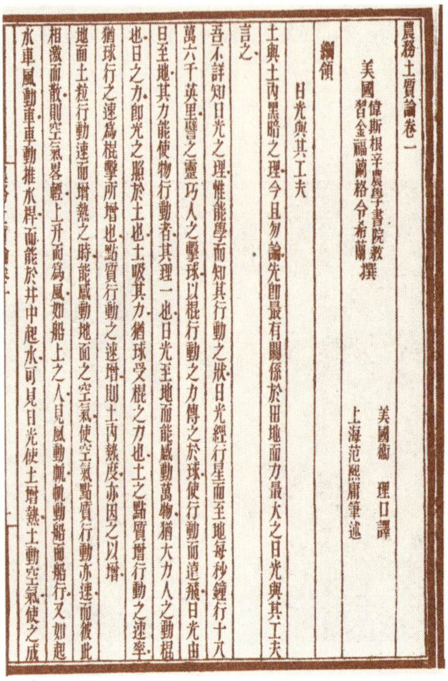

農務土質論卷一

美國韋斯根辛農學書院教習金福蘭格令希蘭撰　美國衛理口譯　上海范熙庸筆述

綱領

日光與其工夫

土與土內黑暗之理今且勿論先即最有關係於田地而力最大之日光與其工夫言之

吾不詳知日光之理惟能學而知其行動之狀日光經行星而至地每秒鐘行十八萬六千英里譬之靈巧人之擊球以棍行動之力傳之於球使行動而遠飛日光由日至地其力能使物行動者其理一也日光至地而能感動萬物猶大力人之動棍也日之力即光之照於土也土吸其力猶球受棍之力也土之點質增行動之速率猶球行之速爲棍擊所增也點質行動之速增則土內熱度亦因之以增

地面土粒行動速而增熱之時能感動地面之空氣使空氣點質行動亦速而彼此相激而散則空氣略輕上升而爲風如船上之人見風動帆帆動船而船行又如起水車風動車車動推水桿而能於井中起水可見日光使土增熱土動空氣使之成

《农务土质论》书影

任上海领事馆翻译，兼任江南制造局翻译馆译员；1901 年后历任美国驻华使馆汉务参赞、驻天津总领事、美国国务院远东司司长；1918 年至 1927 年任加利福尼亚大学汉文教授。在江南制造局工作期间，共译书 7 种，其中农学类两种，即《农务土质论》、《农学津梁》；教育类一种，即《日本学校源流》，此书是向日本学习教育改革的开端；应用科学类 3 种，即《取滤火油法》、《照相镂版印图法》、《无线电报》；另有《工业与国政相关论》。

秀耀春（1856—1900）

英文名 F. Huberty James，英国浸礼会教士，1883 年来华，在山东青州传教，后来调往济南设立浸礼会教堂，1892 年因与该会意见不合而脱离关系。1899 年担任江南制造局译学馆英文教习。1900 年夏义和团运动发生时失踪。秀耀春是通过傅兰雅介绍而与江南制造局发生联系的，共译书 5 种，两种为农学类，即《农学初级》、《农务化学问答》；两种为医学类，即《保全生命论》、《济急法》；另一种是《取滤火油法》。

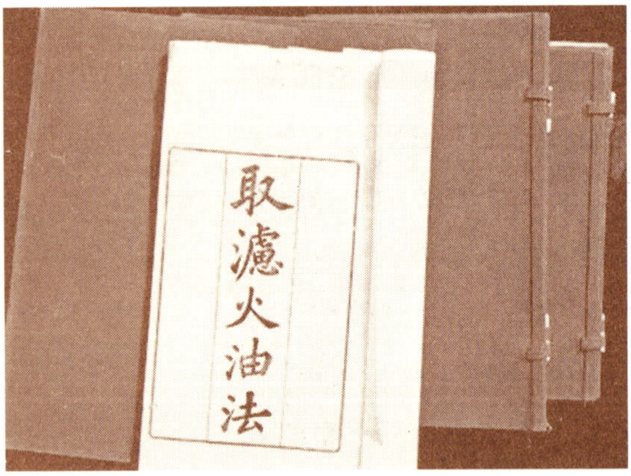

《取滤火油法》书影

罗亨利（1827—1900）

英文名 Henry Brougham Loch，英国人。在第二次鸦片战

罗亨利

争期间担任额尔金勋爵的私人秘书,和巴夏礼一起在通州被清军所俘。回国后著有《1860 年额尔金勋爵第二次使华期间诸事件的个人纪述》(*Personal Narrative of Occurrences during Lord Elgin's Second Embassy to China*, 1860)。罗亨利如何与江南制造局发生联系不详,他的译书共有 3 种,即《英俄印度交涉书》、《法国水师考》、《格致小引》。

玛高温(1814—1893)

英文名 Daniel Jerome MacGowan,美国浸礼会传教医师。1843 年 2 月受浸礼会派遣至香港,随即转至宁波传教行医,次年创办医院,开办仅 3 个月即停闭。之后又代表另一个美国教会重新开院。在中国的几个商埠旅居后,曾赴巴黎、伦敦,并在英国各地作关于中国以及日本的讲演。1862 年回美国,在南北战争中做军医。战争结束后于 1867 年再度来华,在上海英美租界内的教会医院做医生。1879 年被中国海关总税务司赫德委派为温州海关帮办兼医师。1893 年逝世于上海。玛高温是江南制造局翻译馆资历最老的译员之一,1868 年翻译馆初创时便参加了翻译工作。他与华蘅芳共同翻译了《金石识别》、《地学浅释》两部影响较大的书,其中《金石识别》是中国第一部矿物学译

《金石识别》书影

著；《地学浅释》曾被作为铁路、矿山等路矿学堂以及其他学校的地质学教材。华蘅芳在这两部书的序中对他的评价是“玛君于金石之品知之最详。”

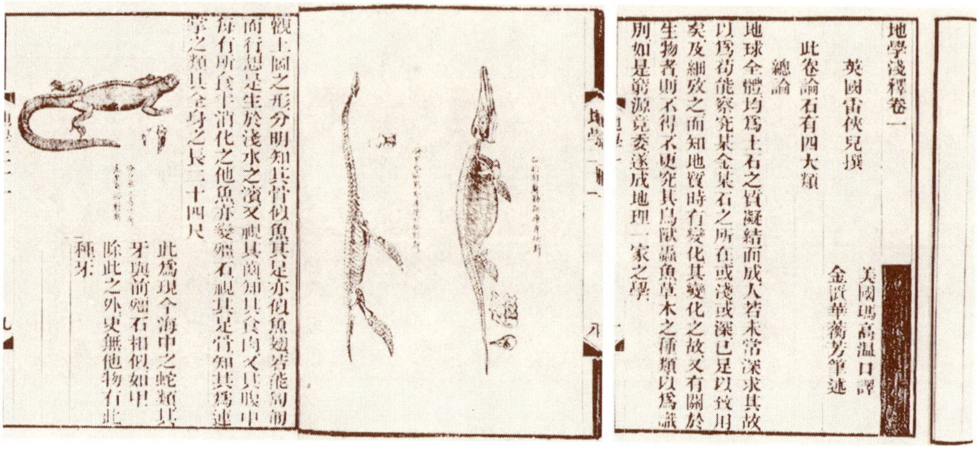
地學淺釋卷一
英國雷俠兒撰
美國瑪高溫口譯
金匱華蘅芳筆述
此卷論石有四大類
總論
地球全體均爲土石之質凝結而成人若未常深求其故以爲苟能察究某金某石之所在或淺或深已足以致用矣及細考之而知地質時有變化其變化之故又有關於生物者則不得不更究其鳥獸蟲魚草木之種類以爲識別如是窮源竟委遂成地理一家之學

觀上圖之形分明知其骨似魚其足亦似魚翅若能知其前行想是生於淺水之濱又視其齒知其食肉又其腹中每有所食未消化之他魚亦變爲石視其足骨知其爲連學之類其全身之長二十四尺
此爲現今海中之蛇類其牙與前變石相似如甲除此之外更無他物有此種牙

《地学浅释》书影

伟烈亚力

伟烈亚力（1815—1887）

英文名 Alexander Wylie，1815 年生于伦敦，英国传教士、汉学家。年轻时便开始自学汉语，1847—1860 年任伦敦宣道会（London Missionary Society）的宣教师。1847 年 4 月 6 日，与伦敦会另外两位牧师慕维廉（W. Muirhead）、邵思韦（B. Southwell）从伦敦出发，于同年 8 月 26 日抵达上海，负责伦敦会设在上海的印刷所——墨海书馆的印刷事务，并在工作之余学习汉语、满语、蒙古语、法语、德语、俄语、希腊语、维吾尔语和梵语；1851 年 12 月至 1852 年 2 月间，陆续在《北华捷报》（*North-China Herald*）上发表长文《徐光启行略》，从此开始在中国文献研究方面崭露头角；1852 年 7 月开始与中国数学家李善兰合作翻译《几何原本》后九卷，该书于 1856 年译成，从而促成了《几何原本》中文译本 15 卷足本的发行；同年 8 月开始陆续在《北华捷报》上发表他研究中国数学史的论文《中国数学科学札记》；1853 年出版了用中文写成的数学入门课本《数学启蒙》，此书对于数学在晚清时期中国的普及做出了重要的贡献；1854 年 10 月至翌年 12 月间在《北华捷报》上陆续发表论文《西安府的景教碑》；1855 年出版满文文法著作《清文启蒙》的英译本；1857 年 1 月创办上海历史上第一份中文月刊——《六合丛谈》，由墨海书馆印行，他与王韬合译的《西国天学源流》、《华英通商事略》、《重学浅说》以及自撰的《造表新法》均发表于《六合丛谈》，该刊虽然是以传播基督教义为目的，却介绍了大量自然科学方面的知识，为西学在中国的传播做出了重要的贡献；1857 年 11 月被选为“上海文学与科学学会”(The Shanghai Literary and Scientific Society，后改名“皇家亚洲学会中国分会”)会员；1860 年 11 月回英国，辞去伦敦会职务，转到英国海外圣经公会(The British and Foreign Bible

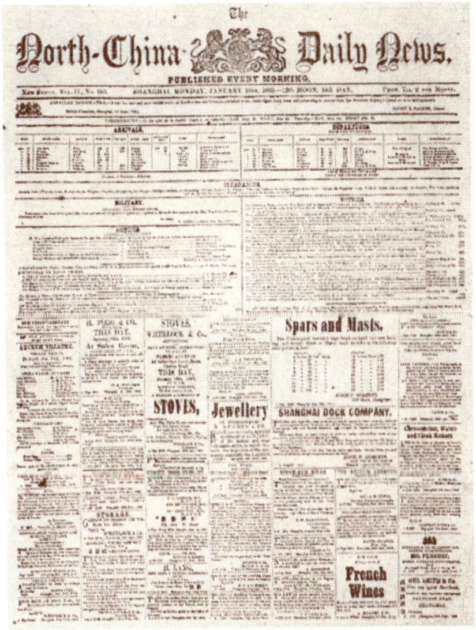
The North-China Daily News.

《字林西报》，近代上海最早的英文报纸，初名《北华捷报》，创刊于 1850 年 8 月 3 日，周刊。1864 年 6 月改名并更为日刊，至 1951 年 3 月 31 日终刊，出版时间长达 101 年。图为《北华捷报》创刊号。

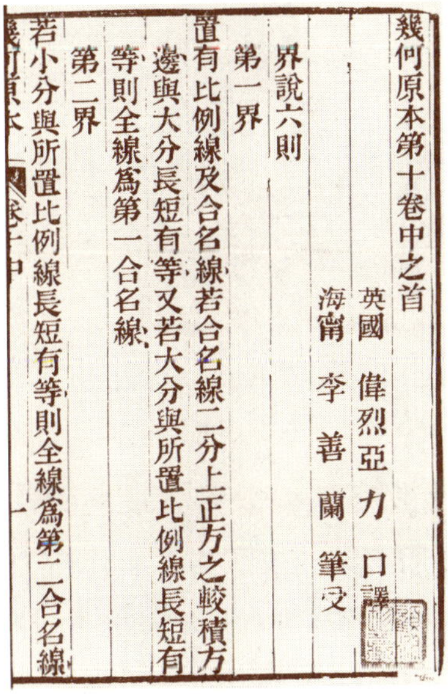
幾何原本第十卷中之首
英國 偉烈亞力 口譯
海甯 李善蘭 筆受
界說六則
第一界
置有比例線及合名線若合名線二分上正方之較積方邊與大分長短有等又若大分與所置比例線長短有等則全線爲第一合名線
第二界
若小分與所置比例線長短有等則全線爲第二合名線

《几何原本》书影

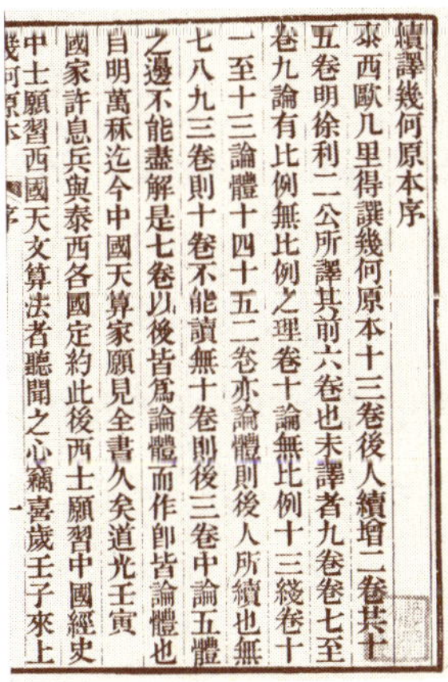
續譯幾何原本序
泰西歐几里得譔幾何原本十三卷後人續增二卷共十五卷明徐利二公所譯其前六卷也未譯者九卷卷七至卷九論有比例無比例之理卷十論無比例十三幾卷十一至十三論體十四十五二卷亦論體則後人所續也無七八九三卷則十卷不能讀無十卷則後三卷中論五體之邊不能盡解是七卷以後皆爲論體而作卽皆論體也自明萬厤迄今中國天算家願見全書久矣道光壬寅國家許息兵與泰西各國定約此後西士願習中國經史中士願習西國天文算法者聽聞之心竊喜歲壬子來上

《几何原本》书影

Society)；1861 年返回上海，担任英国海外圣经公会驻华代理人；1874 年接任《教务杂志》的编辑工作；1877 年 7 月因眼疾回英国；1887 年逝世于伦敦。

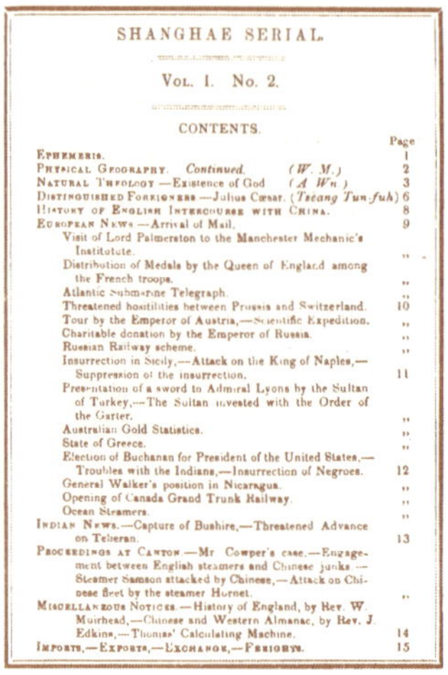

SHANGHAE SERIAL.

VOL. I. No. 2.

CONTENTS.

	Page
EPHEMERIS.	1
PHYSICAL GEOGRAPHY. *Continued.* (*W. M.*)	2
NATURAL THEOLOGY.—Existence of God (*A Wn.*)	3
DISTINGUISHED FOREIGNERS.—Julius Cæsar. (*Tseang Tun-fuh*)	6
HISTORY OF ENGLISH INTERCOURSE WITH CHINA.	8
EUROPEAN NEWS.—Arrival of Mail.	9
Visit of Lord Palmerston to the Manchester Mechanic's Institutute.	,,
Distribution of Medals by the Queen of England among the French troops.	,,
Atlantic Submarine Telegraph.	,,
Threatened hostilities between Prussia and Switzerland.	10
Tour by the Emperor of Austria,—Scientific Expedition.	,,
Charitable donation by the Emperor of Russia.	,,
Russian Railway scheme.	,,
Insurrection in Sicily,—Attack on the King of Naples,—Suppression of the insurrection.	11
Presentation of a sword to Admiral Lyons by the Sultan of Turkey,—The Sultan invested with the Order of the Garter.	,,
Australian Gold Statistics.	,,
State of Greece.	,,
Election of Buchanan for President of the United States,—Troubles with the Indians,—Insurrection of Negroes.	12
General Walker's position in Nicaragua.	,,
Opening of Canada Grand Trunk Railway.	,,
Ocean Steamers.	,,
INDIAN NEWS.—Capture of Bushire,—Threatened Advance on Teheran.	13
PROCEEDINGS AT CANTON.—Mr Cowper's case.—Engagement between English steamers and Chinese junks.—Steamer Samson attacked by Chinese,—Attack on Chinese fleet by the steamer Hornet.	,,
MISCELLANEOUS NOTICES.—History of England, by Rev. W. Muirhead,—Chinese and Western Almanac, by Rev. J. Edkins,—Thomas' Calculating Machine.	14
IMPORTS,—EXPORTS,—EXCHANGE,—FREIGHTS.	15

《六合丛谈》(1858 年)，墨海书馆编印，
月刊，共出版 15 期，是较少宗教内容的刊物。

伟烈亚力与玛高温同为江南制造局翻译馆资历最老的译员，1868 年翻译馆初创时便入馆参加译书工作，但由于其精力主要在于传教方面，所译之书仅《汽机发轫》和《谈天》，另有《分光求原》一书未出版。《汽机发轫》是翻译馆中最早翻译的与轮船制造相关的西书；《谈天》是继《天文略论》、《天文问答》之后第三部传入中国的西方天文学著作，较前两部而言内容更为系统、学术性更强；而《分光求原》一书仅完成了四分之一左右，故未能出版。另外，在翻译《代数学》和《代微积拾级》两本书的过程中，伟烈亚力与笔述者李善兰对翻译中出现的数学术语进行了初步的整理和统一，之后傅兰雅与华蘅芳合译《微积溯源》、《代数术》时也基本沿用了这套术语，而且其中的大部分一直沿用至今，这对数学知识在中国的传播和普及、中外数学思想的交流都有重要的意义和作用。

2. 中国主要翻译人员

参加译书的中国学者主要有徐寿、华蘅芳、徐建寅、赵元益、舒高第、李凤苞、贾步纬、钟天纬、汪振声等。

徐寿(1818—1884)

徐寿

字生元，号雪村，江苏无锡人。5 岁丧父，靠母亲抚养长大。年方弱冠的徐寿自撰座右铭：“毋谈无稽之言，毋谈不经之语，毋谈星命风水，毋谈巫觋谶纬”。他认为八股时文空洞而不切实用，摒弃了科举出仕之道，转而潜心实用之学。17 岁那年，母亲去世，徐寿来到无锡县城，以制作各种乐器、农

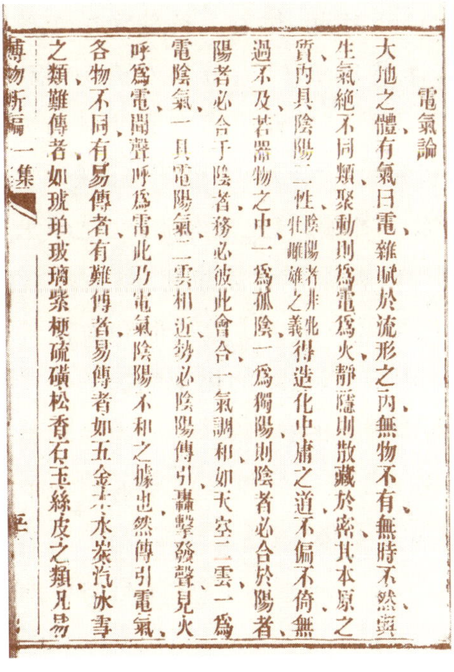
電氣論

大地之體有氣曰電雜賦於流形之內無物不有無時不然與生氣絕不同類聚動則爲電爲火靜隱則散藏於密其本原之質內具陰陽二性(陰陽者非牝牡雌雄之義)得造化中庸之道不偏不倚無過不及若器物之中一爲孤陰一爲獨陽則陰者必合於陽者陽者必合於陰者務必彼此會合一氣調和如天空二雲一爲電陰氣一具電陽氣二雲相近勢必陰陽傳引轟擊發聲見火呼爲電閃聲呼爲雷此乃電氣陰陽不和之據也然傳引電氣各物不同有易傳者有難傳者易傳者如五金炭水蒸汽冰雪之類難傳者如琥珀玻璃紫梗硫磺松香石玉絲皮之類凡易

博物新編 一集

《博物新编》书影

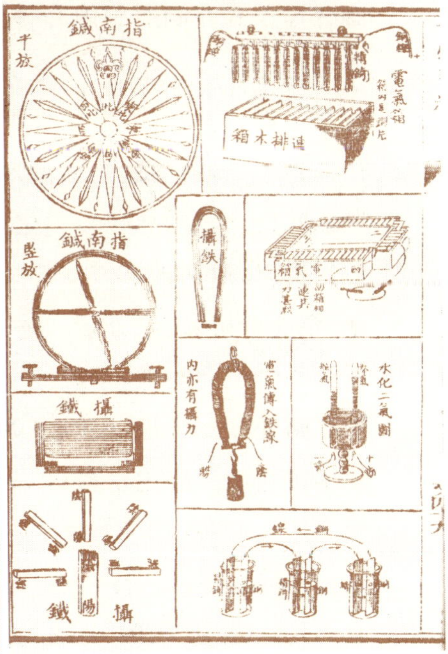

《博物新编》插图

具、日用器皿等为生，他将书本中的数学、工艺制造理论知识运用于实践，很快成为城内外有名的“巧匠”。其时，徐寿结识了华翼伦及其长子华蘅芳、次子华世芳。他与华蘅芳常在一起，研究探讨，交流心得。1857年，他们来到上海，向墨海书馆的李善兰请教，并购置了《博物新编》等书籍和一些仪器，开始接触到了西方的科学技术。回家后，两人便照书进行研究试验。渐渐“研精器数，博涉多通”，声名远扬，受到曾国藩赏识，于1862年4月，与华蘅芳及次子徐建寅同入曾国藩的安庆内军械所。他们刻苦研制，先造出我国第一台蒸汽机，又制成我国第一艘木壳蒸汽轮船“黄鹄号”，同治皇帝亲书“天下第一巧匠”横匾赐徐寿。为了造船需要，徐寿在此期间翻译了关于蒸汽机的专著《汽机发轫》，这是徐寿翻译的第一本科技书籍，它标志着徐寿从事翻译工作的开始。

1867年，徐寿奉命进江南制造总局，任提调。他向曾国藩建议翻译西学书籍。在徐寿等人的坚持与努力下，1868年6月，翻译馆正式在制造局内开设。1868年起，徐寿主持翻译馆馆务并参与翻译工作达17年之久，译书22部(170卷)，专论10篇，校书1部，约290万字。化学类书籍是翻译馆译书成就最为突出的一个领域，而这方面徐寿的贡献尤其卓著。他所译的《化学鉴原》、《化学鉴原续编》、《化学鉴原补编》、《化学考质》、《化学求数》、《物体遇热改易记》等，将当时西方近代无机化学、有机化学、定性分析、定量分析、物理化学以及化学实验仪器和方法等方面的学说完整地、系统地引入中国，以最新的化学知识刷新了已有两千多年炼丹、化学历史的中国人的科学见解，成为各类新式学校的第一批化学教材，为我国开展化学教育创造了有利条件。这几本书和其译著的《西艺知新初集》、《西艺知新续集》被公认是当时最好的科技书籍。此外，徐寿还编制了《化学材料中西名目表》、《西药大成中西名目表》。在那个年代，几乎全部的化学术语和大部分化学元素的名称，在汉字里没有现成的名称，徐寿首创用新造汉字命名化学元素，其中 36 个汉译名一直沿用至今。

为了传授科学技术知识，1875 年，徐寿和傅兰雅等人在上海创建了格致书院，这是近代中国第一所新式科技学校，造就了一批科技人才。同时，他们还创办发行了我国第一种科学技术期刊——《格致汇编》。刊物始为月刊，后改为季刊，前后共出版了七年，介绍了不少西方科学技术知识，对近代科学技术的传播起了重要作用。

注重实事实证的徐寿，一边译书，一边制造、试验，在船、炮、枪药方面亦有多项发明。例如他自制镪水棉花药（硝化棉）和汞爆药（即雷汞）、铅室法制硫酸的成功使中国摆脱了完全依赖西方的局面。他的成就和实践经验，轰动了东邻，日本曾派外务大臣柳原前光前来向他学习。徐寿还用实验证明两开口管长之比为 4∶9 时，才能吹出相差 8 度的音，从而纠正了英国物理学家丁铎尔有关声学的一个错误结论，其论文《声学在中国》被傅兰雅推荐到世界权威学术刊物《自然》（*Nature*）1881 年 3 月号上发表，被该刊编者称为“非常出奇”的成果。此事应是中国科学家在此世界级别刊物中享誉的首例。晚年，徐寿仍将自己的全部心血倾注于译书、科学教育及科学宣传普及事业上。综观一生，徐寿不图科举功名，不求显官厚禄，勤勤恳恳地致力于引进和传播国外先进的科学技术，对近代科学技术在中国的发展作出了不朽的贡献。

华蘅芳

华蘅芳（1833—1902）

字若汀，江苏金匮（今无锡）人。华家不仅是当地的望族，而且出了不少人才。

父亲华翼伦曾高中举人，官至四品。出身书香门第的华蘅芳自幼对四书五经不感兴趣，而喜欢钻研数学。他自学名家算学，到20岁已初通历算、几何学，撰写的《开方别术》一书被当时著名的数学家李善兰推为杰作。他还编写出版了《算法须知》、《数根术解》、《积较术》、《学算笔谈》等著作，晚年将一些有创见的著作合刻为《行素轩算稿》一书。

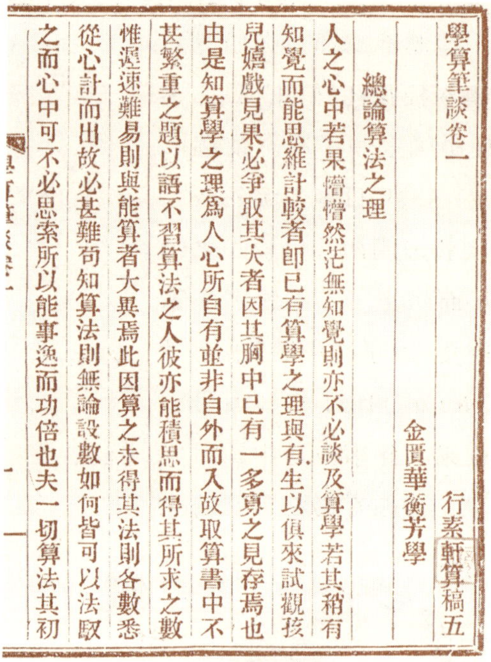
學算筆談卷一　　行素軒算稿五

金匱華蘅芳學

總論算法之理

人之心中若果懵懵然茫無知覺則亦不必談及算學若其稍有知覺而能思維計較者即已有算學之理與有生以俱來試觀孩兒嬉戲見果必爭取其大者因其胸中已有一多寡之見存焉也由是知算學之理爲人心所自有並非自外而入故取算書中不甚繁重之題以語不習算法之人彼亦能積思而得其所求之數惟遲速難易則與能算者大異焉此因算之未得其法則各數悉從心計而出故必甚難苟知算法則無論設數如何皆可以法馭之而心中可不必思索所以能事逸而功倍也夫一切算法其初

《学算笔谈》书影

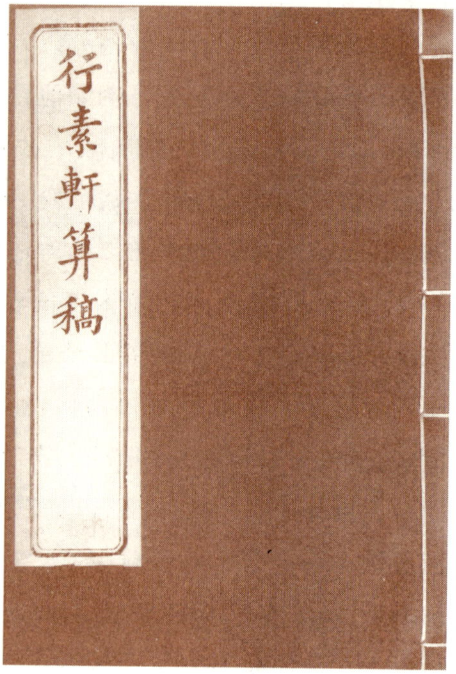

《行素轩算稿》书影

华蘅芳在结识同乡徐寿后，发现两人志同道合，于是常常商讨学问，并结为至交。他俩曾去上海墨海书馆拜访翻译西方近代科技书籍的李善兰，并结识了容闳和外国传教士伟烈亚力、傅兰雅等人，开阔了眼界。1862年，华蘅芳与徐寿一起到曾国藩创办的安庆军械所从事机动船的研制工作。他们经过周密的计算和设计，用了3个月时间制造出我国第一台蒸汽机。后又设计制成我国第一艘机动轮船，命名“黄鹄”号。

华蘅芳参加了江南制造局和翻译馆的筹建，于1867年开始翻译西方近代科技书籍，前后在翻译馆大约工作了 10 年。最初，他与美国人玛高温等人合作，翻译了《金石识别》、《地学浅释》、《防海新论》、《御风要术》等著作。随后，又与傅兰雅合作，专门翻译数学著作，有《代数术》、《微积溯源》、《三角数理》、《代数难题解》、《决疑数学》、《合数术》等。其中《决疑数学》是中国第一部概率论译著。华蘅芳追求译著文义"明白晓畅，不失原书之真意"，译笔清雅，文辞朗畅，"足兼信、达、雅三者之长"①。他翻译的《地学浅释》被公认为中国近代早期最好的地质学译作。

1876 年，华蘅芳又助徐寿创办格致书院，主讲数学。1887 年，他脱离翻译馆后开始四处讲学，曾在天津武备学堂、湖北武昌两湖书院、自强学堂、竢实学堂等主讲，先后担任常州龙城书院和江阴南菁书院院长，把毕生精力献给了自然科学事业。他的学生江衡、杨兆鋆等以及胞弟华世芳（字若溪，1854—1905）受到他的影响都成为了数学家。他自制镪水和氢气球，弥补了中国科学的空白。华蘅芳一生致力于研究、著述、译书、授徒，敝衣粗食，"未尝求禄仕进"，把毕生精力献给了自然科学事业，为中国数学的发展作出了卓越贡献。

徐建寅

徐建寅（1845—1901）

字仲虎，江苏无锡人，徐寿次子。徐建寅的一生及其在中国近代科学技术方面的成就，与徐寿的教育和影响是分不开的。他幼承家学，酷爱技艺，经常跟

① 杨模：《锡金四哲事实汇存》，宣统二年（1910）版，第 1 页。

随父亲学习算数及制造知识。1862 年随父同行至安庆内军械所，配合父亲做了大量的实验和设计工作，一起研制出了我国历史上第一台蒸汽机，制造出了第一艘以蒸汽为动力的轮船。后又随父赴上海襄办江南机器制造局，协助父亲创建翻译馆并参与译书，翻译了大量有关化学、物理、军事、机械等方面的书籍。先后翻译出版了《运规约指》、《器象显真》、《汽机必以》、《造铁全法》、《造石灰法》、《声学》、《电学》、《谈天》、《轮船布阵》、《水师操练》、《艺器记珠》等 10 多种译著。他与傅兰雅合作翻译出版的《化学分原》，是中国最早问世的一本有关实用化学工艺和分析化学的书。译书之余，徐建寅与其父徐寿还“自制镪水棉花，药汞爆药”，①深得李鸿章赞赏。因筹办山东机器局有功，徐建寅曾受到清政府的褒扬。1879 年，徐以驻德国二等参赞名义出使德、英、法等国进行技术考察，并将其所见所闻写成《欧游杂录》，把当时西方最进步、最有代表性的制造技术、生产工艺、机器设备及工厂管理方法等全面真实地记录下来，在许多方面至今仍有很高的史料价值。后来他又任福建船政局马尾造船厂提调、湖

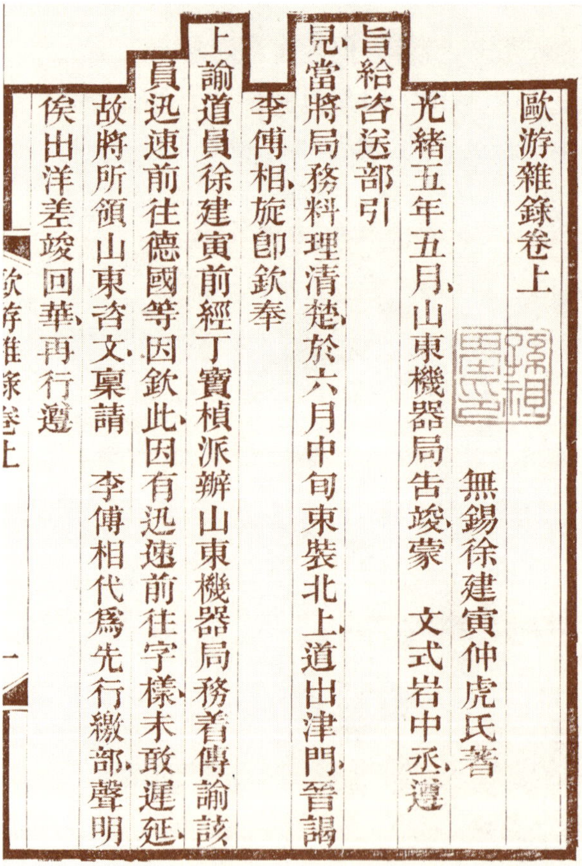
歐游雜録卷上
無錫徐建寅仲虎氏著
光緒五年五月，山東機器局告竣，蒙 文式岩中丞遵
旨給咨送部引
見，當將局務料理清楚，於六月中旬束裝北上，道出津門，晉謁
李傅相，旋即欽奉
上諭：道員徐建寅前經丁寳楨派辦山東機器局務，着傳諭該
員迅速前往德國等，因欽此。因有迅速前往字樣，未敢遲延，
故將所領山東咨文稟請 李傅相代爲先行繳部，聲明
俟出洋差竣回華，再行遵
歐游雜録卷上 一

《欧游杂录》书影

① 《清史稿》卷五一〇。

北省营务总办、保安火药局、汉阳钢药厂督办等职务。1901 年，徐建寅在钢药厂与员工试产无烟火药时发生大爆炸不幸罹难，他是中国近代第一位为科学事业捐躯的科学家。

从弱冠之龄到 56 岁殉职，徐建寅大部分时间是在中国近代创办最早、规模最大的几个机器局或军火生产厂任职，为近代中国的造船事业、军事工业、化学工业及现代科学技术教育的创立与发展作出了贡献。他勤奋好学，一生翻译、撰写了许多名篇巨著，是传播西方进步文化、翻译和引进西方先进科学技术的先驱。

赵元益(1840—1902)

字袁甫，号静涵，江苏新阳（今昆山)人。世代书香，其父赵之骥为道光十四年(1834)举人。8 岁丧父，随母寓居无锡荡口外家，与华蘅芳、华世芳为表兄弟。3 人常共同学习研究。良好的环境使赵元益打下了扎实的基础。22 岁时，母亲和外祖父先后去世，赵奋志学医，钻研《内经》等数百种医书，为人治病，往往取得很好的疗效。

1869 年，应华蘅芳之邀，赵元益入江南制造局翻译馆从事翻译工作。1888 年光绪戊子科江南乡试中举，会试后作为医官，随薛福成出使英、法、比、意四国。归国后，他不乐仕途，重返翻译馆译书至 1902 年，是除舒高第外在馆最久的中国译员。其译书论数量、论种数都位居国人译书前列。赵元益早期跟从傅兰雅翻译军工、土木、矿冶书籍，合译有《海塘辑要》、《测绘海图全法》、《行军测绘》、《冶金录》、《井矿工程》、《数学理》等书。与金楷理合译的《光学》，是 19 世纪中国介绍西方近代光学最重要的著作。另有《临阵管见》、《爆药记要》、《水师保身法》、《行军指要》、《水雷秘要》、《意大利蚕书》等。所译著作中，成就最大的是医学书籍。他与傅兰雅合作时发现傅不但精通数理，而且熟悉西医医书，“傅君工于算，旁通医籍。余见彼等之长于医也，恒与之作竟夕谈，始知西国之医固秩然有序”，主动向傅兰雅、舒高第提出：“请傅君等口述之，余笔记载之。”①由于他本人热衷医学，

① 《新阳赵氏清芬录》卷二，丁巳义庄重刻本。

对吸纳西医和中医的融通之处有较深的体会，先后翻译了《儒门医学》、《西药大成》、《西药大成补编》、《法律医学》、《西药大成药名表》、《内科理法》、《济急法》、《保全生命论》等。其中《西药大成》是当时最大的一部西药译著，《法律医学》是我国第一部西方法医译著。除上述著作均由江南制造局出版外，他还译有《眼科书》、《绘图测量诸器图说》、《量光力器图说》、《小学校新律》、《医学总说》、《海战指要》、《英民史略》（未译完），均未刊刻。正如《吴中近代名人录》中所记载的那样，作为19世纪的翻译家，赵元益是向国内传播先进的西方近代科学技术知识的先行者之一，其著述之富已风行海内外。

1897年，赵元益与董康等人在上海创办译书公会，翻译出版时事、外国史地书籍多种。同年，王韬逝世后，他开始主持上海格致书院，并与吴仲韬创立“医学善会”。早在太平天国运动期间，赵便不惜重金购藏旧书，出使英国时，英国国家图书馆制度的制订、藏书的丰富及完善的管理手段，给他留下了极为深刻的印象，也激发了他自己建立家族公共图书馆的构想。光绪、宣统年间，择江南制造总局译馆旁，建藏书楼七楹，名曰“峭帆楼”，将自己数十年收集的各种版本图书近万册藏于其中。辛亥革命后，该楼与图书都化为灰烬，甚是可惜。

舒高第（1844—1919）

字德卿，浙江镇海人。早年随父舒恺福迁居上海，因家境贫困，只能进教会开办的学校求学。他聪明上进，深受老师的喜爱，1859年老师回美时带着他和其他几位高才生赴美深造。舒高弟主修医学，1867年，以全班第一的成绩毕业。又入神学院深造，1873年获神学博士学位后回到上海。适逢李鸿章创建兵工厂，即聘通晓英语和自然科学知识的舒高第为技师和医师。1877年，应广方言馆总办李兴锐之聘，任英文教习，执教26年余。

自1878年起，舒高第兼任江南制造局翻译馆的翻译，是翻译馆最主要的一位中国口译人员之一，其译作颇丰，内容涉及医学、农学、军事、冶金、法学等诸多方面。其中医学类译著有《临阵伤科捷要》、《内科理法》、《妇科》、《产科》和《西药新书》等五部，矿冶类译著有《矿学考质》、《炼金新语》、《探矿取金》、《炼石编》，农学类译著有《农务全书》与《种葡萄法》二部。军事类译著最多，有《海军调度要言》、《英国水师律例》、《炮乘新法》（又名《炮法求新》）、《爆药记要》六卷、《铁甲丛谈》、《淡气爆药新书》、《前敌须知》、《水雷秘要》和《英国定准军药书》等。另有法学类译著一部，即《美国宪法纂释》。

舒高第在江南制造局翻译馆任职 35 年（1878—1912），口译西书 21 部，为中国译员之最，均由江南制造局正式出版。此外他还编译了《造铁路书》、《眼科书》、《医学总说》、《铸铜法》、《装船樯绳索书》和《英话入门》，这些书似未付梓。因早年留美，舒高第熟谙英文，但中文功底不足，他的译作多由其他中国学者修饰润色。1901 年后，翻译馆内担任口译的只有他一人。他毕生献身于译书事业，广泛介绍西方近代自然科学等知识，用力甚勤，成绩卓著。

李凤苞（1834—1887）

字海客，号丹厓，江苏崇明（今属上海市）人。自幼聪慧，精测绘，擅历算，于历史、地理、兵法、医药、卜筮均有涉猎，亦工诗词、音韵、书法、篆刻。曾参与编修崇明县县志、江苏舆图。江苏巡抚丁日昌深爱其才，“资以赀为道员”。后受命历办江南制造局、吴淞炮台工程局，并兼任两局编译，翻译科学技术书籍，参与绘制地球全图，历时 7 年，以

李凤苞

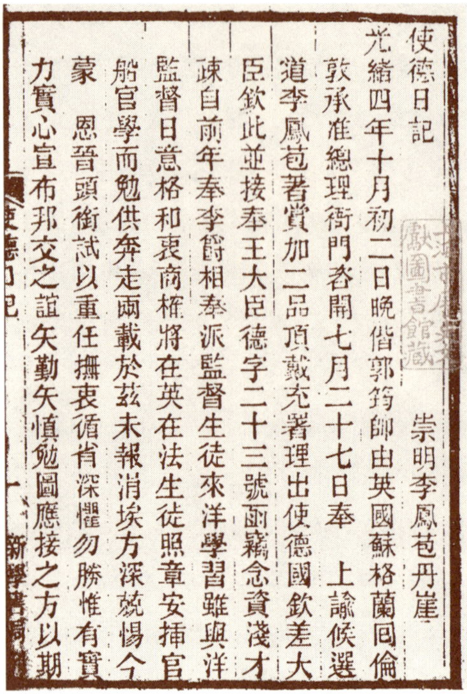
使德日記　崇明李鳳苞丹崖
光緒四年十月初二日晚偕郭筠仙由英國蘇格蘭回倫
敦承准總理衙門咨開七月二十七日奉　上諭候選
道李鳳苞著賞加二品頂戴充著理出使德國欽差大
臣欽此並接奉王大臣德字二十三號函竊念資淺才
疎自前年奉李爵相奏派監督生徒來洋學習雖與洋
監督日意格和衷商榷將在英在法生徒照章安插官
船官學而勉供奔走兩載於茲未報涓埃方深兢惕今
蒙　恩晉頭銜試以重任撫衷循省深懼勿勝惟有實
力實心宣布邦交之誼矢勤矢慎勉圖應接之方以期

《使德日记》书影

经纬线法绘制出高质量的《地球全图》。1875年，随丁日昌去福建，任船政总考工。1877年，赴英法两国学习。1878年，又由李鸿章保荐，充任德国大臣，后又兼任驻奥、意、荷3国公使，“往来数千里，周旋各国间，联络邦交”。中法战争爆发后，奉命回国，旋即充任北洋营务处总办，兼管水师学堂。不久，因1884年在德国订购军舰时收受巨额贿赂而被革职。返回故里崇明后，李凤苞不再过问政事，专心一意整理平生著译。著有《闻政汇编》、《自怡轩算书》、《使德日记》、《文藻斋诗文集》等。

李凤苞于1869年进制造局翻译馆译书，著译颇丰。其中多为军事、兵器方面，且大多与金楷理合作翻译完成。有《行海要术》、《营垒图说》、《各国交涉公法论》、《平圆地球图》等书。最引人注目的是根据普鲁士军政局提供的原书译出的《克虏伯炮书》六种，分别从克虏伯炮的功能、操作、制弹、命中、攻坚等方面论述，包括《克虏伯炮弹》二卷、《克虏伯炮操法》四卷、《克虏伯炮说》四卷、《克虏伯炮准心法》二卷、《克虏伯炮饼药法》四卷、《攻守炮法》一卷。他还参与译编《四裔编年表》。李凤苞对于传播西方近代科学技术和军事战术要则起了很大作用。

贾步纬(1840—1903)

字心丸，上海南汇人。幼时嗜好算学，原在城内以买卖经商为业，后来立志学习天文、数学，拜著名数学家李善兰(1811—

1882)为师，研读《数理精蕴》、《历象考成》诸书。之后，从学于伟烈亚力，研究微分、积分、椭圆、地动、代数，学问大长，且精通英语。他在天文、数学方面造诣颇深，能推算出日月亏蚀，被誉为天算家。他曾私自著刊《诸曜通书》(俗称黄历)，在当时，通书是国家才能专出的。不久，因遭人诬告帮助太平军谋反，被囚。一年后，得友人求官说情后获释。江南制造局总办冯焌光欣赏其才能，于 1865 年将其召入翻译馆工作。因他的数学、天

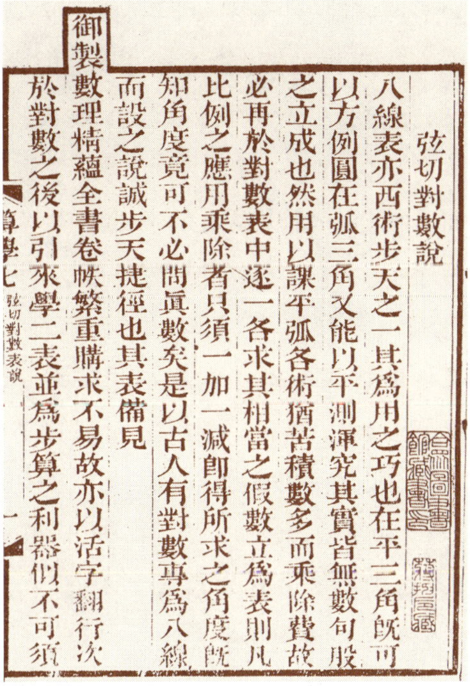
弦切對數說
八線表亦西術步天之一其爲用之巧也在平三角既可以方例圓在弧三角又能以平測渾究其實皆無數句股之立成也然用以課平弧各術猶苦積數多而乘除費故必再於對數表中逐一各求其相當之假數立爲表則凡比例之應用乘除者只須一加一減即得所求之角度既知角度竟可不必問眞數矣是以古人有對數專爲八線而設之說誠步天捷徑也其表備見
御製數理精蘊全書卷帙繁重購求不易故亦以活字翻行次於對數之後以引來學二表並爲步算之利器似不可須
算學七 弦切對數表說 一

《弦切对数表》书影

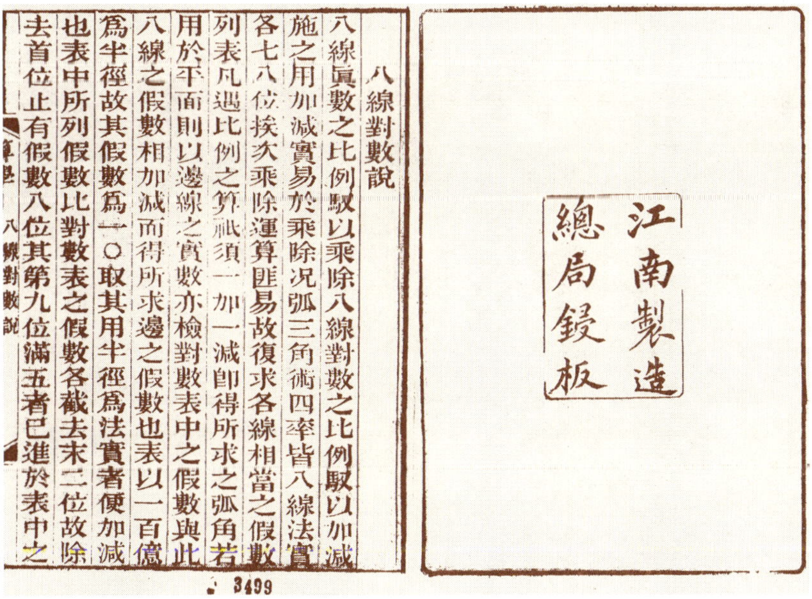
八線對數說
八線眞數之比例馭以乘除八線對數之比例馭以加減施之用加減實易於乘除況弧三角術四率皆八線法實各七八位挨次乘除運算匪易故復求各線相當之假數列表凡遇比例之算祇須一加一減即得所求之弧角若用於平面則以邊線之實數亦檢對數表中之假數與此八線之假數相加減而得所求邊之假數也表以一百億爲半徑故其假數爲一○取其用半徑爲法實者便加減也表中所列假數比對數表之假數各截去末二位故除去首位止有假數八位其第九位滿五者已進於表中之
算學 八線對數說

江南製造總局鋟板

《八线对数简表》书影

文学功底较好，主要负责吸收西学成果，独立编书，参加译书很少。翻译作品有《航海通书》、《恒星赤道经纬表》、《八线对数简表》、《弦切对数表》、《广对数表》等。校书主要有《梅氏算法统宗》、《项氏勾股六术》、《九术外录》、《徐氏斜弧边相求术》等。贾步纬毕生最大的贡献是参考英国格林尼治天文台的《航海通书》，编撰上海的《航海通书》，以供应南北洋各兵舰测量之用。自 1871 年至 1904 年，每年一册，一共出了 34 册，编译时将地球经度的起点本初子午线从格林尼治改到上海。1869 年，他兼任上海广方言馆天文学教习，还曾参加黄河的测绘工作，仅花一年时间即完成全图。晚年退休回南汇，教人学习科学知识，并与人合编《便用通书》。另著有《躔离引蒙》、《交食引蒙》、《整勾股引伸表》、《量法代算》、《万年书》、《算法》、《算学十种》等。他去世后，乡人以诗称赞他："徵君算学参西法，勾股躔离各注疏。上晓天文下地理，《便民》《航海》两通书。"①

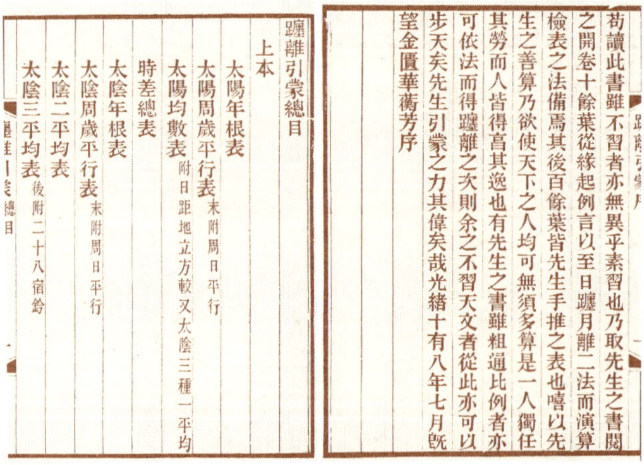
躔離引蒙總目
上本
太陽年根表
太陽周歲平行表 末附周日平行
太陽均數表 附日距地立方較又太陰三種一平均
時差總表
太陰年根表
太陰周歲平行表 末附周日平行
太陰二平均表
太陰三平均表 後附二十八宿鈐

苟讀此書雖不習者亦無異乎素習也乃取先生之書閱之開卷十餘葉從緣起例言以至日躔月離二法而演算檢表之法備焉其後百餘葉皆先生手推之表也嘻以先生之善算乃欲使天下之人均可無須多算是一人獨任其勞而人皆得享其逸也有先生之書雖粗通比例者亦可依法而得躔離之次則余之不習天文者從此亦可以步天矣先生引蒙之力其偉矣哉光緒十有八年七月既望金匱華蘅芳序

《躔离引蒙》书影

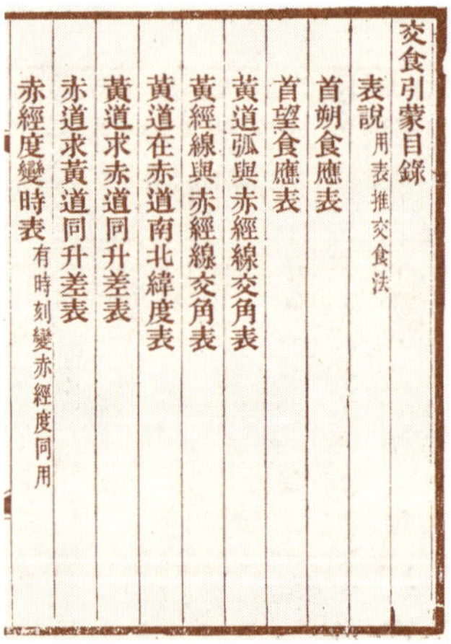
交食引蒙目錄
表說 用表推交食法
首朔食應表
首望食應表
黃道弧與赤經線交角表
黃經線與赤經線交角表
黃道在赤道南北緯度表
黃道求赤道同升差表
赤道求黃道同升差表
赤經度變時表 有時刻變赤經度同用

《交食引蒙》书影

① 倪斗楠：《南汇县竹枝词》，载王洪泉等主编：《浦东今古大观》，科学技术文献出版社 1992 年，第 347 页。

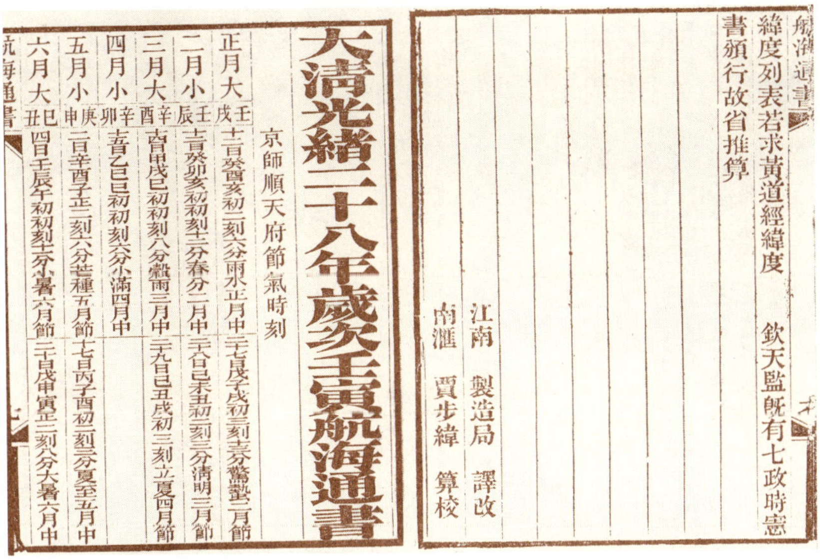
航海通書

緯度列表若求黃道經緯度 欽天監既有七政時憲書頒行故省推算

江南 製造局 譯改

南滙 賈步緯 算校

大清光緒二十八年歲次壬寅航海通書

京師順天府節氣時刻

正月大 壬戌 十三日癸酉亥初二刻六分雨水正月中 二十七日戊子戌初三刻十三分驚蟄二月節

二月小 壬辰 十二日癸卯亥初初刻十三分春分二月中 二十六日己未丑初二刻三分清明三月節

三月大 辛酉 十四日甲戌巳初初刻八分穀雨三月中 二十九日己丑戌初三刻立夏四月節

四月小 辛卯 十五日乙巳巳初初刻六分小滿四月中

五月小 庚申 二日辛酉子正二刻六分芒種五月節 十七日丙子酉初二刻三分夏至五月中

六月大 己丑 四日壬辰午初初刻十一分小暑六月節 二十日戊申寅正二刻八分大暑六月中

航海通書

《航海通书》书影

钟天纬(1840—1900)

钟天纬

字鹤笙，江苏华亭(今属上海市)人。同治四年(1865)秀才，曾在亭林设馆授徒2年。1872年进上海广方言馆学习，师从美国学者林乐知攻读英语。毕业后，与同学合作创办上海三等公学，以推行新式教育方法而闻名。后任职山东机械局，得以游历欧洲各国，考察西方政治、经济、文化状况，萌生了改革的思想，鼓吹变法改良。1882年，入江南制造局翻译馆当译员。译著7种，包括《铸钱说略》、《考工纪要》、《西国近事类编》、《工程致富》、《英美水师表》、《船坞论略》、《行船章程》等。他还参与编译了1882年到1884年的《西国近事汇编》。钟天纬擅长散文与诗赋，文集有《刖足集》、《格致课存》、《随轺载笔》、《佐幕刍议》、《扪虱录》、《时事

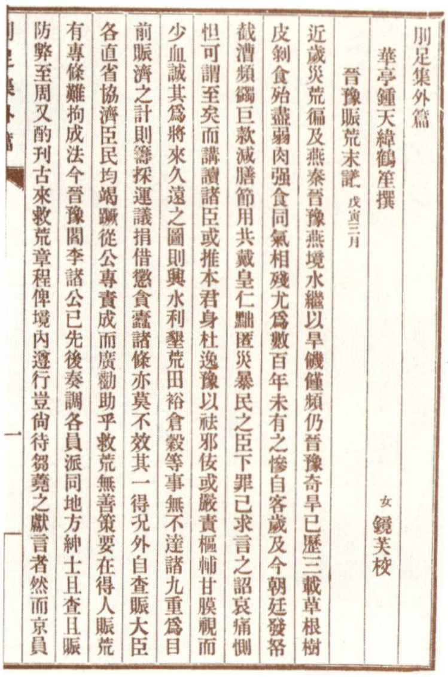

刖足集外篇

華亭鍾天緯鶴笙撰　女鏡芙校

晉豫賑荒末議 戊寅三月

近歲災荒徧及燕秦晉豫燕境水繼以旱饑饉頻仍晉豫奇旱已歷三載草根樹皮剝食殆盡弱肉强食同氣相殘尤爲數百年未有之慘自客歲及今朝廷發帑截漕頻蠲巨款減膳節用共戴皇仁黜匿災暴民之臣下罪己求言之詔哀痛惻怛可謂至矣而講讀諸臣或推本君身杜逸豫以袪邪佞或嚴責樞輔甘膜視而少血誠其爲將來久遠之圖則興水利墾荒田裕倉穀等事無不達諸九重爲目前賑濟之計則籌採運議捐借懲貪蠹諸條亦莫不效其一得況外自查賑大臣各直省協濟臣民均竭蹶從公專責成而廣勸助乎救荒無善策要在得人賑荒有專條難拘成法今晉豫閻李諸公已先後奏調各員派同地方紳士且查且賑防弊至周又酌刊古來救荒章程俾境內遵行豈尚待芻蕘之獻言者然而京員

刖足集外篇　一

刖足集

長霖署簽

《刖足集》书影

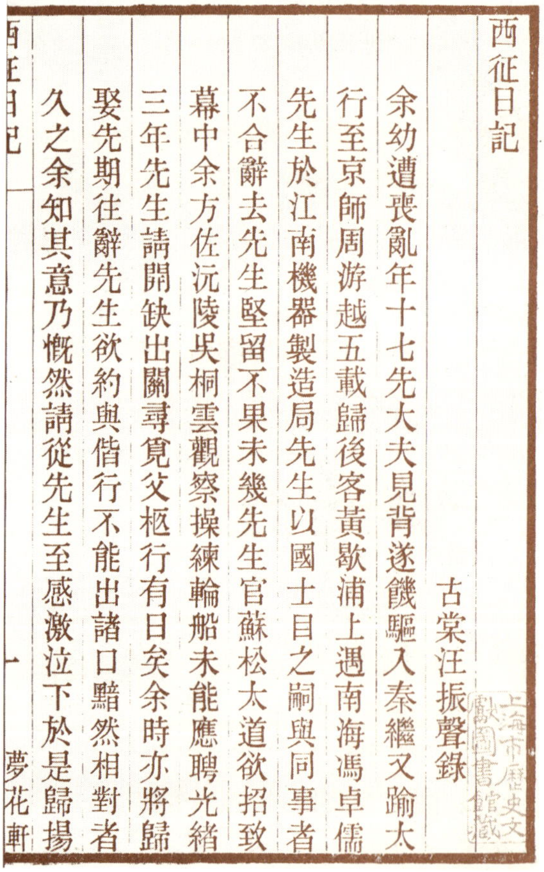

西征日記

古棠汪振聲録

余幼遭喪亂年十七先大夫見背遂饑驅入秦繼又踰太行至京師周游越五載歸後客黃歇浦上遇南海馮卓儒先生於江南機器製造局先生以國士目之嗣與同事者不合辭去先生堅留不果未幾先生官蘇松太道欲招致幕中余方佐沅陵吳桐雲觀察操練輪船未能應聘光緒三年先生請開缺出關尋覓父柩行有日矣余時亦將歸娶先期往辭先生欲約與偕行不能出諸口黯然相對者久之余知其意乃慨然請從先生至感激泣下於是歸揚

西征日記　一　夢花軒

《西征日记》书影

刍议》等，并撰有《格致说》、《格致之学中西异同论》、《西学古今辩》、《中西学术源流论》等，在充分肯定中国古代文明在世界发展史上的地位的同时，也对中国传统文化中的弊端进行了揭露和批评，为国内最早进行中西文化比较研究者。

汪振声

江苏六合人。1880 年后入江南制造总局翻译馆，译书 16 种。所译以兵书战策、格致化工与万国法典为主，多与傅兰雅合作。1894 年，与傅兰雅译成《公法总论》一卷，概述国际法源流与原则，并附

《各国交涉公法论》，为外交实用守则，此书因简明扼要而风行一时。自《马关条约》签订后至民国早年的外交，多倚仗此书。此外，其译《化学工艺》影响尤大，该书详细介绍硫酸工业、盐酸工业、勒布兰制碱法、新发展的索尔维氨碱法等，为中国近代化学工业起步之基础。其他译书多以兵法、器用为切入，如《行军铁路工程》、《英国定准军药书》、《营工要览》等等。1897 年、1898 年还参加了《西国近事汇编》的编译工作。著有《西征日记》，未见其他著作。汪氏声名虽远逊于徐、华，然其如琢如磨、精益求精之精神为现今译者所不如。在翻译化学书籍时，如有不明者，汪皆亲购器材以实验佐证，其功业足可以告慰平生。

郑昌棪

浙江海盐人。1880 年前入馆，译书 16 种。多与林乐知、舒高第合作，军事方面有《海军调度要言》、《炮乘新法》、《铁甲丛谈》、《水师章程》、《英国水师律例》、《前敌须知》等，医学方面有《产科》、《妇科》、《临阵伤科捷要》等，冶金方面有《炼金新语》、《炼石篇》、《制肥皂法》等，另有《列国岁计政要》、《美国宪法纂释》、《格致启蒙》四卷。

此外，译书较多的还有瞿昂来、范熙庸、王汝骈诸人。

瞿昂来

字赫汀，江苏宝山（今属上海）人。1872 年进上海广方言馆学习，毕业后曾任中国驻英使馆翻译、广方言馆教习，有译作 5 种，包括《欧洲东方交涉记》、《英俄印度交涉书》、《列国陆军制》、《法国水师考》和《格致小引》。

范熙庸

上海人。译书 6 种，其中农学方面 3 种，即《农学初级》、《农学化学问答》、《农务土质论》，另有《日本学校源流》、《金工教范》和《无线电报》。他还编译了最后一部《西国近事汇编》（1899 年）。他的生平事迹不详，从译书的年代看，他在翻译馆译员中是较晚参与译书工作的。

王汝骕

浙江乌程(今湖州)人。大概自90年代初参加翻译馆工作，共译书6种，有《化学源流论》、《农学理说》、《相地探金石法》、《工业与国政相关论》、《照相镂版印图法》等。他还参加了1894年至1896年《西国近事汇编》的编译工作。

参加译述和校读的中国人尚有严良勋、王树善、吴宗濂、凤仪、李岳衡、朱格仁、王德均、丁树棠、姚棻、朱恩锡(广方言馆学生)、江衡、周郇、应祖锡、徐家宝、钱国祥、潘松、华备钰、赵诒琛、俞世爵、范本礼、徐兆熊、王季烈、李景镐、沈陶章(一名璋)、陈洙、潘元善、程銮(广方言馆学生)、王季点、蔡祚来、蔡锡龄、张通煜、杨召芬、傅绍兰(一名少兰)、徐华封、黄伯申、贾文浩等人。

四、江南制造局翻译馆的译著

1. 译著的数量、种类与特点

译书数量

在翻译馆40多年的译书活动中，共翻译和出版了多少种西学著作？围绕这一问题，学术界众说纷纭，至今尚无定论。

关于江南制造局翻译馆的译著种数，最早的统计数字出自其主要口译者傅兰雅。据他1880年写作的《江南制造总局翻译西书事略》附录的书目表统计，从1868年到1880年，翻译馆共出版译作98种，235册；尚有已译成而未刊者45种，124册。据傅兰雅记载，到1879年6月底，翻译馆共售书31 111部，83 454册，平均每种在250部左右。

江南機器製造總局書目

《江南机器制造总局书目》书影

20 世纪初由江南制造局人员编辑出版的翻译馆书目也有多种，由于翻译馆一直存在到 1913 年，因此不同年份出版的书目中收入的翻译馆译著数量也略有差异。如(1)《江南机器制造总局书目》(1902 年左右编辑)，为沪局刊行的售书目录，前有光绪二十八年(1902)五月的识语，计收译书 145 种，另列沪局翻刻书籍 23 种；(2)1905 年魏允恭编辑的《江南制造局记》卷二附有“图书目”，收译书 154 种，翻刻书 18 种，其他非译书 3 种；(3)1909 年翻译馆陈洙等编《江南制造局译书提要》收录译书 150 种，翻刻书

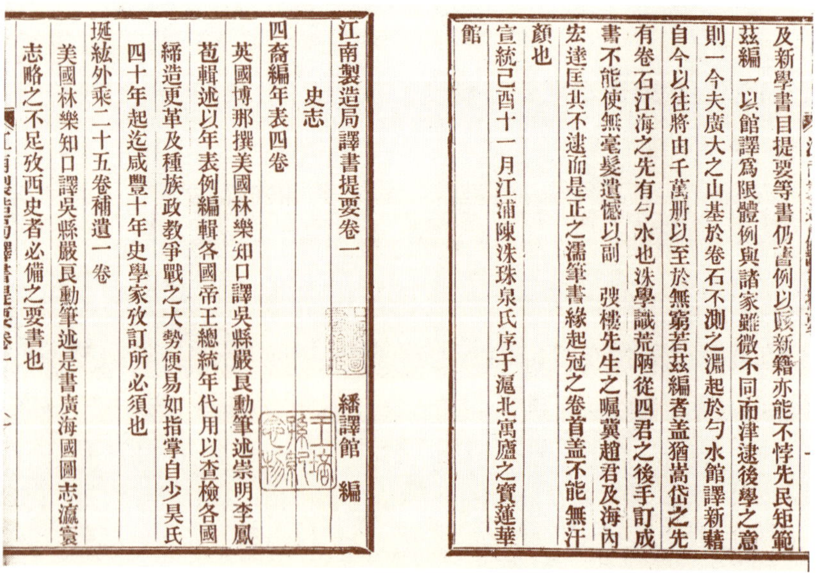
及新學書目提要等書仍舊例以賅新籍亦能不悖先民矩範茲編一以館譯爲限體例與諸家雖微不同而津逮後學之意則一今夫廣大之山基於卷石不測之淵起於勺水館譯新籍自今以往將由千萬册以至於無窮若茲編者蓋猶嵩岱之先有卷石江海之先有勺水也洙學識荒陋從四君之後手訂成書不能使無毫髮遺憾以副 弢樓先生之囑冀趙君及海內宏達匡其不逮而是正之濡筆書緣起冠之卷首蓋不能無汗顏也

宣統己酉十一月江浦陳洙珠泉氏序于滬北寓廬之寶蓮華館

江南製造局譯書提要卷一　繙譯館 編

史志

四裔編年表四卷

英國博那撰美國林樂知口譯吳縣嚴良勳筆述崇明李鳳苞輯述以年表例編輯各國帝王總統年代用以查檢各國締造更革及種族政教爭戰之大勢便易如指掌自少昊氏四十年起迄咸豐十年史學家攷訂所必須也

埏紘外乘二十五卷補遺一卷

美國林樂知口譯吳縣嚴良勳筆述是書廣海國圖志瀛寰志略之不足攷西史者必備之要書也

《江南制造局译书提要》书影

10 种，未收进地图、表格。(4)收录翻译馆译书最多的是，1912 年附刻于江南制造局刊行的《西药大成药品中西名目表》重印本和《英国定准军药书》初刊本之后的《上海制造局译印图书目录》。目录收译书 168 种，翻刻书 29 种。此目是较为完备的一个翻译馆译书目录，后来民国《上海县续志》和《上海通志馆期刊》1933 年第 2 期所列沪局译书目录即据此目转录。

此外，还有一些当时出版的书目表，它们虽不专门收录江南制造局出版的著作，但所列书名后都将其著译者和出版机构列出，使我们确认翻译馆所译之书。例如梁启超的《西学书目表》(1896 年)、徐维则的《东西学书录》(1899 年)、徐维则、顾燮光《增版东西学书录》(1902 年)、顾燮光的《译书经眼录》等。

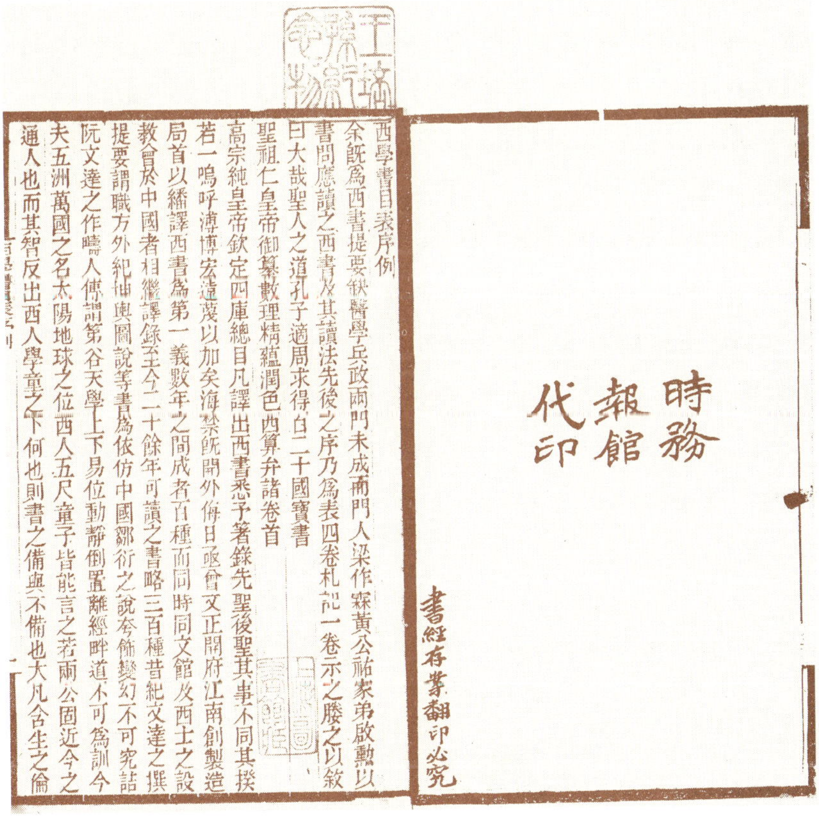
西學書目表序例
余既為西書提要秩醫學兵政兩門未成南門人梁作霖黃公祐家弟啟勳以
書問應讀之西書及其讀法先後之序乃為表四卷札記一卷示之謄之以敘
曰大哉聖人之道孔子適周求得百二十國寶書
聖祖仁皇帝御纂數理精蘊潤色西算弁諸卷首
高宗純皇帝欽定四庫總目凡譯出西書悉予著錄先聖後聖其事不同其揆
若一嗚呼溥博宏遠蔑以加矣海禁既開外侮日亟曾文正開府江南創製造
局首以繙譯西書為第一義數年之間成者百種而同時同文館及西士之設
教會於中國者相繼譯錄至今二十餘年可讀之書略三百種昔紀文達之撰
提要謂職方外紀坤輿圖說等書為依仿中國鄒衍之說夸飾變幻不可究詰
阮文達之作疇人傳謂第谷天學上下易位動靜倒置離經畔道不可為訓今
夫五洲萬國之名太陽地球之位西人五尺童子皆能言之若兩公固近今之
通人也而其智反出西人學童之下何也則書之備與不備也大凡含生之倫

時務報館代印

書經存案翻印必究

《西学书目表》书影

《译书经眼录》书影

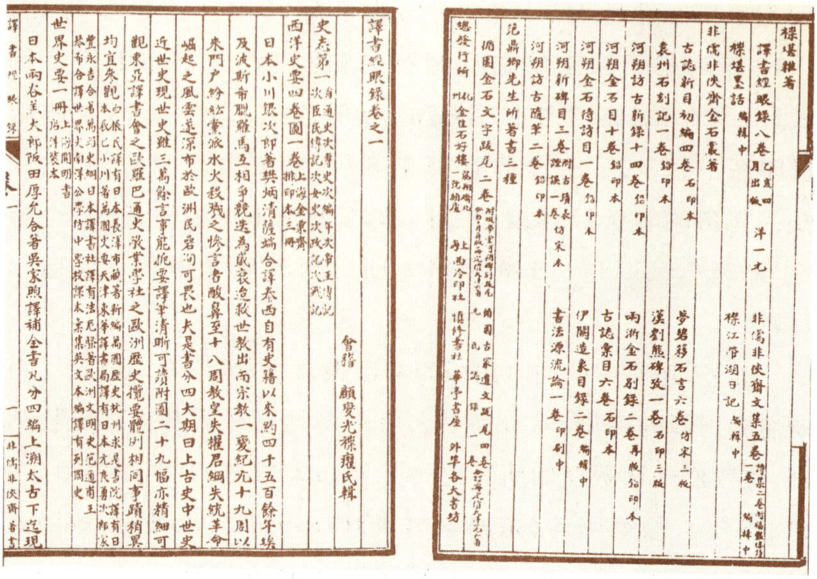

在近年出版的多种学术著作和学术论文中，对江南制造局翻译馆的译书数量仍是众说纷纭。西方学者巴尼特（Adrian Bennett）所著《傅兰雅译著考略》（*John Fryer: the introduction of western science and technology into nineteenth-century China*）中附有傅兰雅和该馆其他外国译员的译书目录。近来学者所列沪局译书目录大都沿袭巴尼特《傅兰雅译著考略》一书。王扬宗认为江南制造局刊行翻译馆译书 183 种，地图 2 种，译名表 4 种，连续出版物 4 种，共 193 种。[①]沈福伟在此基础上，将译书 183 种，加上译名表 4 种，再加《航海通书》43 册和根据《泰晤士报》等英国报刊摘译、从 1873 到 1899 年每年一册的《西国近事汇编》，得译书总数 257 种。[②]张增一综合各种书目表，认为江南制造局译书种数共 200 种。[③]

统计时间的前后不一、统计方法的差异造成学术界在江南制造局翻译馆所译西书的具体数字上没有统一的说法，但基本

① 王扬宗：《江南制造局翻译书目新考》，《中国科技史料》1995 年第 2 期。
② 沈福伟：《西方文化与中国，1793—2000》，上海教育出版社，2003 年，第 85 页。
③ 张增一：《江南制造局的译书活动》，《近代史研究》1996 年第 3 期。

上总数应该在200种左右。

译书的种类与特点

江南制造局翻译馆翻译出版的书籍以哪些内容为主？随着时代的发展，翻译馆出版的译书内容又有哪些变化？

早在翻译馆正式创办前，从1867年下半年到1868年上半年，傅兰雅、伟烈亚力、玛高温等人共译出西书4种，即《汽机发轫》、《汽机问答》（又名《汽机必以》）、《运规约指》和《泰西采煤图说》（即《开煤要法》）。①除《运规约指》为测绘书籍外，其他3种都是工程技术类书籍。具体译述者分工如下表：

《汽机发轫》，原名 *Manual of the Steam Engine*（现译名《蒸汽机手册》），英人美以纳、白劳那撰，伟烈亚力译，徐寿述，1871年版，共9卷。

《汽机必以》，原书名 *A Catechism of the Steam Engine*（现译名《蒸汽机问答》），英人蒲尔奈撰，傅兰雅译，徐建寅述，1872年版，共12卷附1卷。

《运规约指》，原书名 *Practical Geometry*（现译名《实用几何学》），英人白起德撰，傅兰雅译，徐建寅述，1870年版，共3卷。

《开煤要法》，原书名 *Coal and Coal Mining*（现译名《煤和煤矿》），英人司密德撰，傅兰雅译，王德均述，1870年版，共12卷。

这些书译成后，即送两江总督曾国藩审阅。曾国藩在同治七年（1868）奏折中谈及办馆意图时说："盖翻译 事，系制造之根本。洋人制器出于算学，其中奥妙皆有图说可寻。特以彼此文义捍格不通，故虽日习其器，究不明夫用器与制器之所以然。本年局中委员于翻译，甚为究心，先后订请英国伟烈亚力、美国傅兰雅、玛高温三名，专择有裨制造之书详细翻出。……拟俟学

① 这一说法是据曾国藩1868年奏稿所列，为多数学者所采用。另据傅兰雅《江南制造总局翻译西书事略》载，翻译馆成立前译出西书三种，为《汽机发轫》、《运规约指》和《金石识别》，丁福保《算学书目提要》称1868年最早开译的5种西书为《汽机发轫》、《汽机必以》、《运规约指》、《开煤要法》和《金石识别》。

馆建成，即选聪颖子弟，随同学习，妥立课程，先从图说入手，切实研究，庶几物理融贯，不必假手洋人，亦可引申其说，另勒成书。此添建翻译馆之情形也。”①曾国藩认为，中国要发展“制造”业或近代工矿业，首先要把代表西方先进科学技术的图书翻译引进中国，然后要通过设立学馆，培养一批翻译人才，以后就不用聘用洋人。由于上海广方言馆于 1869 年 10 月并入江南制造局，翻译馆也就放弃了另立学馆的计划，但两江总督曾国藩的这一实用主义的办馆思路后来贯彻到了翻译馆长期的翻译实践中，在翻译内容的选择上，应用科学与工程技术类书籍始终占据了译著的大部分，自然科学次之，社会科学再次之。

翻译内容的确定，通常先由外国译员提出初步意见，然后由清政府官员包括两江总督、江苏巡抚、江南制造局总办等人最后拍板。一开始，傅兰雅本拟从翻译《大英百科全书》着手，但由于清政府要求“特译紧要之书”，译员们只好服从。于是，译作内容选择的办法为“西人与华士择其合己所紧用者”。所谓“紧用”就是清政府的迫切需要。李鸿章曾上奏称：“最要为算学、化学、汽机、火药、炮法等编，因属关系制造；即如行船、防海、练军、采煤、开矿之类，亦皆有裨实用。”②据《广方言馆学馆事宜章程》载，“夫西士究心，惟在实学，既不同世之自矜独得者驰骛元虚，而我中国之亟当讲求者，又在乎确有实济，立见施行。现既因制造而译书，无论枪炮轮船，实切中国之用，固宜因端竟委，实事研求，即如通舟运以杜居奇，练兵伍以裁虚籍，浚河道以备旱潦，采煤铁以尽地力，权货物以酌盈虚，易银钱以防虚伪。”③由此可见，有关制造和实用技术的西书是当时洋务派迫切需要的，自然也就成了优先翻译的西方书籍。

江南制造局翻译馆从 1870 年开始正式出书，第一批出书最

---

①② 《洋务运动》，第四册，上海人民出版社 2000 年版，第 79 页，第 30 页。

③ 《广方言馆学馆事宜章程》，朱有瓛编《中国近代学制史料》第一辑上册，华东师大出版社 1984 年版第 229 页。

多，计 14 种，共 41 册，其中最早出版的两种书是《运规约指》和《开煤要法》，另外还有《汽机发轫》、《化学鉴原》、《化学分原》、《地学浅释》、《金石识别》、《航海简法》、《防海新论》、《制火药法》、《御风要术》、《航海通书》等。以后历年出版书的种数为：1872 年 11 种，1873 年 9 种，1874 年 12 种，1875 年 6 种，1876 年 9 种，1877 年 12 种，1878 年 2 种，1879 年 14 种。

据傅兰雅的《江南制造局翻译西书事略》统计，从 1871 年到 1880 年的 10 年间，共有 98 种已刊书籍和 45 种待刊书籍，按译作的主题内容分类如下表：

类别		算学测量	水陆兵法	工艺	天文行船	地理	汽机	博物学	化学	地学	医学	新闻纸 年代表	其他	总计
种数	已刊	22	15	13	9	8	7	6	5	5	2	6		98
	待刊	2	9	9	3		3	4	1		1	1	12	45

注："其他"一项包括：历史 5，造船 3，交涉公法 2，零件 2。

需要说明的是，傅兰雅此处统计的书籍并非全为译著，还有一些非译著也被统计在内，如算学测量类的 22 种已刊书籍中，就包括国人所著书 6 种，各类数表 6 种，如不计这 12 种书籍，真正的译著仅 10 种，其中算学类的译著 7 种，测绘类的译著 3 种。其次，傅兰雅将一批图表，诸如海道图、地图，都列为一种，而后期目录书大多不收。最后，有些书有附卷、附图，分年出版，傅兰雅将其列为多种，后期目录则将其合为一种。为了便于我们作比较，我们按上述分类将翻译馆前 10 年已刊书籍中剔除各类地图、数表、国人著书，同时将附卷附图合并后制成下表：

类别	算学	测量	水陆兵法	工艺	天文	行船	地理学	汽机	博物学	化学	地学	医学	年代表	总计
已刊种数	7	3	14	13	3	4	4	5	4	5	5	2	5	74

从翻译馆最初 10 年的翻译工作中，可以看出以下特点：一、

在翻译馆45年的历史上，第一个10年成就卓著，译著内容已涵盖了近代西方各主要的科学技术学科，形成了较为全面完整的译书体系，为日后翻译工作的进一步开展打好了基础；二、按目前的学科分类法来分析，应用科学与工程技术类书籍40种，占到译著总数的54%，自然科学类书籍29种，占39%，社会科学（含连续出版物）只有5种，仅占6.7%。从这一比重不难看出，翻译馆在译著内容的选择上，从一开始就偏重于兵学、工艺、船政、机器制造等应用科学与工程技术类。其次为以数学、物理学（博物学）、化学为主的自然科学类书籍，较全面地覆盖了近代西方的自然科学各学科门类的知识体系。相比之下，社会科学类书籍似乎还没有进入翻译馆译者的视野，除了3种连续出版物外，仅出版有2种政史类书籍（即林乐知译《列国岁计政要》与《四裔编年史》）。这一重实用轻理论、重理工轻文史的翻译方针，体现了当初洋务派“中体西用”的战略思想和“翻译系制造之根本”的建馆宗旨，也成为此后翻译馆一以贯之的翻译特色。

我们再以翻译馆译员陈洙1909年编辑的《江南制造局译书提要》为例，看一下翻译馆注重实用的翻译方针如何在其整个翻译工作中得到了贯彻。

按照陈洙《江南制造局译书提要》的分类法，江南制造局翻译馆所出的160种书籍种类如下表：

类别	兵学	工艺	兵制	医学	矿学	农学	化学	算学	交涉	图学	船政	史志	工程
种数	21	18	12	11	10	9	8	7	7	7	6	6	4
类别	电学	格致	地学	政治	商学	天学	学务	声学	光学	补遗	附刻	总计	
种数	4	3	3	3	3	2	2	1	1	2	10	160	

相对傅兰雅在《译书事略》中将全部已刊书籍分为11大类，陈洙的《译书提要》分类更细，类别更多，除了10种附刻书外，他

将150种译著分为23类。

按照目前的学科分类法，兵学、工艺、矿学、农学、船政、工程等6个门类属应用科学与工程技术学，共出版译著70种，占全部译著的46.6%，比重最大，其中兵学和工艺两类译著分别以21种和18种居译著总数的前两位，突出地体现了晚清洋务派引进西方军事技术和机器制造技术的富国强兵政策。算学、化学、医学等10个门类属自然科学的基础学科，共出版译著47种，占译书总数的31.3%，与第一个10年相比，医学类译著显著增加，反映了19世纪末翻译馆把西方医学引进中国的热忱。兵制、交涉、史志、政治、商务、学务等6个门类属社会科学类，共出版译著33种，占译著总数的22%，虽然社会科学类书籍仍在全部译著中占比重较少，但和第一个10年相比，从6.7%增加到22%，有很大的增幅，这反映了中国近代化改革运动的关注点从器用层面向制度层面的转移。

现代学者王扬宗在《江南制造局翻译书目新考》一文中综合各种书目表，将江南制造局翻译馆刊行的译书总数统计为193种(其中译书183种，地图2种，译名表4种，连续出版物4种)，分为21类，分类如下表：

编号	类　别	种数	编号	类　别	种数
1	政　史	8	12	船　政	7
2	外　交	5	13	测　绘	5
3	商　学	3	14	机械工程	15
4	教　育	3	15	工艺制造	30
5	兵　制	12	16	农　学	10
6	数　学	8	17	矿　冶	15
7	物理学	11	18	兵　学	27
8	化　学	9	19	地　图	2
9	天文学	2	20	译名表	4
10	地　学	2	21	连续出版物	4
11	医　学	11	合计		193

按照目前的分类法，上表中的第1—5类属于社会科学，有31种译著，占总数的16.9%；第6—11类为自然科学，共43种译著，占23.5%，其中以数理化和医学类为多；第12—18类为应用科学和工程技术类，共109种译著，占59.6%，工艺制造类和兵学类译书分别以30种和27种占据应用科学类书籍的前两位，和陈洙《江南制造局译书提要》的统计结果基本一致。

3种统计表的统计年代和分类方法各不相同，各书的类别划分也见仁见智，但从上述统计表的数据可以大致看出，翻译馆的译书内容基本上保持了以应用科学为主、自然科学次之、社会科学再次之的一贯特征。具体言之，翻译馆的译书中以工艺、兵学、矿冶、工程等应用科学和工程技术类所占比重最大，根据3种方法统计均占到译著总数50%以上，其次为数理化、医学等自然科学类译著，一般占译著总数的1/3左右，最少的是政史、外交、商务、学务等社会科学类译著，占译著总数的20%左右。这与翻译馆创办时曾国藩提出的“译书系制造之根本”的办馆宗旨是始终符合的。

译书的分期与特点

江南制造局翻译馆的译书活动从19世纪60年代末延续到民国初年，前后长达40多年，这一阶段也正是晚清社会发生一系列重大历史事件与变革的时期，而变革也经历了从洋务运动“中学为体，西学为用”的器用层面逐渐向戊戌维新时期的制度层面和文化层面等深层领域的过渡。在知识文化领域，东西文化的碰撞与融合也呈现出逐渐深化的过程，具体而言，西学知识的引进和介绍表现出从应用科学和技术、自然科学到社会科学的深化过程。这一点在江南制造局翻译馆的译书活动中也有明显体现。我们将翻译馆的译书活动大致分为3个阶段，并逐一分析每个阶段的译书特色。

第一阶段为1868年到1879年，是翻译馆开办的最初10

年，相当于傅兰雅撰写《江南制造局翻译西书事略》之前的时期。略加分析，我们不难发现前期译书的一些特点。

前期译书首先注重和海防、水师、矿冶有关的应用技术书籍的译介，以满足当局学习西方制炮造船、练兵航海的军事需要。根据傅兰雅的统计，早期译书中应用科技类书籍包括“水陆兵法（军事技术）”、“工艺（工业技术）”、“天文行船（航海技术）”和“汽机（工程技术）”四类，大多与军事关系较为密切，共有已出版的译著 44 种，待出版的 24 种，分别占各自总数的 42.9％和 53.3％。其中，已刊的“水陆兵法”类书籍 15 种，工艺类书籍 13 种，两者相加共 28 种，占到已刊书籍的 1/3 左右。兵制（军事制度）方面的早期译书有与海军有关的《防海新论》（1873 年）和《水师章程》（1879 年），兵学（军事技术）方面的有《制火药法》（1870 年）、《克虏伯炮说》（1874 年）、《克虏伯炮操法》（1874 年）、《克虏伯炮表》（1874 年）、《克虏伯炮弹》（1874 年）、《克虏伯炮饼药法》（1874 年）、《水师操练》（1874 年）、《轮船布阵》（1874 年）、《攻守炮法》（1875 年）、《炮准心法》（1875 年）、《兵船炮法》（1875 年）、《营城揭要》（1876 年）、《营垒图说》（1876 年）等。江南制造局翻译馆早期集中翻译了这些兵器制造、攻防战术和海军军制方面的著作，较突出地体现了洋务派向西方学习军事理论和技术的宗旨。船政（航海技术）方面的有《航海简法》（1871 年）、《御风要术》（1873 年）和《航海通书》（从 1871 年起，岁出一编）。工程方面的有《汽机发轫》（1871 年）、《汽机必以》（1872 年）、《汽机新制》（1872 年）、《器象显真》（1871 年）、《海塘辑要》（1873 年）。矿冶（冶金技术）方面的有《开煤要法》（1870 年）、《冶金录》（1873 年）、《历览英国铁厂记略》（1874 年）和《井矿工程》（1879 年）等。由此可见，将西方近代最新的军事、工业、航海、工程和冶金技术译介到中国，促进中国近代工业与制造业的发展，是江南制造局翻译馆早期的工作重点。

其次，翻译馆在一批具有爱国热忱的笔述人员的推动下，开始引进西方先进的自然科学基础知识，比较系统地译介了数学、物理学、化学等基础学科的一些名著，为中国拥有现代科学奠定了基础。翻译馆早期翻译的自然科学专著和教科书，不少系出自名家之手，数学类译书包括英国白起德著、傅兰雅译、徐建寅述的《运规约指》(1870 年)，英国华里司著、傅兰雅译、华蘅芳述的《代数术》(1873 年)和《微积溯源》(1874 年)，英国海麻士辑的《三角数理》(1877 年)，英国哈司韦辑、傅兰雅译、江衡述的《算式集要》(1877 年)，英国棣么甘著、傅兰雅译、赵元益述的《数学理》(1879 年)。时人认为，在各类西书中，数学书的翻译是最精良的："惟算学一门，西人之法，无更新于微积者，而当时笔受诸君，又皆深于此学，不让彼中人士，故诸西书中，以算学为最良也。"[①]梁启超对一些翻译馆的算学书评论道："《数学理》说理由浅而深，每门必及代数，颇嫌躐等，于初学不甚相宜，惟天才绝特者，读之或有速效。…… 习代数者当以《代数术》为正宗。……《代数难题解法》，率有算草无解说，非已习代数者，不能明之。代数既通，可习微分积分，则为今时世界上算学之峰极矣。"[②]在物理学方面，有著名英国物理学家田大里(现译丁铎尔，John Tydall, 1820—1893)著的《声学》、《光学》，英国瑙埃德著的《电学》。化学书籍是江南制造局早期译书中成就卓著的门类，傅兰雅与徐寿、徐建寅父子先后译出了《化学鉴原》、《化学鉴原续编》、《化学鉴原补编》、《化学分原》。这些书选本精当，译笔畅达渊雅，这在很大程度上得力于化学书籍译员的努力。天文学领域，有英国著名天文学家侯失勒所著的《谈天》(1881 年)和《测候丛谈》(1876 年)。地学方面，有英国著名地质学家雷侠儿所著的《地学浅释》(1871 年)和美国代那所著的《金石识别》(1872 年)。医学方面，有英国海得兰撰、傅兰雅译、赵元益述的《儒门

---

①② 梁启超：《读西学书法》，光绪二十二年(1896)铅印本，第 1 页，第 2 页。

医学》(1876 年)和《西药大成》(1879—1887 年),后者是晚清人们了解西医、使用西药的重要工具书。由此可见,早期的自然科学译著虽数量不多,但学科门类齐全,涵盖了 19 世纪中期西方数学、物理学、化学、天文学、地学、医学等自然科学知识,其中有不少堪称名著。

最后,社会科学方面,在翻译馆的最初 10 年仅有两部政史类译著问世,即英国博那撰、林乐知译、严良勋述的《四裔编年表》(1874 年)和英国麦丁富得力撰、林乐知译、郑昌棪述的《列国岁计政要》(1876 年)。《列国岁计政要》所据原本由英国驻华公使提供,此书形式类似于年鉴,"述欧洲各国疆域、户口、官制、教门、学校、国用、商务、兵力等事",内有许多统计数字,所载知识全面而可靠,译出以后,被时人认为是了解世界各国情况的必读书,有多种翻刻本,诸如富强丛书本、军政全书本、西学大成本、慎记书庄本等等。但梁启超在多年以后仍感叹这类书出版之稀少,"然其书为同治癸酉年之书,去今二十余年,因废变迁,已成陈迹。西人此类之书,岁岁皆有,或官撰,或私述,不一而足。若能自癸酉至今,每年译成一书,岂不甚善,而惜其止于此也。"①社会科学类译作的稀缺现象,从一个侧面反映了江南制造局翻译馆最初亟于将西方先进的应用科学技术与自然科学知识引进中国的心态,也是洋务运动早期注重引进西方制造和军事技术这一特点在知识界的体现。

第二阶段为 1880—1896 年,我们以傅兰雅于 1896 年赴美为时间界限来分期。与前期译书相比,该阶段的译书内容呈现出以下这些显著的变化。

一、"交涉"类译作的出现。在 1868—1879 年 11 年间,翻译馆始终未出版任何外交类译作,而在 1880 年后,集中出版了多种外交类译作,引人注目。其中,英国麦高尔辑、林乐知译、

① 梁启超:《读西学书法》,第 7 页。

瞿昂来述《欧洲东方交涉记》(1880 年),记述俄罗斯、土耳其战事本末,也是翻译馆最早翻译和出版的外交方面的著作。此外,还出版了英国马文撰、罗亨利译、瞿昂来述《英俄印度交涉书》2 卷(1887 年),述英国和俄国在中亚争夺、交涉的情况。英国罗柏村撰、傅兰雅译、汪振声述《公法总论》一卷,1886 至 1894 年间出版,讲述国际法源流、大纲、原则及各类章程,是关于国际法的简明读本。英国罗巴德撰、傅兰雅译、俞世爵述《各国交涉公法论》,初集 4 卷,二集 4 卷,三集 8 卷,1894 年出版,述及交涉公法缘起、主权含义、国际关系、保护侨民、和约及其签约、公使、传教、交战及议和等。此书是当时篇幅最大的国际法详本。国际形势与国际法等外交类译书的集中翻译和出版是这一阶段译书的突出特点,这与 19 世纪八九十年代中国的政治形势有密切关系,当时的清政府与西方列强频繁发生外交争端,爆发了中法战争、甲午战争等中外边境战事,使清政府需要了解西方各国处理国际关系和国际争端的惯例与法则,以便于使自己尽快地融入近代国际社会,处理与西方各国的国际争端。

二、兵制类译书的增加与兵学类译书的减少。与第一阶段相比,这一阶段兵学类译书只出版了 9 部,只及第一阶段 15 部的 3/5。这些译书包括《水雷秘要》(1880 年)、《前敌须知》(1890 年)、《炮乘新法》(1890 年)、《开地道轰药法》(1893 年)、《营工要览》(1896 年)、《水师保身法》(1896 年)、《铁甲丛谈》(1896 年)。与此形成对照的是,兵制类译书与第一阶段相比大量增加。包括《临阵管见》(1886 年前),通过具体战例,记述列阵方法和各种战术;《列国陆军制》(1889 年),介绍了日本、印度、波斯、意大利、俄国、德国、法国、英国等国陆军情况;《海军调度要言》(1890 年)、《英国水师考》(1886 年)、《美国水师考》(1886 年)、《法国水师考》(1886 年)、《俄国水师考》(1900 年前)诸书,介绍了各国海军情况。19 世纪 70 年代到 90 年代,清政府陆续从西方购进一批军舰，派人赴西方考察学习，积极建立自己的海军。关于海军方面书籍的集中译出，正是为了适应当时中国军事建设的需要。在第二阶段，兵制类译书大增与兵学类译书减少这一变化，从一个侧面反映了洋务运动改革重心正从追求“船坚炮利”的器物层面向更深层次转移。

三、应用科学与技术类书籍的译介。在第一阶段出版了大量应用科学译作的基础上，陆续充实了一批工程技术、工艺制造、矿冶、船政类书籍，介绍西方最新的科学技术进展。工程技术类的译作有《行军铁路工程》（1886 年）、《兵船汽机》（1894 年）、《工程致富论略》（1894 年）、《考工记要》（1895 年）、《考试司机》（1894 年）。工艺制造类的译作有《电气镀金》（1880 年），《电气镀镍》（1886 年），《炼石编》（1886—1889 年间），介绍各类金属制造工艺；《西艺知新》续集 7 种（1884 年），包括《垸髹致美》、《制肥皂法》、《制油烛法》、《电学镀金》、《制玻璃法》、《铁船针向》、《机动图说》，介绍油漆、肥皂、蜡烛、玻璃等的制作工艺。矿冶方面的译作有《宝藏兴焉》（1884 年）、《银矿指南》（1891 年）、《炼钢要言》（1896 年），讲述各种金属矿的熔炼法。船政方面的译作有《行海要术》（1890 年）、《船坞论略》（1894 年）、《行船免撞章程》（1895 年）、《航海章程》（1895 年）。对于章程类西书，梁启超评论道：“西人凡百政事，皆有章程，颁行省署。其定章之始，既已精详审慎，又复随时修改，有司奉行，不少假借。其不可奉行者，应时改之，此西政之所以善也。今欲变法，莫亟于多译章程之书，得以取资，顷已译出印成者，有《水师章程》，《行船免撞章程》，《德国议院章程》，《航海章程》。”①

四、自然科学类译著数量的下降是第二阶段译书的又一特点。与前期译书较系统地译介了数理化、天文地理等自然科学的一些名著相比，中期译书中自然科学译著非常有限。这一时

① 梁启超：《读西学书法》，第 8 页。

期，物理学类译著仅一种，即罗亨利译、瞿昂来笔述的英国赫胥黎著《格致小引》一卷（1886 年）。值得一提的是化学方面的两部译著，1883 年出版了傅兰雅译，徐寿述的德国富里西尼原著《化学考质》8 卷和《化学求数》15 卷，作者富里西尼是德国著名分析化学家，是化学大师李比希的学生，在化学的定性分析、定量分析两方面，都有杰出的成就。《化学考质》原著 1875 年出版，为当时关于化学定性分析的代表作。《化学求数》一书原著于 1876 年出版，全书 15 卷 276 章，是当时所译化学著作中篇幅最大的一部。

第三阶段（1896—1913 年）是江南制造局翻译馆的翻译重点发生重大变化的时期。一方面，随着甲午战争的失败，清政府逐渐认识到仅仅引进西方的军事技术、振兴制造业和军工业、依靠“船坚炮利”，是无法与西方列强抗衡，在现代的国际社会中占据一席之地的。要彻底改变中国的落后面貌，还需进一步认识政治制度、法律体制以及经济理论对于社会进步的重要性，从制度上找到中西之间的差距，吸取西方制度的长处。另一方面，在翻译馆内部，后期译书是在骨干人员陆续被抽调到各地兴办洋务的新岗位或参与外交事务，翻译人员不断增补的新情况下进行的，一些原先不被重视的学科由于翻译馆的人事变更，成为后期译书较多的门类。这两方面原因促使翻译馆后期译书的内容发生了一系列重要的变化。

第一，社会科学类译著的集中翻译。与翻译馆前期和中期译书中社会科学类译著的罕见形成对照的是，翻译馆在 1896 年后集中翻译出版了一批历史、政法、商务、教育类书籍。史志方面，出版了傅兰雅口译、潘松笔述的英国陔勒低的《俄国新志》8 卷和《法国新志》4 卷（1898 年），分别叙述俄国和法国的土地、人口、物产、工业、教会等情况。林乐知口译、严良勋述的《埏弘外乘》（1901 年），叙述法国、德国、荷兰、比利时、印度、巴西、英国、美国等 27 国历史。德国勃利德撰、李景镐译《西美战史》二卷

(1904年),详述1898年美西战争的经过。政法方面,1907年出版了美国海丽生撰、舒高第口译、郑昌棪述的《美国宪法纂释》,是适应1905年后中国的立宪运动而翻译的立宪参考书之一。商务方面的译著有英国布来德撰、傅兰雅译、徐家宝述的《保富述要》(1896年),论述了货币银行在经济生活中的作用。英国法拉撰、傅兰雅译、徐家宝述的《国政贸易相关书》(1897年),论述国政与贸易间的关系。英国司旦离遮风司撰、卫理译、王汝駉述的《工业与国政相关论》(1900年),论述国家行政与工业的关系。为了适应当时创办近代教育的潮流,该局首次出版了两部教育方面的译著,介绍日本学校教育的情况。卫理译、范熙庸述的美国路义思的《日本学校源流》一卷(1899年),介绍了日本维新以前的学校情形,实行新式教育的经过,新式教育方法等。1905年左右出版的《日本东京大学规制》一卷,介绍东京大学各种规章制度。尽管这些译著与应用科学类译著相比在绝对数字上不算多(上述社科类译书包括历史类4种,政法类1种,商学类3种,教育类2种,共10种),但是多少改变了翻译馆过去重实用轻理论的翻译特色,反映了清政府在戊戌维新前后企图在制度上进行改革,学习西方的政治、法律、教育制度的治国方略。

第二,在后期译书中,农学与医学占据了相当比例,逐渐成为江南制造局译书的重点。承担农学书籍翻译任务的外方译员有1897年入馆的英国浸礼会译员秀耀春、1898年上海领事馆翻译兼翻译馆译员的美国美以美会传教士卫理、以及傅兰雅和舒高第,中方译员则由范熙庸、汪振声、赵元益、王树善、赵诒琛、陈洙担任。在1898—1909年间,翻译馆共出版了10种农学译作,包括《农学初级》1卷(1898年),《意大里蚕书》1卷(1899年),《农务化学问答》2卷(1899年),《农学要书简明目录》1卷(1901年),《农务土质论》3卷(1902年),《农务化学简法》3卷(1902年),《农学津梁》1卷(1902年),《农学理说》2卷

(1904年),《农务全书》3编各16卷(1907年至1909年间),《种葡萄法》12卷(1909年),这些书集中介绍了西方农业技术的最新知识。关于西方农业的发展,梁启超曾有一段颇有见地的评论:“西人富民之道,仍以农桑畜牧为本,论者每谓西人重商而贱农,非也。彼中农家,近率改用新法,以化学粪田,以机器播获,每年所入,视旧法最少亦可增一倍。中国若能务此,岂患贫邪?”①

翻译馆后期译著中,另一个出版量较多的门类是医学类。翻译馆前期与中期译书中,医学类书籍仅有《儒门医学》与《西药大成》两种,后期集中出版了一批医学译著,内容逐渐从内科扩大到妇科、产科、伤科、急救、保健医学和法律医学,可称门类齐全。前已述及,赵元益热衷医学,是医学书翻译的主要译员,他参与翻译了多部医学著作,包括与舒高第合译的英国虎伯撰《内科理法》22卷(1889年),该书是19世纪中国介绍西医内科内容最丰富、篇幅最大的著作。与傅兰雅合译的英国来拉、海得兰撰《西药大成》(1887年)和英国哈来撰《西药大成补编》(1904年),此两书是晚清人们了解西医、使用西药的重要工具书。他还与傅兰雅合译英国惠连著的《法律医学》(1899年),该书是英国著名法医学家惠连的最重要著作,也是英国法医学界的权威著作,是近代中国第一部系统介绍西方法医学的著作;与秀耀春合译英国肥勒的《保全生命论》(1901年)和《济急法》(1905年)两书,前书为养生学著作,后书为军营急救之法。此外,舒高第和郑昌棪合作翻译了英国帕脱著的《临阵伤科捷要》(1894年),英国密尔编撰的《产科》(1904年)和美国汤麦斯编撰的《妇科》(1900年),分别介绍了西医伤科、产科和妇科的治疗和护理。

第三,翻译馆后期译书仍继续保持了一贯的翻译传统,译介

① 梁启超:《读西学书法》,第9页。

了一批科学技术类的上乘之作。军事类的译书与前两阶段相比明显减少，随着清政府对西方认识的不断深化，中国向西方学习的思路也从早期洋务派的“富国强兵”政策逐渐转向维新变法派的更深层次的制度改革。兵制方面的译著出版有《德国陆军考》(1901年)，述德国陆军军制；《西国陆军制考略》(1902年)，述英、德、法、俄等诸国陆军兵制。兵学方面的译著有《行军指要》(1901年)、《淡气爆药新书》(1909年)和《英国定准军药书》(1912年)。工艺制造类译书仍然占了较大比重，有傅兰雅译、汪振声述的《化学工艺》(1898年)和《铸金论略》(1902年)，藤田丰八译、汪振声编的《造洋漆法》(1903年)和《颜料编》(1909年)，桥本奇策辑、王季点译的《制羼金法》(1901年)。值得注意的是，上述3书为日本人所撰，反映了当时中国开始转向通过日本间接学习西学的动向。卫理和汪振声合译了《取滤火油法》(1900年)，和王汝驹合译了《照相镂板印图法》(1900年)。王汝驹还译了《金工教范》(1900年)和《机工教范》(1912年)两书。此外，还出版了傅兰雅译、华备钰述的《制机理法》(1899年)，述车床、刨床装配、使用方法。工程技术方面，随着19世纪末20世纪初中国铁路建设的进展，出版了两部介绍美国铁路工业的译著，即傅兰雅口译、潘松笔述的美国柯理辑《美国铁路记要》(1897年)和《铁路汇考》(1899)。清末清政府大力发展采矿业，亟于引进西方采矿技术，因此，这一时期矿学类译书出版也较多，包括傅兰雅与王树善译美国俺特累的《开矿器法图说》10卷(1899年)，傅兰雅与潘松译英人安德孙的《求矿指南》10卷(1899年)，舒高第与汪振声合译英国密拉的《探矿取金》6卷(1903年)，舒高第与郑昌棪合译的《炼金新语》1卷(1891年)，舒高第与沈陶璋、陈洙合译美国奥斯彭的《矿学考质》10卷(1907年)，王汝驹译述英国喀格司的《相地探金石法》4卷(1903年)。

江南制造局翻译馆在它长达40多年的翻译历史上，一方面，始终坚持以军事、工艺制造、工程、船政、矿冶等应用科技为主的翻译原则，不断输入西方先进的近代应用技术知识，为晚清的洋务运动提供了新知识的基础，另一方面，随着晚清风云变幻的时代演进，清政府对西方的认识与向西方学习的内容有一个由浅入深、由器用层面向制度层面深入的过程，译书内容也呈现出一些阶段性特点，如早期对自然科学知识的系统介绍，中期外交类译作的集中翻译，晚期社会科学、医学、农学书籍的集中出版，这些阶段性特点明显地反映出晚清政治演变的时代特征和知识界在输入西学时的侧重点的变化趋势。

2. 翻译馆在晚清出版界的地位及其社会影响

译著销售情况

江南制造局出版的译著的社会影响是我们评价其译书成就的一个重要方面。从该局出版译著的销售数量来看，到 1879 年 6 月，已出版的 98 种译著只售出 31 111 部，83 454 册，平均每种 250 部左右。而在日本，福泽谕吉编译的《西洋事情》(1866 年)出版后，几乎立即卖出了 25 万册。[①]人口数倍于日本的大清帝国，近百种译著的销售量大约只有日本一本译著的 5%，可见这些译著所遭之冷遇。

从个别书籍的销售情况来看，1874 年金楷理译的《克虏伯炮说》在 8 年内售出 904 部，1870 年出版的《运规约指》在 8 年内售出 1 000 部，1873 年出版的《防海新论》到 1880 年售出 1 114 部，1873 年出版的《代数术》在 7 年内销售了 781 部，1871 年出版的《开煤要法》在 9 年内销售了 840 部。[②]这些销售数字与中国庞大的人口数字相比真是微乎其微，傅兰雅分析了其中的原因："惟中国邮递之法尚无定章，而国家尚未安设信局，又未布置铁

① 费正清主编：《剑桥中国晚清史》下卷，第 315 页。

② Adrian A. Bennett: *John Fryer: The Introduction of Western Science and Technology into Nineteenth-Century China*, Harvard University Press, 1967, p. 42.

路，则远处不便购买，且未出示声明，又未分传寄售，则内地无由闻知，故所售之书尚为甚少。”①他认为，缺乏邮政和铁路网络，缺乏图书分销机构、广告渠道来承担这些书籍的广告发行工作，是导致翻译馆译书销售量有限的主要原因。

为了扩大译书的销路，1885 年，傅兰雅在上海创立格致书室，发售江南制造局的译书。1886 年的《书室售书目录》列举中外书籍、地图、挂图等 371 种，两年后的目录中西学书增至 650 种。不久，北京、烟台、奉天、天津、杭州、汕头、福州、厦门、香港等地先后开设书室分店，销售书籍达 15 万册。

学校教学

傅兰雅在《译书事略》中提到一些关于江南制造局翻译馆译书读者的情况，他说：“局内之书，为官绅文士购存者多。”

关于江南制造局出版的译著在各学堂的使用情况，可供查寻的线索也很少。傅兰雅曾提到“局内已刊之书有数种在北京同文馆用之，在耶稣教中大书馆内亦有用之者”，“上海、厦门、烟台之公书院中亦各购存”。可见，江南制造局的译书在北京同文馆、全国各地的教会学堂和书院中都有收藏。他接着说：“如《三角数理》一书在登州狄先生书馆（此当是登州文会馆）用以教课，今狄先生回国而惠先生代理，亦为西国著名算家，其寄函云：‘本年有一半生徒学贵馆所译《三角数理》，余看此书甚善，有数字刊讹，余已更正，想此书除在书馆教课则难识此讹，余见此讹字少者，则甚称奇，盖将深算书译出而华人能洞识者，甚为难事也’等语。”但他紧接着又叹息说：“惜乎所有教门中学馆，能同狄处用局中之译书者甚少焉”。傅兰雅又提到，南京有“美国魏丁先生多购局内书籍，专售于好算学家说者。（又有）设馆教算学等事，学者不少，故有多人购买局中算书。”与傅兰雅合作译书多年的华蘅芳任上海格致书院教习，也采用该局出版的译著作为教材

① 傅兰雅：《江南制造总局翻译西书事略》，载《格致汇编》1880 年。

或参考书，“凡来咨诹者则为之讲释，而华君在局内时与西人译书有十余种，故在院内甚能讲明格致”①。总的说来，翻译馆译书真正被学校用于教学的，为数不多。

傅兰雅分析了翻译馆译书未被各地学校广泛使用的原因。他认为，即使是近水楼台的制造局内数书馆，“教习造船或造船汽机或兵戎等法，惟不用局内所刊之书”。究其原因是洋教习不通汉语，“盖教习者不通华文，必以西文教授，虽生徒初时难谙西文，久习亦易。因西人不审此意，见生徒读西文已得法，虽通晓颇难而教习者总能因此而得大功焉”②。类似于这样的专门技术学堂，还有福州船政学堂，先后有 50 名外人在学堂任职，教习也大都由洋人担任，不可能采用该局的译书，这也是这些译著没有被广泛采用的一种解释。

社会影响

对于译书的社会功用，傅兰雅在《译书事略》中说：“中国多年旧习必赖译书等法始渐生新，今在十八省中所有新法新事已见流通，且显沛然莫御之势，要之西国所有有益中国之学，中国必欲得之，盖华人已有饮泉思渴之心焉。”又说：“而此各书为西人多年察考始经著成，若在中国无甚裨益则为奇事，华人得此各书则格致之学不减泰西，而考察之苦已无烦备尝矣。”尽管翻译馆译书的销售数量和学堂使用情况并不令人乐观，但翻译西书对中国改革“旧习”，推行“新法”，将有所裨益，傅氏对此无疑是抱有乐观心态的，“惟望不久院内有生徒肄业能用局内之书，则不胜欣然矣”。③事实上，翻译馆所译的西书传播了西方近代的科学技术知识，对于处在变革进程中的中国社会和思想文化界确实产生了不容小觑的影响。

在 19 世纪的西方世界，自然科学知识飞速发展，自然科学学科体系也已建立起来，翻译馆从一开始就注重自然科学知识

①②③ 傅兰雅：《江南制造总局翻译西书事略》，载《格致汇编》，1880 年。

的系统译介,出版的一批自然科学书籍对中国晚清知识界影响深远。例如,傅兰雅和徐建寅合译的英国瑙挨德撰《电学》一书出版于1880年,凡11卷,全书共24万字,插图402幅,内容从电的发明史叙起,分论静电学、生物电、化学电、热效应、磁效应、电磁感应、电热器、电报、电线、电钟等,是一本电学教科书,也是电学入门书。电的发现和利用,是世界文明史上对人类物质和文化生活影响最大的事件之一。电的知识传入以后,受到中国知识界的广泛关注,有《电学纲目》、《电学图说》等多种书籍问世,《电学》是其中影响最大、流传最广的一本。当时学术界评价:《电学》"论电气之详,无逾于此书者,亦无深奥于此书者,细考电气者宜读之"①。此书出版后,翻刻本不断出现,有上海石印本、富强丛书本、西学大成本等。傅兰雅和徐建寅合译的另一部重要物理学著作是英国著名物理学家田大里(丁铎尔)的《声学》,1874年出版,共8卷,附插图169幅。丁铎尔是皇家学会会员,该书详细叙述了声学的基本理论和实验内容。30年中,这部书在中国一直是论述声学知识最周详、影响最大的著作,有西学大成本、富强丛书本等翻刻本。20世纪初,学术界对此书的评价仍很高:"西人论声音之理日精,此书所载,半属浅说,然论发声、传声、成音、音浪,颇觉透辟。中国极少新译之本,读此以稍窥崖略。"②田大里的另一部著作《光学》由金楷理和赵元益合译,1879年出版,书中首次介绍了"以太说"。以太被认为是光的传播媒介,无所不在,没有质量。书中将"ether"意译为"传光气",在稍后出版的《光学图说》等书中,才被音译为"以太"。以太说在19世纪中国被广泛接受,谭嗣同、章太炎均以此为基点,发表自己对宇宙的看法。《光学》是19世纪西方近代光学在中国传播的主要代表作。《声学》、《电学》和《光学》译本的出版,

① 孙维新:《泰西格致之学与近刻翻译诸书详略得失何者为最要论》,《格致书院课艺》,光绪乙丑年春季,第10页。

② 徐维则、顾燮光:《增版东西学书录》,声学第十六,1902年石印本,第16页。

使中国的物理学开始走出“格致”的旧观念，与西方先进的物理学接轨。

化学类译书中，最早翻译的是傅兰雅和徐寿合译的《化学鉴原》，原本是英国韦尔司的 *Principles and Applications of Chemistry*，初版于 1858 年，中译本在 1869 年开译，两年内完成了翻译印刷，1872 年与中国读者见面，为有两千年以上炼丹、化学历史的中国人提供了最新的化学知识。此书一出，旋即被各类新式学校采用，在中国风行了三四十年。值得一提的是，在制订化学元素和化学专名时，中国学者起了决定性的作用，在该书中，第一次出现了由徐寿制订的包含 64 种化学元素的中文元素表。在化学元素名称中译方面，确定了以罗马字母名称的主要音节的译音，再加偏旁的命名原则，这些名称既符合拉丁文名称的第一个音节，又按性质具有一定的中文含义，奠定了以后化学元素中文命名的基础。据研究，《化学鉴原》所列的 64 种元素名称，有 44 种为日后化学界一直沿用，如钠、钾、锰、钴、镁等，有 10 种经改造而通用，如“养”改为“氧”，“淡”改为“氮”，“绿”改为“氯”，“弗”改为“氟”。可见《化学鉴原》一书在将西方近代化学引进中国的历史上具有的开创性意义。同年，还出版了傅兰雅与徐建寅合译的《化学分原》，该书原名直译为“实验化学导论，包括分析化学”。作者包曼是很有成就的化学家，实验化学的开拓者，伦敦化学学会的奠基人之一，也是伦敦皇家学院第一位实验化学教授。《化学分原》是他的一本最早讲授定性化学和定量化学的名著，这部书的出版，标志着近代分析化学开始被比较系统地介绍到了中国。直到 1883 年，徐寿与傅兰雅才将德国富里西尼乌司所著《定性分析化学指南》和《定量分析化学指南》两书，据英译本翻译成中文出版，分别取名《化学考质》和《化学求数》。这两部书是欧洲流行的化学专著，它们在上海的出版，推动着中国化学进入以实验为基础的新阶段。

天文学、地质学方面产生较大影响的译作有《谈天》与《地学浅释》。《谈天》与《地学浅释》的译印，对人们天地宇宙观念的变化产生了重大影响，梁启超认为："人日居天地间而不知天地作何状，是谓大陋，故《谈天》、《地学浅释》二书不可不急读。二书原本固为博大精深之作，即译笔之雅洁，亦群书中所罕见也。"[①] 英国地质学家雷侠儿的名著《地学浅释》由玛高温和华蘅芳合译，探讨了地球形成与演进的历史，初次向中国学界介绍了拉马克、达尔文和生物进化的学说，这部书在 19 世纪末的中国影响甚广，被不少学校采用为教科书。康有为把此书列在《桂学答问》的卷首，鲁迅在南京读书时曾手抄此书，章太炎的《菌说》、《原变》等文中可以发现《地学浅释》对他思想的深刻影响。侯失勒的另一部天文学著作《测候丛谈》，在晚清所译的各种气象学书籍中，被认为是最有价值的一种，时人评价说："地文之书，《测候丛谈》最足观。"[②]最早译出的矿物学译作《金石识别》的作者代那，曾任美国科学促进会主席、美国地质学会主席，是美国科学界的权威人士。他的著作在中国出版，具有重大的历史意义，是 19 世纪中国介绍西方矿物学著作中最重要的一部，催发了中国现代矿物学的诞生。

翻译馆所译的医学书籍，在社会上也享有较高的声誉，被不少医院列为必备书。梁启超评论说："西人医学，设为特科，选中学生之高才者学焉。中国医生，乃强半以学帖括不成者为之，其技之孰良，无待问矣。……译出医书，以《内科理法》、《西药大成》为最备，《儒门医学》上卷论养生之理，尤不可不读。"[③]在 19 世纪的中国，翻译、介绍西医学说的主要有两大机构，一是广州博济医局，内以嘉约翰所译之书为多，二是江南制造局翻译馆，两者相较，博济医局所译之书，时间早，如《内科阐微》于 1873 年出版，《西药略释》于 1875 年出版，但比较零散，不成系统，翻

①② 梁启超:《读西学书法》,第 4 页。
③ 梁启超:《读西学书法》,第 5 页。

译馆所译医书时间上稍迟，但比较完整、系统，部头大，学术性强。

应用科学方面的译书实用性强，与晚清社会亟于引进西方先进的军事技术和工程技术密切相关，产生了最直接的社会影响。其中，最为引人注目的是军事类书籍，江南制造局所译的兵学书籍，占当时全国所译此类书籍总数的一半以上。梁启超的《西学书目表》收录兵政书籍 54 种，其中 32 种出自江南制造局。徐维则的《东西学书录》收录兵政书籍 41 种，其中 29 种为江南制造局所出。制造局之所以翻译出版了这么多兵政书籍，与这些书籍的实际功用是密切相关的。江南制造局原为军工厂，译书的直接目的之一，是为本局生产服务。1871 年译出《制火药法》，1874 年局中制造火药时便参考了此书；1874 年译出的《克虏伯炮弹造法》、《克虏伯炮饼药法》，是 1878 年局中制造各种炮弹时的重要参考书。这里值得一提的是根据普鲁士军政局提供的原书译出的克鲁伯炮书 6 种。克鲁伯钢铁集团成立于 1811 年，以生产坚固耐用、威力巨大的火炮著称于世。江南制造局初创时，克鲁伯火炮已独占了德国、俄国、荷兰、日本 4 国的军火市场。1870 年，克鲁伯为推销他们生产的火炮，特派一名叫派利的专员到巴黎晋见时奉派俄国的钦差大臣崇厚，提出由他们请精通英、法、德 3 国语言的何植桂为中国政府翻译克鲁伯厂编制的各种制造枪炮的专书。李凤苞与金楷理合作翻译的这批克鲁伯炮书也许就是克鲁伯厂从德文译为英文的书籍，它们分别从克鲁伯炮的功能、操作、制弹、命中、攻坚立论，包括《克虏伯炮弹》、《克虏伯炮弹造法》、《克虏伯炮操法》、《克虏伯炮说》、《克虏伯炮准心法》、《攻守炮法》6 种，这批克鲁伯炮书对于中国引进克鲁伯火炮具有一定的实用价值，如《克虏伯炮说》，被时人评作“为练兵家所必读”。但江南制造局当时全力以赴仿造英国阿姆斯特朗枪炮，并无余力去探索本来对制造过程持保密态度的克鲁伯火炮的奥秘。

以《西艺知新》丛书为代表的工艺类译书所述的各种工艺，有的在西方尚属先进，有的虽已过时，但仍不失为有用的技艺，对中国输入西方工艺应有一定的影响。梁启超在《读西学书法》中论及该丛书的社会功用时称："《西艺知新》原续刻共十五种，为一丛书，皆言手制各物小工程，其法虽颇旧，然中国工人苟覃心研究，能通其法则，亦可以获利，因中国物料与工价俱贱，而向用之法旧于此等十倍也。他人历万里购我物料归国而制造之，复运来以取售于我，而其利之溥犹如此，货弃于地，惜哉！"①

工程技术类译书的翻译出版也顺应了晚清洋务派积极引进西方的先进技术、发展中国近代工业的需要。例如，铁路工程技术方面的译书与当时中国方兴未艾的铁路建设也有一定的关系。19世纪中叶，西方一些侨商就倡议在中国修筑铁路，1865年英国商人杜兰德(Duranty)在北京筑的一公里左右的小铁路以及1876年英商在上海修筑的轻便铁路，都在清政府的干预下未能建成。但工业的发展必然要求交通的不断改善。随着1878年开滦煤矿开掘出第一口竖井，为运输煤炭，清政府修建了唐山至胥各庄间长十公里余的铁路。自从唐胥铁路通车以后，又有许多兴建铁路计划在酝酿。随着中国铁路建设的开展，一些有关铁路工业的书籍被译介入中国。如：1886年傅兰雅与汪振声合译了英国武备学堂工程课本《行军铁路工程》，此书介绍了行军铁路、地面铺设铁轨的准备，以及建造铁路设施的具体要求。1897年和1899年先后出版了傅兰雅、潘松合译的美国柯理辑《美国铁路纪要》和《铁路汇考》。机械工程的译书也和清末洋务派引进西方机械工业的努力不可分割。1865年，江南制造局从美国引进机器，除了锅炉、蒸汽机等原动机械之外，还有打眼机、绞螺丝、镟木、铸弹、制造枪炮等工作机械。1866年上海民营发昌机器厂开办，1869年开始使用近代车床。随着机械工业的引

① 梁启超：《读西学书法》，第10页。

进，需要一批介绍机械工业的译书。作为翻译馆最早的译书之一，1871年伟烈亚力、徐寿合译了英国美以纳、白劳那同撰的《汽机发轫》，此书介绍了机械原理、锅炉、汽机的分类，汽机算理等。1872年傅兰雅、徐建寅合译英国白尔格撰的《汽机新制》，此书叙述了大抵力汽机、杠杆汽机、螺轮汽机、摇筒汽机、陆用锅炉及船用锅炉等。1899年傅兰雅、华备钰还译刊了英国觉显渌斯撰的《制机理法》，专论各种车床成件之法，时人评论“读此则车床工程学几可无师自通”。

社会科学方面的译书虽然数量不多，但受到了晚清时期思想比较先进的政治家和知识分子的关注，有些译书对晚清致力于引进西学的思想文化界产生了较大的影响。

19世纪70年代至90年代，清政府陆续从西方购进一批军舰，派人赴西方考察学习，积极建立自己的海军。有关海军的书籍的集中译出，正是为了适应当时中国军事建设的需要。其中有些书，如《防海新论》，不但有很强的针对性，而且对晚清海军建设产生了重要的影响。《防海新论》为普鲁士武官希理哈所撰，傅兰雅译，华蘅芳述，1873年出版，内容是关于美国南北战争时水路攻防的情形。书中认为，南北战争中，南方地势险峻，人心也齐，但是由于依恃天险，没有积极防御，最终归于失败。译者傅兰雅、华蘅芳以为，这个教训对于中国有极大的现实意义，因而立即将其翻译出版。此书颇受清朝军政要员的重视，李鸿章、刘坤一、李宗羲、丁宝桢等督抚大员都认真看过。李鸿章在其著名的《筹议海防折》中直接引用此书中关于海防要集中兵力、扼守要塞的观点：“查布国《防海新论》有云：‘凡与滨海各国争战者，若将本国所有兵船，径往守住敌国各海口，不容其船出入，则为防守本国海岸之上策；其次莫如自守，若沿海数千里，敌船处处可到，若处处设防，以全力散布于甚大之地面，兵分力单，一处受创，全局失势，故必聚集精锐，止保护紧要数处，即可固守’等语，所论极为精切。”他吸收了书中的观点，进而阐述了中国的海防战略:“中国兵船甚少,岂能往堵敌国海口? 上策固办不到,欲求自守,惟有分别缓急,择尤为紧要之处,如直隶之大沽、北塘、山海关一带,系京畿门户,是为最要;江苏吴淞至江阴一带,系长江门户,是为次要。能守此最要、次要地方,其余各口边境,略为布置,即有挫失,于大局尚无甚碍。”①

1879 年,日本侵占琉球,沙俄也想染指渤海湾,海防问题再次成为朝野议论的热点,总理衙门饬令上海重印《防海新论》,发给沿海各督抚,要各地督抚、将领细心研究应用。张之洞在一份奏折中,特地将研习《防海新论》作为加强中国海防建设的大事提出:“宜发《防海新论》,令各营讲习。近年西人著有《防海新论》一书,经上海道译印通行,于外洋争战、防外海、防内河,种种得失利钝,辩论至详。京师洋书肆现有其书,拟请先购数十部,发交东三省,一面令沿海各督抚,向上海多购,分发诸将领,细心讲求,触类引伸,必有实效。”②《防海新论》出版以后,到 1880 年,共销售 1 114 册,这在当时,是个不小的数字,这与政府官员的重视,有很大关系。

《西国近事汇编》书影

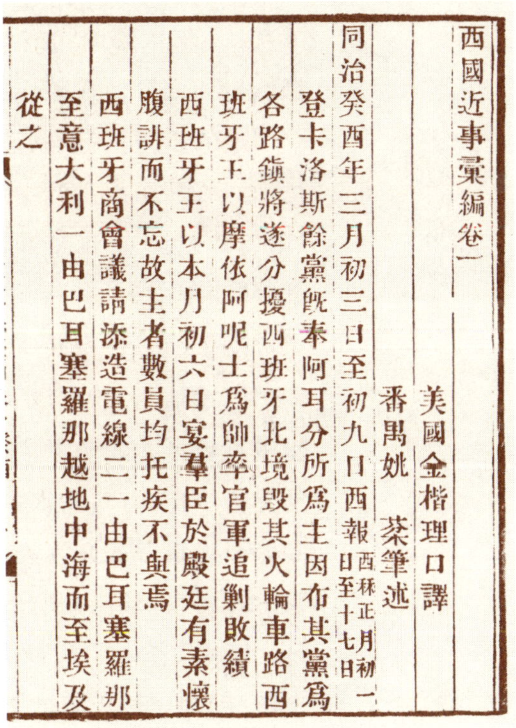
西國近事彙編卷一
美國金楷理口譯
番禺姚棻筆述
同治癸酉年三月初三日至初九日西報西秝正月初一日至十七日
登卡洛斯餘黨旣奉阿耳分所爲主因布其黨爲各路鎭將遂分擾西班牙北境毀其火輪車路西班牙王以摩依阿呢士爲帥率官軍追剿敗績
西班牙王以本月初六日宴羣臣於殿廷有素懷腹誹而不忘故主者數員均托疾不與焉
西班牙商會議請添造電線二一由巴耳塞羅那至意大利一由巴耳塞羅那越地中海而至埃及從之

《西国近事汇编》是翻译馆出版的一种连续出版物,从 1873 年开始,到 1899 年,每年一卷,编译者有金楷理、林乐知、钟天纬等十多人,内容依据英国《泰晤士报》等编译,是一部西国大事要闻录。因其分年编辑,时效性强,成为当时中国知识分子了解世

① 《洋务运动》,第一册,第 44—54 页。
② 《右庶子张之洞奏因俄事条陈应防各要地事宜片》,《清季外交史料》卷 22。

界大事的重要参考书，康有为、梁启超等人都视其为必读书，梁启超推荐道："欲知近今各国情状，则制造局所译《西国近事汇编》，最可读，为其翻译西报，事实颇多也。"①

《佐治刍言》在政治学译书中影响最大，这是戊戌以前介绍西方社会政治思想最为系统、篇幅最大的一部书，出版后多次重版，对中国思想界影响很大，康有为、梁启超、章太炎都曾认真读过。晚清思想界对该书评价很高："《佐治刍言》言立国之理及人所当为之事，凡国与国相处，人与人相处之道悉备焉。皆用几何公论，探本穷源，论政治最通之书。其上半部论国与国相处，多公法家言；下半部论人与人相处，多商学家言"②；"《佐治刍言》，居家宜谙家务，居国宜谙国俗，我辈忝生地球，而于人世一切交涉，未能了了，愧何如之！此书探本穷源，亲切有味，译笔亦训雅可喜。"③章太炎读此书时，如醉如痴，大为叹服，自称"魂精泄横，挚然似非人"，他在著作中多次征引此书。

总的看来，江南制造局翻译的西书对中国近代思想界尤其是晚清维新派人士产生了不小的影响。它改变了传统的士林风气，受其影响，一部分知识分子放弃了腐朽的八股制艺而专攻西学，使西学成为一种热门学问。出于对西学的考求，许多知识分子接受了西方资产阶级的新观念，破除了一些陈旧的传统思想和封建迷信意识，形成了新的自然观、价值观，促进了新型资产阶级意识形态的萌发。翻译馆刊行的西书成为当时中国人了解世界的重要窗口，使人们大开眼界。

当大批旧式文人仍手捧四书五经，希望通过参加科举考试，谋求升官发财时，一些敏锐的知识分子已将视线转向翻译馆发行的图书。1882 年，康有为带着名落孙山的苦恼返乡时，途经上海，发现该局出版的各种译著。于是，欣喜若狂，"尽量购置，

① 梁启超：《读西学书法》，第 9 页。
② 梁启超：《读西学书法》，第 7 页。
③ 黄庆澄：《中西普通书目表》，卷二，第 1 页。

以赠友及自读者，达三千余册"①。汉学家霍华德对康有为早期思想的研究认为："根据康有为的传记和他本人提供的信息，康有为在 19 世纪 80 年代前期研究的部分翻译作品都涉及科学、技术和数学。"②尽管在许多年后撰写的自传中，康有为认为传译的军事科学和医学书籍皆非"重要之学问"，但康有为涉猎的科学知识无疑对他早期思想的形成产生了重要的影响，这从他经常使用的科学术语中可以看出来。康有为不但从江南制造局译书中了解了天文学、天体力学、地质古生物学以及物理学的电、磁、热、光等学说，还以江南制造局刊印的《几何原本》的编写形式，撰成《实理公法全书》。③美国学者贝奈特认为，康有为的《大同书》是受过《佐治刍言》影响的，前苏联汉学家齐赫文斯基认为康有为在撰写《大同书》时利用了《佐治刍言》的部分段落。

康有为的弟子梁启超对江南制造局的译书同样兴趣浓厚。1890 年梁启超途经上海，"且见上海制造局译出西书若干种，心好之"。④1893 年，他"购江南制造局所译之书，及各星轺日记"⑤。1896 年，他编写了一本《西学书目表》，撰写了《读西学书法》，向国人推荐他认为有价值的西书，其中江南制造局译书占了相当比重。

谭嗣同是另一位维新派领袖人物。他在 1894 年的文章中谈及天文、化学、地理、动物学等学科，表明他对这些西方学问已有一定认识。此外他还专门提到了《格致汇编》。1893 年，谭嗣同在上海拜会了傅兰雅，他写信给他的朋友说，傅兰雅向他展示了化石、照相机等新奇物品。⑥他也在上海购买了许多江南制造局出版的科学书籍。制造局的化学译书中"以太"、"质点"、"原

---

① 张伯桢：《万木草堂始末记》，转引自胡绳武：《戊戌维新运动史论集》，湖南人民出版社 1983 年版，第 199 页。

② 霍华德：《康有为(1858—1927)：知识背景和早期思想》，载 F. Wright 和 Denis Twitchett 编《儒家人物传》，转引自贝内特《傅兰雅译著考略》(剑桥东亚研究中心 1967 年版)。

③ 文见《中国文化研究集刊》，第一辑，第 324—348 页。

④ 《三十自述》，《戊戌变法》(四)，上海人民出版社，2000 年版，第 44 页。

⑤ 丁文江、赵丰田编：《梁启超年谱长编》，上海人民出版社，1983 年，第 28 页。

⑥ 杨廷福：《谭嗣同年谱》，人民出版社，1957 年，第 63 页。

质”等新的名词和概念，我们都可以在谭嗣同的《仁学》中找到。他在《仁学》的前言中写道：“人不仅要知晓《新约圣经》，还要学习数学，科学和社会科学。”

正是在晚清维新运动领袖的推动下，西方的科学文化知识通过译书活动逐渐影响到更多的下一代知识分子。蔡元培青年时代广泛涉猎西书，他曾阅读了江南制造局翻译出版的英国田大里的《电学纲目》等。①张元济办通艺学堂，1896—1897 年不断托汪康年购江南制造局译书，听说“制造局长蒋少穆愿于京都广售新学各书”，欣喜异常。②

江南制造局翻译馆的许多译书，特别是关于化学、数学、地学、医药卫生学等学科的译书，对当时中国知识阶层放眼世界和市民大众启蒙发聩起了极大的促进作用。很多读者通过翻译馆的出版物受到西学的熏陶，其中一部分人成长为新式人才。甲午之前，天津有一秀才陈奉周钻研“格致”之学，当人们都还不知西医为何物，对西医存有偏见时，他已仔细阅读译书，学会了开西药的方剂。进士陈骧熟读《化学鉴原》，华石斧也研究化学，陶仲明则订阅了傅兰雅主编的《格致汇编》等科学入门书。③徐寿一面从事翻译工作，一面投身教育事业，他先后组建了工艺学堂与科学团体格致书院；一生“毋谈星命风水……所有五行生克之说、理气肤浅之言绝口不道；总以实事实证引进后学”。④

收入翻译馆译著的丛书

江南制造局翻译馆积极地传播西方的科学文化，因而在清末的西学东渐史上具有举足轻重的地位。甲午战争后，中国掀起了从来没有过的“西学热”，各类学校的建立，对西学译著的需求猛增。从 1895 年至 1902 年，至少出版了 8 套规模较大，具有

① 高平叔：《蔡元培年谱》，中华书局，1980 年，第 8 页。
② 《张元济书札》，商务印书馆，1981 年。
③ 华学澜：《辛丑日记》，陶孟和序，商务印书馆，1936 年。
④ 程芳：《徐雪村先生像序》，《格致汇编》第二年第八卷。

代表性的西学丛书。其中，除了赫德编辑的《西学启蒙》之外，其他 7 套丛书都收入了江南制造局出版的译著。现统计如下：

1895—1902 年间出版西学丛书收入制造局译著统计表

序号	丛书名称	编辑者	出版年	收入部数	含制造局部数	比例
1	西学大成	王西清等	1895	56	27	48.2%
2	西学富强	张荫桓	1896	78	46	58.9%
3	质学丛书	质学会	1897	33	7	21.2%
4	西政丛书	求自强斋	1897	32	8	25%
5	西学自强	张之洞	1898	53	44	83%
6	富强斋丛书	袁俊德	1901	127	48	37.8%
7	富强斋丛书续	袁俊德	1902	73	60	82.2%

在上表中，质学会编辑的《质学丛书》收入江南制造局出版的译著最少，只有 7 种；张之洞编辑的《西学自强丛书》收入该局出版的西书比例最大，占其总数的 83%；袁俊德编辑的《富强斋丛书》及其续编共收入该局出版的 108 种译著，占该局出版译著的一半以上。由此可见，江南制造局翻译馆的译著在当时中国的西学书籍中是占了重要的一席之地的。

翻译馆与其他译书机构的比较

江南制造局翻译馆是晚清主要的西书中译机构之一，通过与当时其他译书机构的比较、及其在全国译书中所占的比重和影响的分析，我们可以大致对江南制造局翻译馆在晚清西书出版界的地位有一个评价。

在 19 世纪下半叶，除了翻译馆之外，主要的译书机构还有京师同文馆、益智书会和“广学会”。京师同文馆是为了教学和考查学生的外语水平而翻译西学书籍，到 1898 年共翻译 28 部西学著作，主要内容是历史、国际法和自然科学。益智书会是 1877 年在华传教士创办的文化传播机构，旨在通过翻译西书，为教会学校提供教材。到 1890 年，共出版 50 种书籍和 40 部挂图，其中宗教类的书籍有13种。广学会也是传教士的一个组织，1892年由李提摩太（1845—1919）主持后，采取了争取中国社会上层的策略，出版了大量社会科学、自然科学和宗教方面的著作。到1902年，广学会仅历史、政治、法律等方面的译著就出版有28种。其中，《泰西新史揽要》（李提摩太译）和《中东战记本末》（林乐知译）在当时产生了强烈反响，前者还被梁启超推崇为“西史中最佳之书”。但从译书的总数来说，它们都无法与江南制造局出版的译著相比。

在梁启超编写的《西学书目表》（1896年）中收入了当时已出版的352种译著。我们将《西学书目表》中收入的各出版机构的译书比例列表如下，可以大致看出当时西书翻译机构的出版概况。

《西学书目表》收入的各出版机构译著比例

类别	种数	制造局译书种数	制造局译书比重(%)	益智书会译书种数	同文馆译书种数	广学会译书种数
算学	23	9	39.1	3	1	/
重学	4	/	/	1	/	/
电学	3	2	66.6	1	/	/
化学	13	8	61.5	1	2	/
声学	3	1	33.3	2	/	/
光学	5	1	20	2	/	/
汽学	3	/	/	2	/	/
天学	6	2	33.3	2	/	/
地学	9	1	11.1	3	/	1
全体学	11	/	/	3	1	/
动植物学	7	/	/	5	/	/
医学	39	5	12.8	5	/	1
图学	6	3	50	1	/	/
史志	25	4	16	2	/	5
学制	7	/	/	/	/	2
法律	13	3	23	/	7	1
农政	7	/	/	/	/	1
矿政	9	6	66.6	1	/	/
工政	38	27	71	/	1	/

（续表）

类　别	种数	制造局译书种数	制造局译书比重(%)	益智书会译书种数	同文馆译书种数	广学会译书种数
商　政	4	/	/	/	1	1
兵　政	54	32	59.3	/	/	/
船　政	9	8	88.9	/	/	/
游　记	8	1	12.5	/	3	/
报　章	6	2	33.3	/	/	2
格致总	11	2	18.2	/	1	2
西人议论之书	11	2	18.2	/	/	5
无可归类之书	18	1	5.5	2	/	3
总　计	352	120	34.1	36	17	24

在《西学书目表》所收的352种西学译著中，江南制造局的有120种，占34.1%，益智书会、同文馆、广学会的译著则分别为36种、17种、24种，占10.2%，4.8%和6.8%，三者相加都未超过江南制造局的译著。从各分类学科来看，制造局翻译馆译书在电学、化学、图学、矿政、兵政、工政、船政等类所占比例均超过了50%。另外，在所收入的85种已译成待印或未译完的译著中，该局的译书又有55种，占64.7%。这个书目表虽然并没有完整地收入江南制造局的全部出版物，但这一比重已经说明了当时江南制造局的译书在全国西书出版界占了相当重要的地位。

我们再以京师同文馆为例，与江南制造局翻译馆作一对比。两者共同点有三：一、都是官办，非私人译书机构，也非教会译书机构；二、创立都比较早，都在19世纪60年代；三、译书方法相同，都是西译中述，即由外国学者口译，中国学者笔述。但是，两者相较，无论从译书数量，还是译书质量上说，京师同文馆都无法与翻译馆相比。以数量而言，京师同文馆译书可考者共25种，江南制造局总共译出至少160种，是前者的6倍以上。①以

① 参见熊月之：《西学东渐与晚清社会》，上海人民出版社，1994年，第524页。

质量而言，尽管京师同文馆也有些译书颇有价值和影响，但从总体上说，无论是版本的选择，译名的确定，还是译笔的朗畅，江南制造局都要略胜一筹。我们且摘录梁启超对南北两家译书机构译书的评价，以窥其一斑：

《化学鉴原》与《续编》、《补编》合为一书，《化学考质》、《化学求数》合为一书，译出之化学书最有条理者也。广州所译《化学初阶》、同文馆所译《化学阐原》，阐即《化学鉴原》云，西文本同一书，而译出之文，悬绝若此，诚可异也……《初阶》译笔甚劣，几难索解，可不读。《阐原》所译原质材料各名，与制造局所定之名不同……《阐原》所定之名，皆杜撰可笑，视制造局之取罗马字母第一音而加金石偏旁以示识别，其精审不逮远矣。《阐原》等书译在《鉴原》之后，乃不从其所定之名，以至其书不可读，亦译笔之陋也。①

梁启超比较了同一种化学书的3种译本《化学初阶》、《化学阐原》和《化学鉴原》，肯定了制造局《化学鉴原》一书在化学元素的翻译方法上的"精审"。此外梁启超还评论了翻译馆和同文馆的其他一些译书：

（京师同文馆）丁（韪良）译之《万国公法》非大备之书也。局译《各国交涉公法论》分三集，为书十六本，视（同文）馆译为优矣。②

《汽机发轫》、《汽机必以》、《汽机新制》诸书译本皆甚善……同文馆所译《富国策》，与税务司所译《富国养民策》，或言本属一书云，译笔皆劣。③

对于江南制造局的译书，梁启超曾有一个综合的评价。他

① 梁启超：《读西学书法》，第3页。

② 梁启超：《读西学书法》，第7页。《万国公法》，四卷，美惠顿撰，丁韪良译，北京崇实馆1864年版。

③ 梁启超：《读西学书法》，第8页。《富国策》，英法思德撰，汪凤藻译，同文馆1880年版。《富国养民策》，英哲分斯撰。

说："惟制造局中尚译有科学书二三十种，李善兰、华蘅芳、赵仲涵等任笔受。其人皆学有根柢，对于所译之书，责任心及兴味皆极浓重，故其成绩略可比明之徐、李。而教会之在中国者，亦颇有译书。光绪间所为新学家者，欲求知识于域外，则以此为枕中鸿秘。"①

另外，梁启超在1922年写的《五十年中国进化概论》中也对江南制造局翻译馆做了评论："这一期内，其中最可纪念的，是制造局里头译出几部科学书。这些书现在看起来虽然很陈旧很肤浅，但那群翻译的人，有几位颇忠实于学问的。他们在那个时代，能够有这样的作品，其实是亏他，因为那时候读书人都不会说外国话，说外国话的都不读书。所以这几部译本书，实在是替那第二期不懂外国话的西学家开出了一条血路了。"②

梁启超所说的第二期，是指甲午中日战争后到五四运动前，西学的接受者与介绍者启步走出国门，亲赴国外深造的时期。江南制造局的翻译家在19世纪末的西学传播过程中起到了承前启后的作用，他们继承徐光启、李文藻与利玛窦、金尼阁等天主教传教士合作翻译科学著作的传统，为中国科技的进步和现代科学的启蒙奠定了基础。

3. 江南制造局翻译馆译书介绍③

社会科学·政史类(共8种)

《四裔编年表》

4卷。林乐知、严良勋译，李凤苞笔述，刊于同治十三年

① 梁启超：《清代学术概论》，第29节。
② 《最近之五十年》，申报馆1922年。
③ 江南制造局翻译馆译书内容庞杂，历来出版的书目有各种分类方法，本书分类主要参考了王扬宗的《江南制造局翻译书目新考》(《中国科技史料》1995年第2期)和熊月之的《上海通史》(第六卷，晚清文化，上海人民出版社1999年版)，分为社会科学、自然科学、应用科学三大类，每类下再按内容、主题分若干小类，同一小类大抵以出版年先后排列，便于读者检索查考。

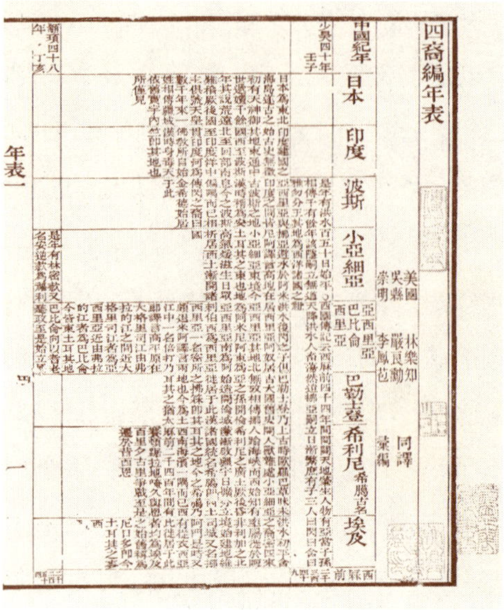

《四裔编年表》书影

(1874)。翻译底本为 *The Book of Dates*，英国博那撰。该书上讫远古公元前 2349 年，下至 1860 年，为年表体例，以各国君主总统沿革为经，以各类种族、政教、争战之事为纬，将日本、印度、波斯、小亚西亚、巴比伦、希腊、埃及各国历史发展进程放在一起加以对比考察。这是中国近代第一部用表格形式编写的世界编年史，其叙事清楚，语言简洁，是人们了解世界历史的实用工具书。

《列国岁计政要》

12 卷。林乐知译，郑昌棪笔述，刊于光绪二年(1876)，所据译本由英国驻华公使提供。翻译底本为 *The Statesman's Year Book 1874*，英国麦丁富得力辑，1874 年出版。此书形式类似于大事记，分国列述。首卷介绍世界五大洲各国人民、土地、交通等情况，以后各卷列述奥斯曼、比利时、法国、德国、英国、希腊、意大利、俄罗斯、土耳其、美国、埃及等国政事，内多统计数据。此书由于版本较新，所载知识全面可靠，被时人认为是了解世界各国情况的必读

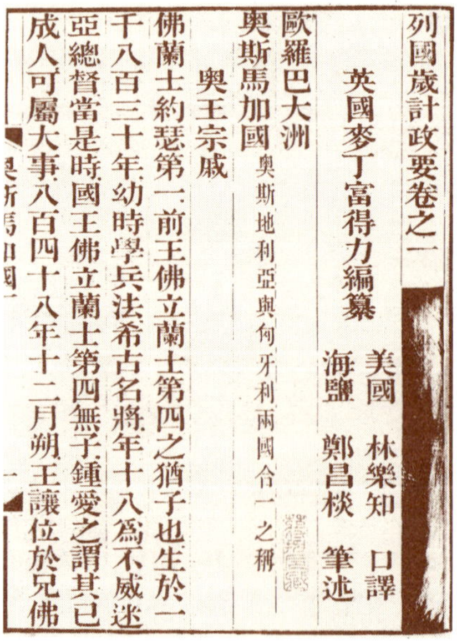
列國歲計政要卷之一
英國麥丁富得力編纂　美國林樂知口譯　海鹽鄭昌棪筆述
歐羅巴大洲
奥斯馬加國 奥斯地利亞與匈牙利兩國合一之稱
奥王宗戚
佛蘭士約瑟第一前王佛立蘭士第四之猶子也生於一千八百三十年幼時學兵法希古名將年十八爲不威迷亞總督當是時國王佛立蘭士第四無子鍾愛之謂其已成人可屬大事八百四十八年十二月朔王讓位於兄佛

《列国岁计政要》书影

书，有多种翻刻本。

《佐治刍言》

1卷。傅兰雅口译，应祖锡笔述，刊于光绪十一年（1885）。翻译底本为 *Political Economy*，为英国钱伯斯兄弟（William and Robert Chambers）所编教育丛书的一种，原作者不详，1852年出版于爱丁堡。全书以自由平等思想为出发点，分别从家室、文教、名位、交涉、国政、法律、劳动、通商等方面论述立身处世之道，认为人人有天赋的自主之权，国家应以民为本，政治应以得民心合民意为宗旨。该书还用相当篇幅论述了国家政治、经济、法律和外贸等法则。这是戊戌以前介绍西方社会政治思想最为系统、篇幅最大的一部书，对中国思想界影响很大。

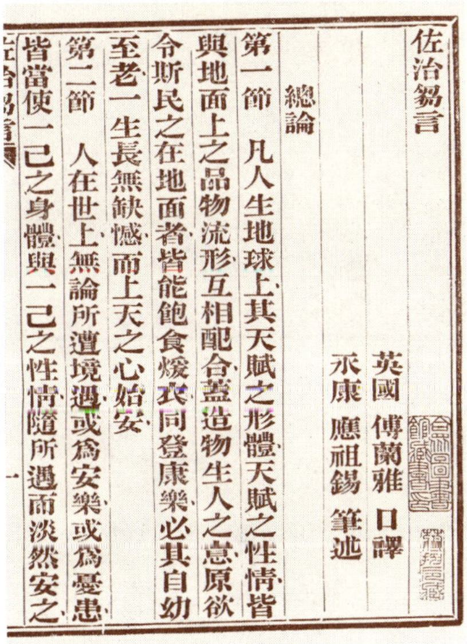
佐治芻言
英國 傅蘭雅 口譯
永康 應祖錫 筆述
總論
第一節 凡人生地球上其天賦之形體天賦之性情皆與地面上之品物流形互相配合蓋造物生人之意原欲令斯民之在地面者皆能飽食煖衣同登康樂必其自幼至老一生長無缺憾而上天之心始安
第二節 人在世上無論所遭境遇或為安樂或為憂患皆當使一己之身體與一己之性情隨所遇而淡然安之

《佐治刍言》书影

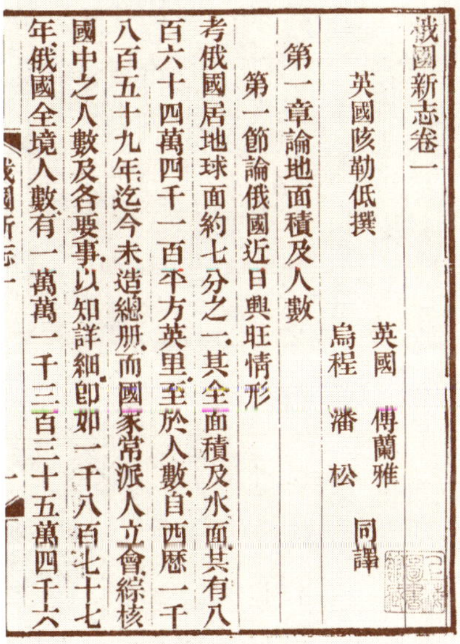
俄國新志卷一
英國陔勒低撰
英國 傅蘭雅
烏程 潘松 同譯
第一章論地面積及人數
第一節論俄國近日興旺情形
考俄國居地球面約七分之一其全面積及水面共有八百六十四萬四千一百平方英里至於人數自西歷一千八百五十九年迄今未造總册而國家常派人立會綜核國中之人數及各要事以知詳細即如一千八百七十七年俄國全境人數有一萬萬一千三百三十五萬四千六

《俄国新志》书影

《俄国新志》

8卷，16章。英国陔勒低原著，傅兰雅口译，潘松笔述，光绪二十四年（1898）刊。该书主要叙述俄国土地、人口、物产、工业、贸易、财政、政治制度以及君主世系、教派、学校、刑律等方面的情况。

《法国新志》

4卷，17章。卷一傅绍兰口译，潘松笔述；卷二至卷四秀耀春翻译，范熙庸笔述，光绪二十四年(1898)刊。英国陔勒低原著。该书叙述法国土地、人口、物产、国政、教会、学校等方面的情况，列有统计表，书末叙述其所属殖民地的情况。

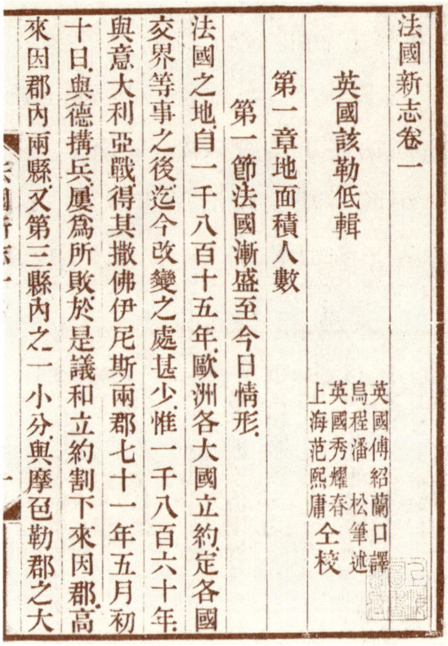
法國新志卷一
英國該勒低輯
英國傅紹蘭口譯
烏程潘松筆述
英國秀耀春
上海范熙庸仝校
第一章地面積人數
第一節法國漸盛至今日情形
法國之地自一千八百十五年歐洲各大國立約定各國交界等事之後迄今改變之處甚少惟一千八百六十年與意大利亞戰得其撒佛伊尼斯兩郡七十一年五月初十日與德搆兵屢爲所敗於是議和立約割下來因郡高來因郡內兩縣又第三縣內之一小分與摩邑勒郡之大

《法国新志》书影

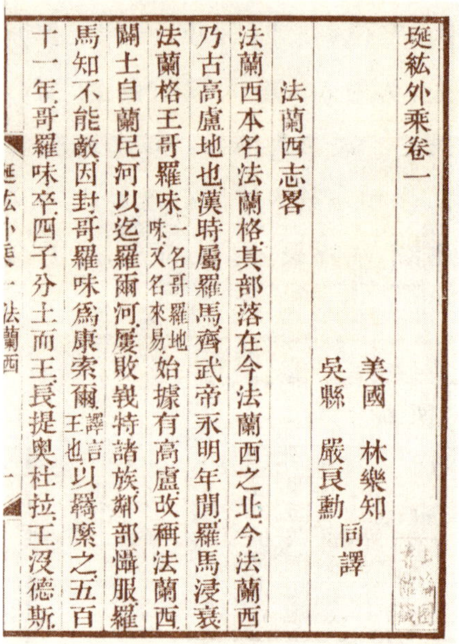
埏紘外乘卷一
美國 林樂知
吳縣 嚴良勳 同譯
法蘭西志畧
法蘭西本名法蘭格其部落在今法蘭西之北今法蘭西乃古高盧地也漢時屬羅馬齊武帝永明年間羅馬浸衰法蘭格王哥羅味（一名哥羅地味又名來易）始據有高盧改稱法蘭西闢土自蘭尼河以迄羅爾河屢敗峩特諸族鄰部慴服羅馬知不能敵因封哥羅味爲康索爾（譯言王也）以羈縻之五百十一年哥羅味卒四子分土而王長提奥杜拉王沒德斯

《埏纮外乘》书影

《埏纮外乘》

25卷，补遗1卷。林乐知、严良勋译，蔡澄笔述，光绪二十七年(1901)刊。卷一、二、十、二十五之续增部分和补遗卷《美利坚志略》系卫理口译，汪振声笔述。此书林、严同译部分即傅兰雅《译书事略》书目表中“已译成尚未刊刻之书”中的《印度国史》、《俄罗斯国史》、《欧罗巴史》、《德国史》、《万国史》，其中卷二《日耳曼志略》译自 *A History of Germany from the Earliest Period to the Present by Heinrich Friedrich Kohlrausch*, *tr. J. D. Haas* (London, 1844)，卷十《俄罗斯志略》译自 *History of Russia by Hugh Murray*，卷十五《印度志略》译自 *A Historical and Descriptive Account of British India by Hugh Murray*，其余部分译自第八版《大英百科全书》(*Encyclopaedia Britannica*, 8th ed., 1853—1860)中相关的国家条目。

《西美战史》

2 卷，16 章，后增加《欧游随笔》。法国勃利德著，李景镐译，光绪三十年(1904)刊。叙述了西班牙与美国在美洲争战的情况。

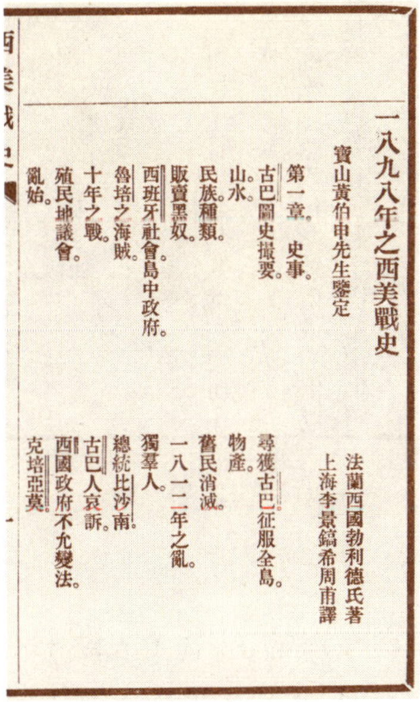

一八九八年之西美戰史
寶山黄伯申先生鑒定
法蘭西國勃利德氏著
上海李景鎬希周甫譯
第一章。史事。
古巴圖史撮要。尋獲古巴征服全島。
山水。物產。
民族。種類。舊民消滅。
販賣黑奴。一八一二年之亂。
西班牙社會島中政府。獨羣人。
魯培之海賊。總統比沙南。
十年之戰。古巴人哀訴。
殖民地議會。西國政府不允變法。
亂始。克培亞莫。

《西美战史》书影

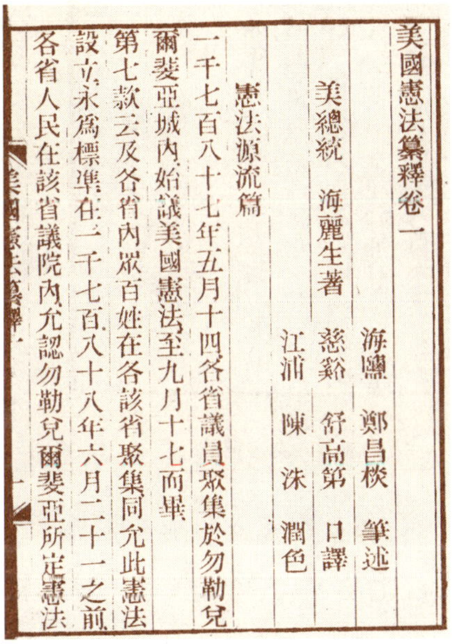

美國憲法纂釋卷一
美總統　海麗生著
海鹽　鄭昌棪　筆述
慈谿　舒高第　口譯
江浦　陳　洙　潤色
憲法源流篇
一千七百八十七年五月十四各省議員聚集於勿勒兒爾斐亞城內，始議美國憲法，至九月十七而畢。第七款云，及各省內衆百姓在各該省聚集同允此憲法設立，永爲標準，在一千七百八十八年六月二十一之前，各省人民在該省議院内允認勿勒兒爾斐亞所定憲法

《美国宪法纂释》书影

《美国宪法纂释》

21 卷，附宪法续增宪一卷。美国海丽生撰，舒高第口译，郑昌棪笔述，光绪三十三年(1907)刊。该书是为了适应 1905 年以后中国的立宪运动而译，成为了立宪运动的参考书之一。

社会科学·外交类(共 5 种)

《欧洲东方交涉记》

12 卷。林乐知译，瞿昂来笔述，光绪六年(1880)刊。英麦高尔(Macguire)辑，原书名 *The Eastern Question*，该书汇辑了克里米亚战争后英、法、俄等国的外交文献，叙述俄罗斯、土耳其的战事本末，对欧洲各国的外交均有介绍。

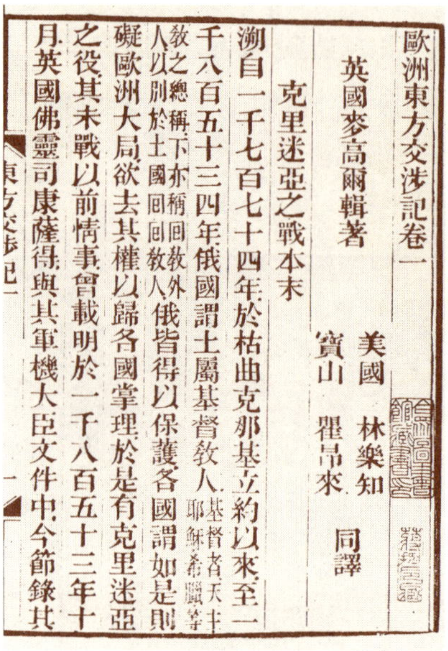
歐洲東方交涉記卷一
英國麥高爾輯著　美國 林樂知 同譯　寶山 瞿昂來
克里迷亞之戰本末
溯自一千七百七十四年於枯曲克那基立約以來至一千八百五十三四年俄國謂土屬基督教人（基督者天主耶穌希臘等教之總稱下亦稱回教外人以別於土國回回教人）俄皆得以保護各國謂如是則礙歐洲大局欲去其權以歸各國掌理於是有克里迷亞之役其未戰以前情事曾載明於一千八百五十三年十月英國佛靈司康薩得與其軍機大臣文件中今節錄其

《欧洲东方交涉记》书影

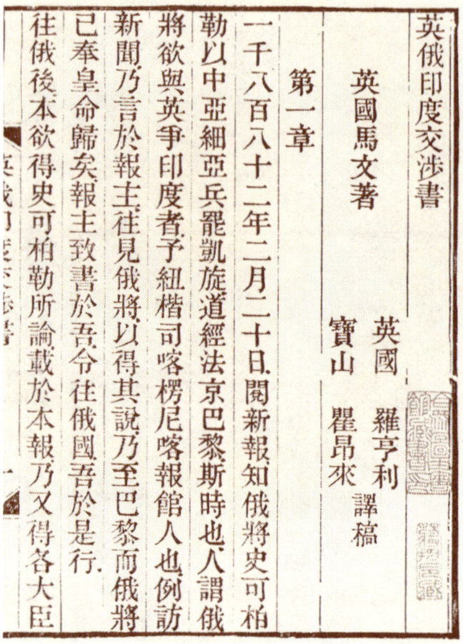
英俄印度交涉書
英國馬文著　英國 羅亨利 譯稿　寶山 瞿昂來
第一章
一千八百八十二年二月二十日閲新報知俄將史可柏勒以中亞細亞兵罷凱旋道經法京巴黎斯時也人謂俄將欲與英爭印度者予紐楷司喀楞尼喀報館人也例訪新聞乃言於報主往見俄將以得其說乃至巴黎而俄將已奉皇命歸矣報主致書於吾令往俄國吾於是行往俄後本欲得史可柏勒所論載於本報乃又得各大臣

《英俄印度交涉书》书影

《英俄印度交涉书》

正编 1 卷，续编 1 卷。罗亨利译，瞿昂来笔述，刊于光绪十三年(1887)。英国马文原著，叙述英国和俄国在中亚争夺交涉的情况，根据英、俄官报汇录而成。

《公法总论》

1 卷。傅兰雅口译，汪振声笔述，刊于 1886—1894 年间。英罗柏村(Edmund Robertson)著，原名 *International Law*，原载于《大英百科全书》第 9 版，叙述国际法源流、大纲、原则以及各类章程，是关于国际法的简明读本。

《各国交涉公法论》

3 集，初集 4 卷 38 章，二集 4 卷 37 章，三集 8 卷 30 章，傅兰雅口译，俞世爵笔述，汪振声、钱国祥校，刊于光绪二十年

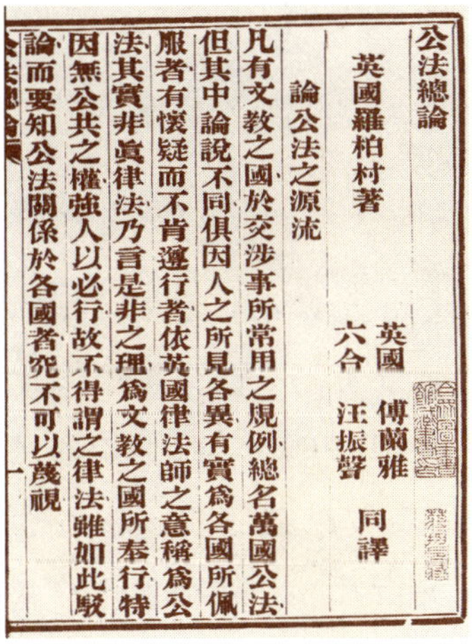

公法總論

英國羅柏村著

英國 傅蘭雅
六合 汪振聲 同譯

論公法之源流

凡有文教之國於交涉事所常用之規例總名萬國公法但其中論說不同俱因人之所見各異有實爲各國所佩服者有懷疑而不肯遵行者依英國律法師之意稱爲公法其實非眞律法乃言是非之理爲文教之國所奉行特因無公共之權强人以必行故不得謂之律法雖如此駁論而要知公法關係於各國者究不可以蔑視

公法總論 一

《公法总论》书影

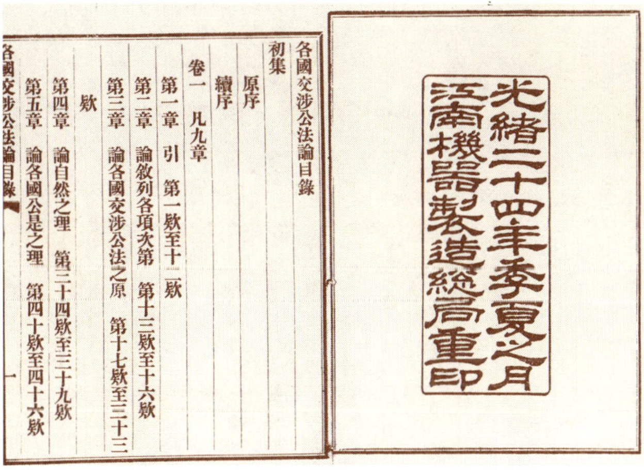

光緒二十四年季夏之月江南機器製造總局重印

各國交涉公法論目錄

初集

原序

續序

卷一　凡九章

第一章　引　第一款至十二款

第二章　論敘列各項次第　第十三款至十六款

第三章　論各國交涉公法之原　第十七款至三十三款

第四章　論自然之理　第三十四款至三十九款

第五章　論各國公是之理　第四十款至四十六款

各國交涉公法論目錄 一

《各国交涉公法论》书影

(1894)。此书初稿系译者傅兰雅等于 1878 年在中国驻德使署译就。英国费利摩·罗巴德(Robert J. Phillimore)著,原名 *Commentaries Upon International Law*,初集出版于 1854 年,二集出版于 1857 年,三集出版于 1870 年。该书述及交涉公法缘起、主权含义、国际关系、保护寄居民、合约及其签约、公使、传教、交战及议和等,是当时篇幅最大的国际法详本。作者是英国议政大臣、兵船部审问堂大堂律学博士,自称此书参考了美国法学家凡尔特、惠顿、斯吐利以及西班牙的阿娄罗班度等多人的著作。

《各国交涉便法论》

6 卷,48 章,985 款。傅兰雅口译,钱国祥校,约刊于 1899—1902 年间。英国费利摩·罗巴德(Robert J. Phillimore)著,译自 *International Law, Private*,包含了国际法中有关移民、游历、婚娶以及国际司法等方面的内容,是近

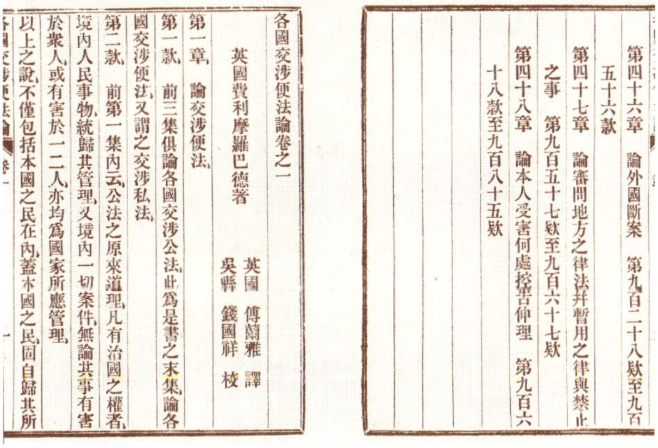

第四十六章　論外國斷案　第九百二十八款至九百五十六款

第四十七章　論審問地方之律法并暫用之律與禁止之事　第九百五十七款至九百六十七款

第四十八章　論本人受害何處控告伸理　第九百六十八款至九百八十五款

各國交涉便法論卷之一

英國費利摩羅巴德著

英國 傅蘭雅 譯
吳縣 錢國祥 校

第一章　論交涉便法

第一款　前三集俱論各國交涉公法,此爲是書之末集,論各國交涉便法,又謂之交涉私法,

第二款　前第一集内云,公法之原來道理,凡有治國之權者,境内人民事物,統歸其管理,又境内一切案件,無論其事有害於衆人或有害於一二人,亦均爲國家所應管理,以上之說,不僅包括本國之民在内,蓋本國之民固自歸其所

各國交涉便法論　卷一　一

《各国交涉便法论》书影

代中国引进的第一部西方国际私法著作。

社会科学·商学类(共3种)

《保富述要》

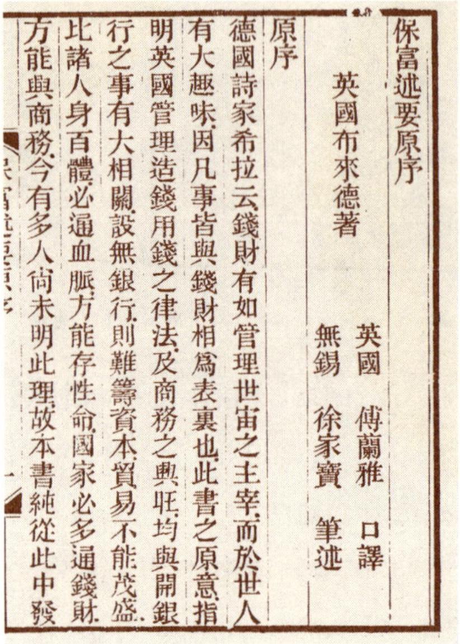
保富述要原序

英國布來德著

英國 傅蘭雅 口譯

無錫 徐家寶 筆述

原序

德國詩家希拉云錢財有如管理世宙之主宰而於世人有大趣味因凡事皆與錢財相為表裏也此書之原意指明英國管理造錢用錢之律法及商務之興旺均與開銀行之事有大相關設無銀行則難籌資本貿易不能茂盛比諸人身百體必通血脈方能存性命國家必多通錢財方能興商務今有多人尚未明此理故本書純從此中發

《保富述要》书影

不分卷。傅兰雅口译,徐家宝笔述,刊于光绪二十二年(1896)。英国布来德撰,该书论述了货币、银行以及货币信用与经济的关系,比较详细地介绍了银行的法律、规章制度的发展演变过程,组织形式、股份责任有限制和股份责任无限制,以及股本、收益与风险的简单关系,银行总办的职责与应具备的各种经营管理能力、管理方法,银行的主要业务,汇兑制度与汇兑办法,国际汇兑与国际贸易的关系,银行利息,银行挤兑发生的原因和防治办法,该书是针对英国19世纪末期的金融状况而进行研究的论著,认为发展工商是国家富裕的质点,保护工商是保富的关键,它的翻译和出版进一步充实了我国知识界对货币银行问题的了解,是一本出版时间较早、影响较大的关于金融理论的译著。

《国政贸易相关书》

又称《国政贸易》,2卷,20章。傅兰雅口译,徐家宝笔述,光绪二十三年(1897)刊。英国法拉(Thomas H. Farrer)撰,内容包括国政与贸易的关系、国家利用法律保护贸易、贸易法、英商贸易、英国对英商的保护、交战时的国政与贸易等。

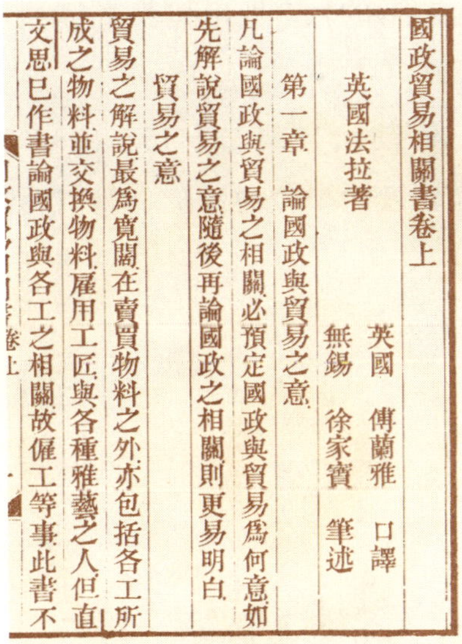
國政貿易相關書卷上
英國法拉著
英國 傅蘭雅 口譯
無錫 徐家寶 筆述
第一章 論國政與貿易之意
凡論國政與貿易之相關必預定國政與貿易爲何意如
先解說貿易之意隨後再論國政之相關則更易明白
貿易之意
貿易之解說最爲寬闊在賣買物料之外亦包括各工所
成之物料並交換物料雇用工匠與各種雜藝之人但直
文思巳作書論國政與各工之相關故僱工等事此書不

《国政贸易相关书》书影

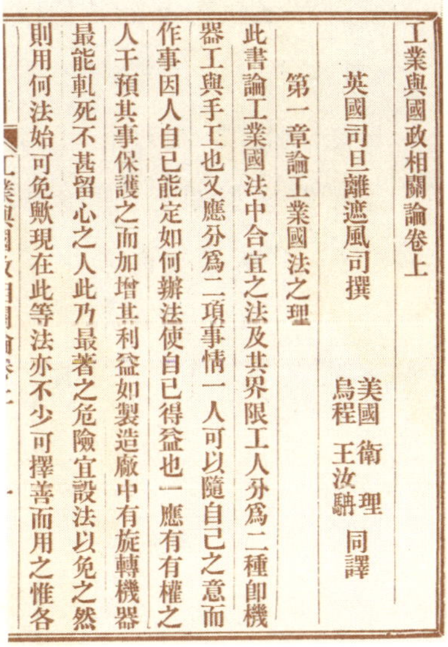
工業與國政相關論卷上
英國司旦離遮風司撰
美國 衛理
烏程 王汝駢 同譯
第一章論工業國法之理
此書論工業國法中合宜之法及其界限工人分爲二種卽機
器工與手工也又應分爲二項事情一人可以隨自己之意而
作事因人自已能定如何辦法使自已得益也一應有有權之
人干預其事保護之而加增其利益如製造廠中有旋轉機器
最能軋死不甚留心之人此乃最著之危險宜設法以免之然
則用何法始可免歟現在此等法亦不少可擇善而用之惟各

《工业与国政相关论》书影

《工业与国政相关论》

2卷。卫理口译,王汝骈笔述,光绪二十六年(1900)刊。英国司旦离遮风司(W. Stanley Jevons)撰,原书名 *The State in Relation to Labour*,1882年伦敦出版,述国家行政与工业的关系,包括国家对工业的保护、行政对工业的直接干预和间接干预、制造厂律法、工业联合律法等。

社会科学·教育类(共3种)

《养蒙正轨》

1卷,秀耀春口译,汪振声笔述,约刊于1899年(1899年2月至3月《万国公报》连载),原著不详。该书介绍了瑞士著名教育家柏思大罗齐(裴斯泰洛齐)和有"幼儿教育之父"之

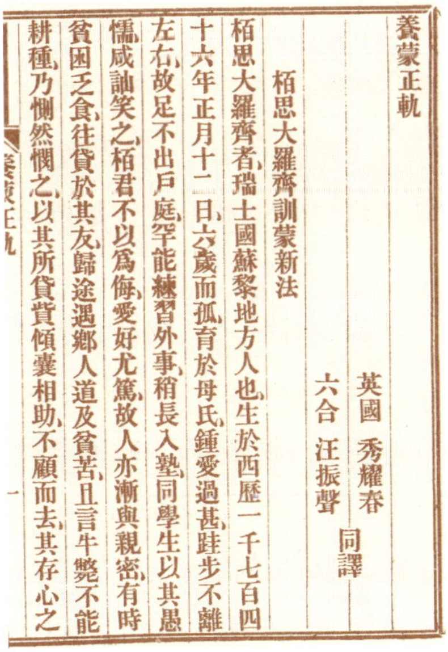
養蒙正軌
栢思大羅齊訓蒙新法
英國 秀耀春
六合 汪振聲 同譯
栢思大羅齊者瑞士國蘇黎地方人也生於西歷一千七百四
十六年正月十二日六歲而孤育於母氏鍾愛過甚跬步不離
左右故足不出戶庭罕能練習外事稍長入塾同學生以其愚
懦咸訕笑之栢君不以爲侮愛好尤篤故人亦漸與親密有時
貧困乏食往貸於其友歸途遇鄉人道及貧苦且言牛斃不能
耕種乃惻然憫之以其所貸貲傾囊相助不顧而去其存心之

《养蒙正轨》书影

称的德国著名教育家福若伯（福禄培尔）的教育理论和教学方法。

《日本学校源流》

1卷，附图3，卫理口译，范熙庸笔述，光绪二十五年（1899）刊。美国路义恩原著，讲述日本维新以前学校的情形、实行新式教育的经过、新式教育方法等。

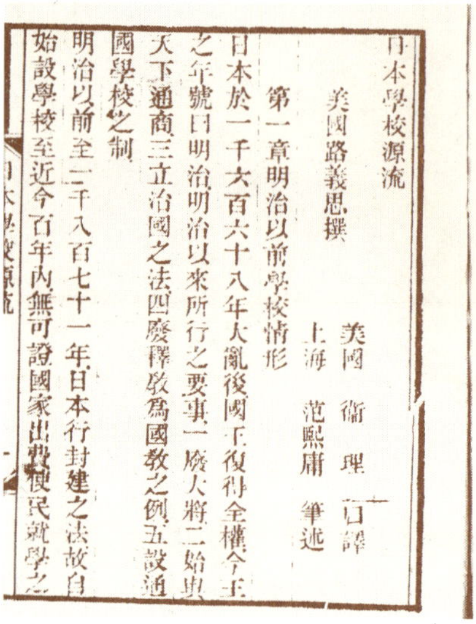

日本學校源流

美國路義思撰

美國 衛理 口譯

上海 范熙庸 筆述

第一章明治以前學校情形

日本於一千六百六十八年大亂後國王復得全權今王之年號曰明治明治以來所行之要事一廢大將二始與天下通商三立治國之法四廢釋教爲國教之例五設通國學校之制

明治以前至一千八百七十一年日本行封建之法故自始設學校至近今百年内無可證國家出教使民就學之

《日本学校源流》书影

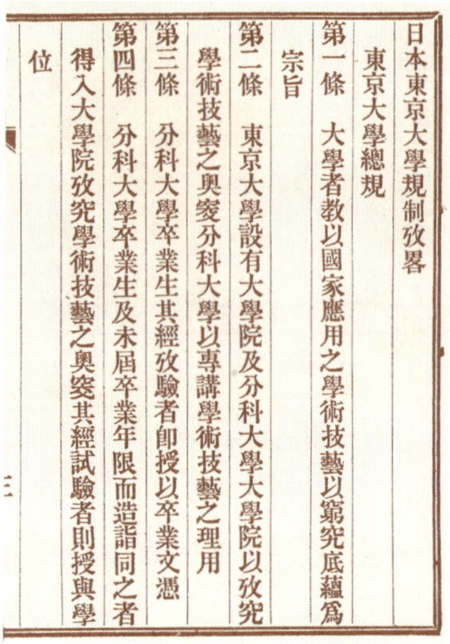

日本東京大學規制攷畧

東京大學總規

第一條 大學者教以國家應用之學術技藝以窮究底藴爲宗旨

第二條 東京大學設有大學院及分科大學大學院以攷究學術技藝之奥窔分科大學以專講學術技藝之理用

第三條 分科大學卒業生其經攷驗者卽授以卒業文憑

第四條 分科大學卒業生及未届卒業年限而造詣同之者得入大學院攷究學術技藝之奥窔其經試驗者則授與學位

《日本东京大学规制考略》书影

《日本东京大学规制考略》

1卷，译者不详，撰者佚名，刊行不迟于1905年。介绍东京大学各种规章制度，包括大学总规、食堂规则、修金学费、学科章程、校长职务规则、学位规则、图书馆规则等。

社会科学·兵制类（共12种）

《防海新论》

18卷，附图95。德国希理哈（Victor E. K. R. von Scheliha）原著，原书名 *A Treatise on Coast Defence*，傅兰雅翻译，华衡芳笔述，江衡核对，同治十二年（1873）刊。该书认为，“凡与海滨之各国战争者，如能将本国所有之兵船径往守住敌国之各海口，而不容其船出入，则为防守本国海岸之上策”；“其次则莫如自守本国之海口”。从较高的战略高度确立了“进攻是最好的防守”这一原则，还强调海军最主要的作战任务是与敌国海军决战，也是中国近代最早使用“海权”这一名词的书籍。尽管在当时译刊的各书中还没有出现海军战略、战役的明确概念，但该书的内容已明显超出一般战术、战法。现代学者认为，李鸿章、丁日昌、丁宝桢等人在当时提出的海防计划具有可行性和先进性，而这些清廷高官都不同程度地接受了本书的观点。

《英国水师律例》书影

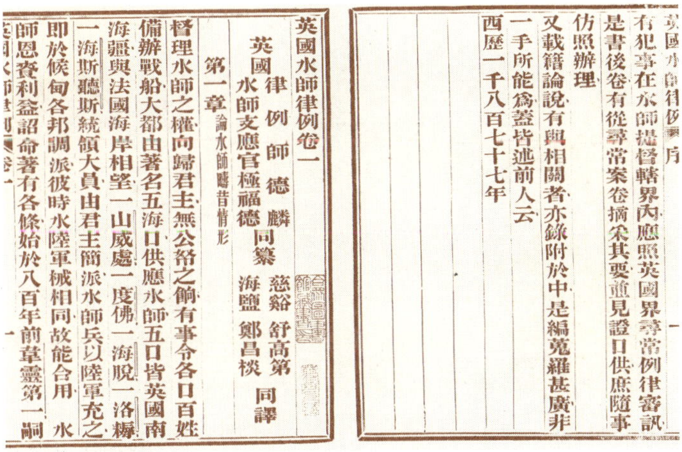
英國水師律例序

有犯事在水師提督轄界內應照英國界尋常例律審訊
是書後卷有從尋常案卷摘采其要並見證口供庶隨事
仿照辦理
又載籍論說有與相關者亦錄附於中是編蒐羅甚廣非
一手所能爲蓋皆述前人云
西歷一千八百七十七年

英國水師律例卷一

英國律例師德麟 水師支應官極福德 同纂
慈谿舒高第 海鹽鄭昌棪 同譯

第一章 論水師疇昔情形

督理水師之權向歸君主無公帑之餉有事令各口百姓
備辦戰船大都由著名五海口供應水師五口皆英國南
海疆與法國海岸相望一山威處一度佛一海脫一洛櫋
一海斯聽斯統領大員由君主簡派水師兵以陸軍充之
即於候甸各邦調派彼時水陸軍械相同故能合用水
師恩賚利益詔命著有各條始於八百年前韋靈第一嗣

英國水師律例 卷一 一

《英国水师律例》

4 卷。英国德遴、极福德原著，舒高第口译，郑昌棪笔述，光绪三年(1877)刊。介绍英国水师往昔、重访案件、刑拘人、水师武会审章程与界限、水师罪名和军律、水师管辖处与寻常陆上法庭相互关系。《江南制造局译书提要》称其“搜罗甚广，后卷调查寻常案例而摘录其要，并见证口供，最便仿办”。

《水师章程》

14 卷，续 6 卷。英国水师兵部原著，林乐知口译，郑昌棪笔述。光绪五年(1879)刊。书分正续二编，析为 55 款。“所列各格式尤为明析，续编分添补增，附改正指点四端，详细贯综一览无遗”①，“译文极佶屈，因官员及所办事物等名皆译音不译义，故满纸多不相属之字，几于不能读也”②。

---

① 《江南制造局译书提要》卷一，第 24 页。

② 梁启超：《读西学书法》，第 7 页。

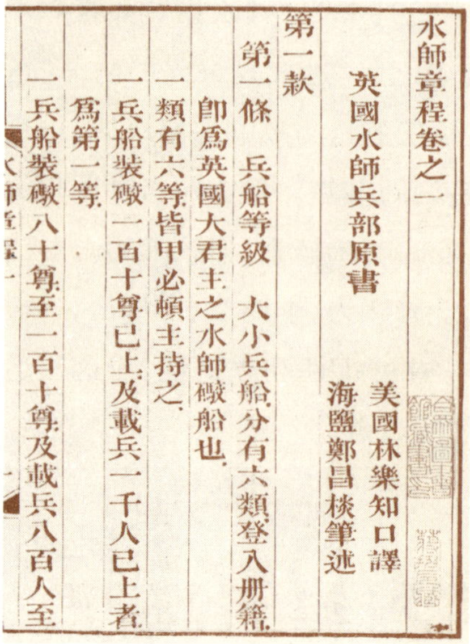
水師章程卷之一
英國水師兵部原書
美國林樂知口譯
海鹽鄭昌棪筆述
第一款
第一條　兵船等級　大小兵船分有六類登入册籍
即爲英國大君主之水師礮船也
一類有六等皆甲必頓主持之
一兵船裝礮一百十尊已上及載兵一千人已上者
爲第一等
一兵船裝礮八十尊至一百十尊及載兵八百人至

《水师章程》书影

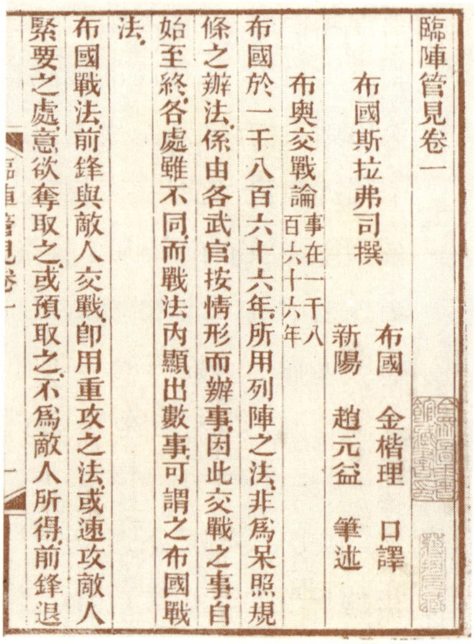
臨陣管見卷一
布國斯拉弗司撰
布國金楷理口譯
新陽趙元益筆述
布奧交戰論 事在一千八百六十六年
布國於一千八百六十六年所用列陣之法非爲呆照規
條之辦法係由各武官按情形而辦事因此交戰之事自
始至終各處雖不同而戰法內顯出數事可謂之布國戰
法
布國戰法前鋒與敵人交戰即用重攻之法或速攻敵人
緊要之處意欲奪取之或預取之不爲敵人所得前鋒退

《临阵管见》书影

《临阵管见》

9 卷，附图 3。金楷理口译，赵元益笔述，孙凤鸣校对。光绪十二年(1886)刊。德国斯拉费司原著，原书名 *Tactics of the Austro-Prussian and Franco-Prussian Wars*。“此书作于 1866 年普(鲁士)国大胜奥(匈帝)国之后，至绥丹纳降后，全书始成。故引证及发论预料者，皆其时战事，信而有证也。”①

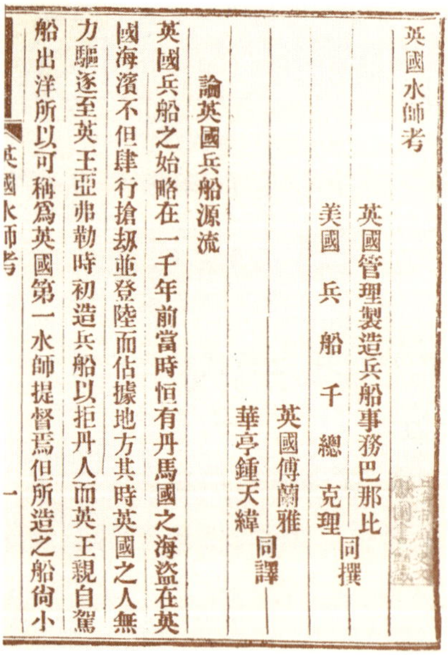
英國水師考
英國管理製造兵船事務巴那比
美國兵船千總克理　同撰
英國傅蘭雅
華亭鍾天緯　同譯
論英國兵船源流
英國兵船之始略在一千年前當時恒有丹馬國之海盜在英
國海濱不但肆行搶刼並登陸而佔據地方其時英國之人無
力驅逐至英王亞弗勒時初造兵船以拒丹人而英王親自駕
船出洋所以可稱爲英國第一水師提督焉但所造之船尚小

《英国水师考》书影

《英国水师考》

1 卷。英国巴那比、美国克理原著，原书名 *British Naval Examination*，傅兰雅口译，钟天纬笔述。光绪十二年(1886)刊。详细记载了和英国水师相关的造船材料数目以及费用、征调、管理、操

① 《江南制造局译书提要》卷一，第 25 页。

练、俸饷、赏赐各项章程，并记载了法国、德国、俄国、奥匈帝国水师相应的大概情形。用以比较异同强弱，所列各表亦极详细。

《美国水师考》

1卷。英国巴那比、美国克理原著，原书名 *U. S. Naval Examination*。傅兰雅口译，钟天纬笔述。光绪十二年(1886)刊。介绍美国兵船源流和现状，办理兵船之事，海部年终奏案，以及工程司、营务司、行船司、军械司、汽机司、水兵、海图局等所涉水师机构部门之种种。

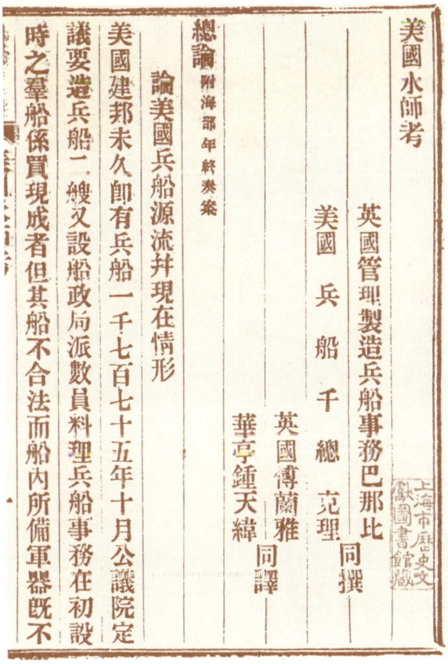
美國水師考
英國管理製造兵船事務巴那比
美國兵船千總克理 同撰
英國傅蘭雅
華亭鍾天緯 同譯
總論 附海部年終奏案
論美國兵船源流并現在情形
美國建邦未久即有兵船一千七百七十五年十月公議院定議要造兵船二艘又設船政局派數員料理兵船事務在初設時之舉船係買現成者但其船不合法而船內所備軍器既不

《美国水师考》书影

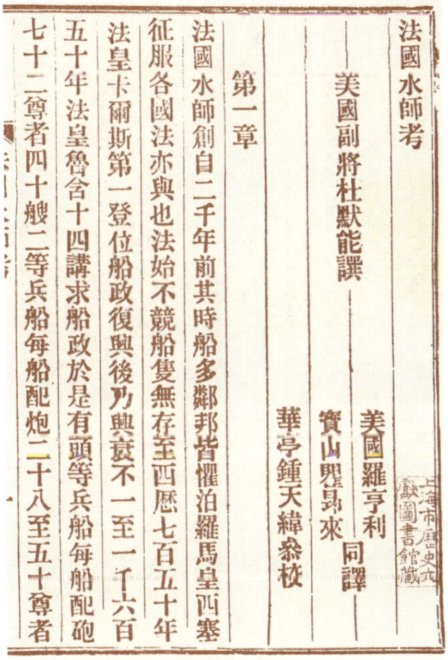
法國水師考
美國副將杜默能譔
美國羅亨利
寶山瞿昂來 同譯
華亭鍾天緯參校
第一章
法國水師創自二千年前其時船多鄰邦皆懼泊羅馬皇西塞征服各國法亦與也法始不競船隻無存至西歷七百五十年法皇卡爾斯第一登位船政復興後乃興衰不一至一千六百五十年法皇魯含十四講求船政於是有頭等兵船每船配砲七十二尊者四十艘二等兵船每船配炮二十八至五十尊者

《法国水师考》书影

《法国水师考》

1卷。美国杜默能原著，罗亨利口译，瞿昂来笔述，钟天纬校对。光绪十二年(1886)刊。该书介绍法国船政船数、水师形式、制造职司和造船厂。详细记载源流数目、船只造法、所费官额。船厂所列各表亦详晰。

《列国陆军制》

9卷。美国欧泼登原著，林乐知口译，瞿昂来笔述。光绪十五年(1889)刊。该书叙列国军制，计日本军、印度军、波斯军、意大利军、俄国军、奥国军、德国军、法国军、英国军等9国。本书为美国人所著，取列国军制之强弱优劣以借鉴，故没有美国军制。

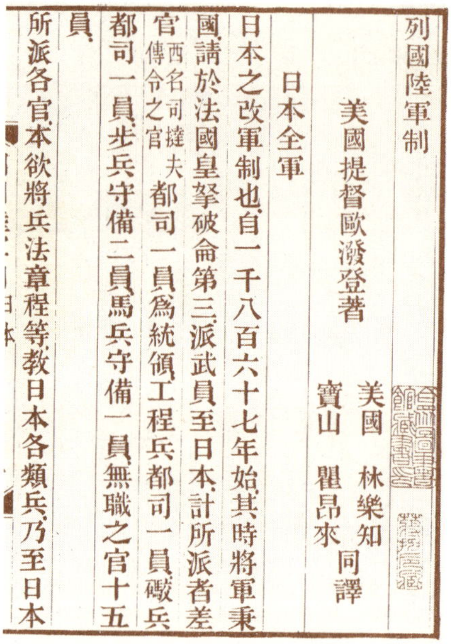
列國陸軍制
美國提督歐潑登著
美國 林樂知 同譯
寶山 瞿昂來
日本全軍
日本之改軍制也自一千八百六十七年始其時將軍秉
國請於法國皇拏破侖第三派武員至日本計所派者差
官西名司撻夫傳令之官都司一員爲統領工程兵都司一員礮兵
都司一員步兵守備二員馬兵守備一員無職之官十五
員
所派各官本欲將兵法章程等教日本各類兵乃至日本

《列国陆军制》书影

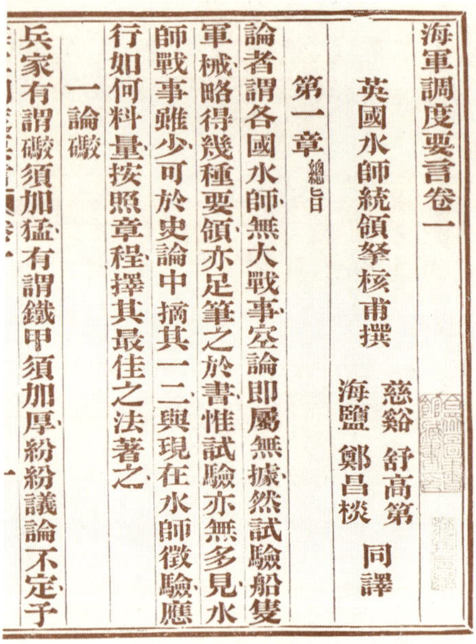
海軍調度要言卷一
英國水師統領拏核甫撰
慈谿 舒高第 同譯
海鹽 鄭昌棪
第一章 總旨
論者謂各國水師無大戰事空論即屬無據然試驗船隻
軍械略得幾種要領亦足筆之於書惟試驗亦無多見水
師戰事雖少可於史論中摘其一二與現在水師徵驗應
行如何料量按照章程擇其最佳之法著之
一論礮
兵家有謂礮須加猛有謂鐵甲須加厚紛紛議論不定予

《海军调度要言》书影

《海军调度要言》

3卷，图1卷，附图40。英国拿核甫、赖甫吞、鲁脱能原著，舒高第口译，郑昌棪笔述。光绪十六年(1890)刊。该书主张海军集中兵力，以专制分。“总以并锐为务，以聚攻聚，以专制分”。例如，敌我舰船均为12艘，则应设法以我12舰攻敌1舰，或乘机将敌舰各个击沉。这种军事思想相对于中国传统水师作战指导思想而言是全新的。时人评论该书“议论翔实谨严，译笔亦简达”①。

---

① 《江南制造局译书提要》卷一，第23页。

《俄国水师考》

1卷。英国百拉西原著，傅少(绍)兰口译，李岳蘅笔述。记载俄国水师费用数目、制造形式，共列表60，颇为详备，方便观览。

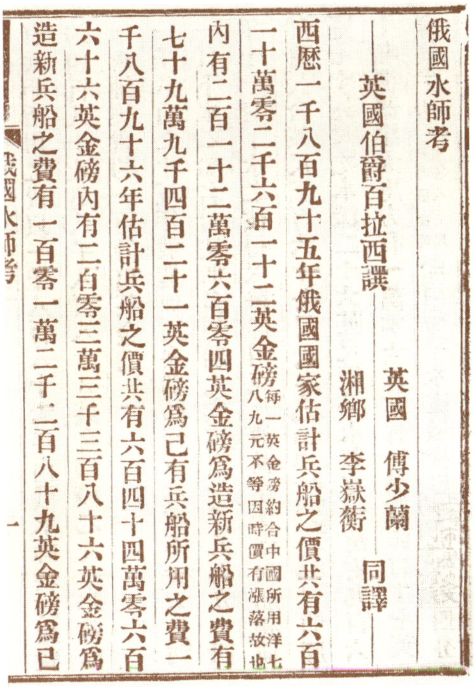
俄國水師考

英國伯爵百拉西譔

英國 傅少蘭 同譯
湘鄉 李嶽蘅

西歷一千八百九十五年俄國國家估計兵船之價共有六百一十萬零二千六百一十二英金磅（每一英金磅約合中國所用洋七八九元不等因時價有漲落故也）內有二百一十二萬零六百零四英金磅爲造新兵船之費有七十九萬九千四百二十一英金磅爲已有兵船所用之費一千八百九十六年估計兵船之價共有六百四十四萬零六百六十六英金磅內有二百零三萬三千三百八十六英金磅爲造新兵船之費有一百零一萬二千一百八十九英金磅爲已

《俄国水师考》书影

《德国陆军考》

4卷，附图2。法国欧盟原著，吴宗濂翻译，潘元善笔述，光绪二十七年(1901)刊。本书叙述德国现状及历朝皇系，普鲁士国来历，崛兴缘起，并战时情形、战后事宜。详细介绍了1874—1880年德国军政要务，1892—1893年增兵新例及其军制，兵法摘要及续修军制。《江南制造局译书提要》称其“详述德国陆军制度，穷源竟委，条例井然，附俾斯麦小传遗像，并德今皇全家照像”①。

《西国陆军制考略》

8卷。英国柯里原著，原书名 *The Armies of the Great Powers*，傅兰雅口译，范本礼笔述。光绪二十八年(1902)刊。“中国素未与西人相接，相接者兵而已。于是震动于其屡败之列，怵然以西人之兵法为可惧，谓彼之所以驾我者，兵也”②。本书内容涉及“欧西各国兵制，源流异同得失，备载无遗，而于英法俄德尤详”③。

① 《江南制造局译书提要》卷一，第26页。
② 梁启超：《变法通议》，上海时务报馆印。
③ 《江南制造局译书提要》卷一，第21页。

自然科学·数学类(共8种)

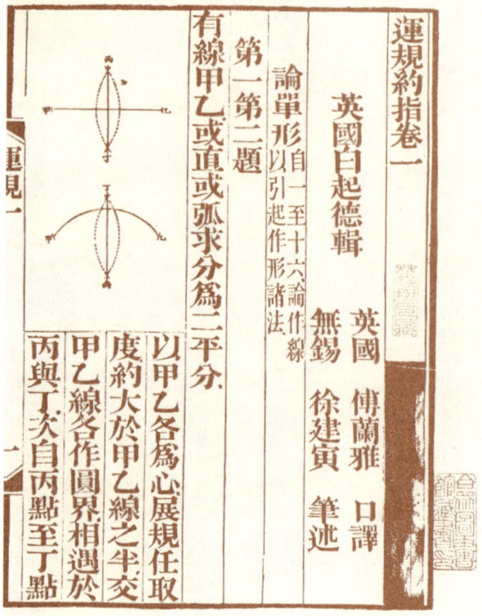

運規約指卷一

英國白起德輯

英國 傅蘭雅 口譯

無錫 徐建寅 筆述

論單形自一至十六論作線以引起作形諸法

第一第二題

有線甲乙或直或弧求分為二平分

以甲乙各為心展規任取度約大於甲乙線之半交甲乙線各作圓界相遇於丙與丁次自丙點至丁點

《运规约指》书影

《运规约指》

3卷,附图136。傅兰雅口译,徐建寅笔述,沙英校对,刊行于同治九年(1870)。英国白起德(William Burchet)辑,原书名 *Practical Geometry*,1855年出版。主要内容为初等实用几何学,叙述了几何作图和求面积的公式,是工程制图的基本概念和基本几何知识的基础,有很强的实用性,是学制图者必须具备的几何学基础。该书是英国实用几何学的中译本,是江南制造局最早译出的3种外国科技专著之一。

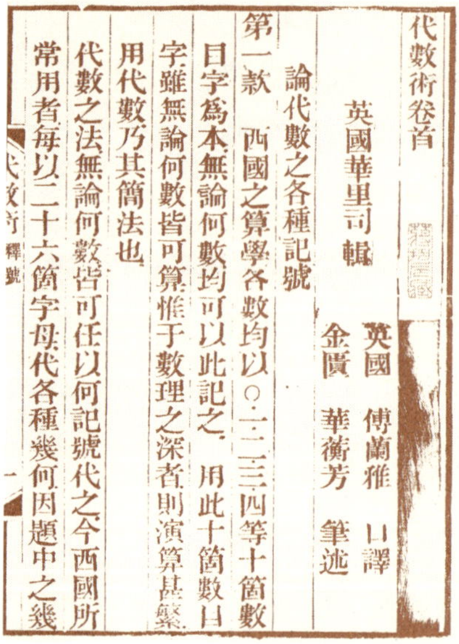

代數術卷首

英國華里司輯

英國 傅蘭雅 口譯

金匱 華蘅芳 筆述

論代數之各種記號

第一款 西國之算學各數均以〇一二三四等十箇數目字為本無論何數均可以此記之 用此十箇數目字雖無論何數皆可算惟于數理之深者則演算甚繁用代數乃其簡法也

代數之法無論何數皆可任以何記號代之今西國所常用者每以二十六箇字母代各種幾何因題中之幾

《代数术》书影

《代数术》

25卷,首1卷,附图41。傅兰雅口译,华蘅芳笔述,同治十二年(1873)刊。英国华利司(William Wallace)著,原名 *Algebra*,载《大英百科全书》第8版。该书中的名词术语多沿用李善兰翻译的《代数学》的符号记法,从加减乘除开始,列述乘方、开方、方程、根式、对数、代数、几何等内容,是一部数学入门书。由于编排方式比同类的《代数学》更加合理,内容更加丰富,很快就成为当时最有影响的一本数学书,其影响力之大已波及到邻国日本,并曾被翻译成日文在日本再版发行。

《微积溯源》

8卷,附图59。傅兰雅口译,华蘅芳笔述,同治十三年

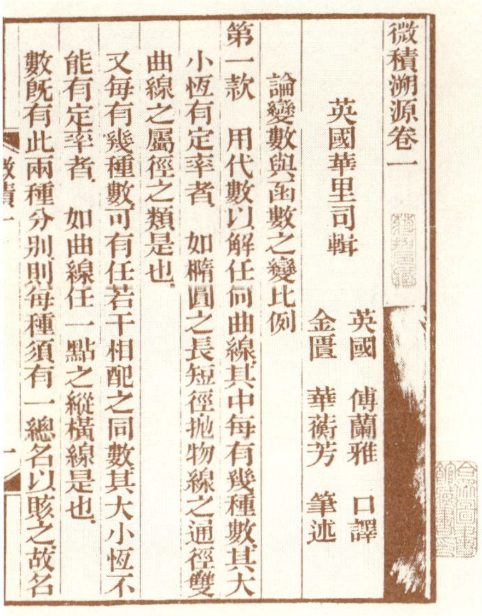
微積溯源卷一
英國華里司輯
英國 傅蘭雅 口譯
金匱 華蘅芳 筆述
論變數與函數之變比例
第一款 用代數以解任何曲線其中每有幾種數其大小恆有定率者 如橢圓之長短徑拋物線之通徑雙曲線之屬徑之類是也
又每有幾種數可有任若干相配之同數其大小恆不能有定率者 如曲線任一點之縱橫線是也
數既有此兩種分別則每種須有一總名以賅之故名

《微积溯源》书影

(1874)刊。英国华里司(William Wallace)辑，原书名 *Fluxions*，载《大英百科全书》第 8 版。前 4 卷述微积分，后 4 卷述积分术，首述变数与函数之变比例，之后列述叠求微系数、求函数极大极小值、论曲线相切、虚函数微积分式的积分、求曲线面积、双变数微分的积分等。所译内容，较之《代微积拾级》更通俗易懂。西方数学传入中国之初，微积分是最为深奥难懂的内容之一，时人常将此书与此前墨海书馆于 1857 年出版的由伟列亚力、李善兰合译的《代微积拾级》进行比较，认为后者晦涩难读，且缺乏实例，而此书正好能补其所缺。

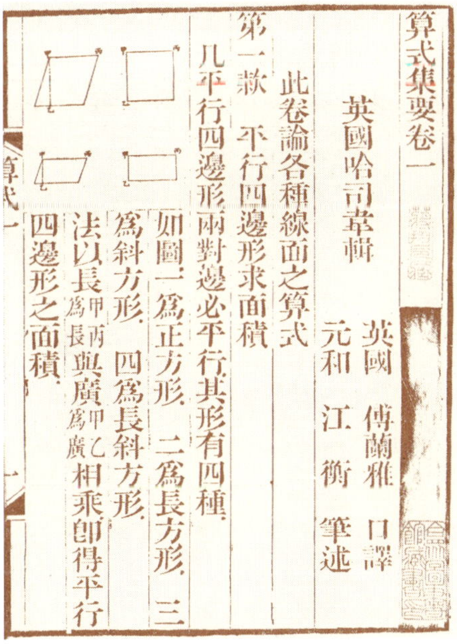
算式集要卷一
英國哈司韋輯
英國 傅蘭雅 口譯
元和 江衡 筆述
此卷論各種線面之算式
第一款 平行四邊形求面積
凡平行四邊形兩對邊必平行其形有四種
如圖一爲正方形 二爲長方形 三爲斜方形 四爲長斜方形
法以長(爲長甲丙)與廣(爲廣甲乙)相乘即得平行四邊形之面積

《算式集要》书影

《算式集要》

4 卷。傅兰雅译，江衡述，光绪三年(1877)刊。英国哈司韦(Chas. H. Haswell)辑，原书名 *Mensuration and Practical Geometry*，1863 年出版，列述各种线面算式、各种体积算式、圆锥曲线算式和地面测算法，并列有计算简便的公式与图表。

《三角数理》

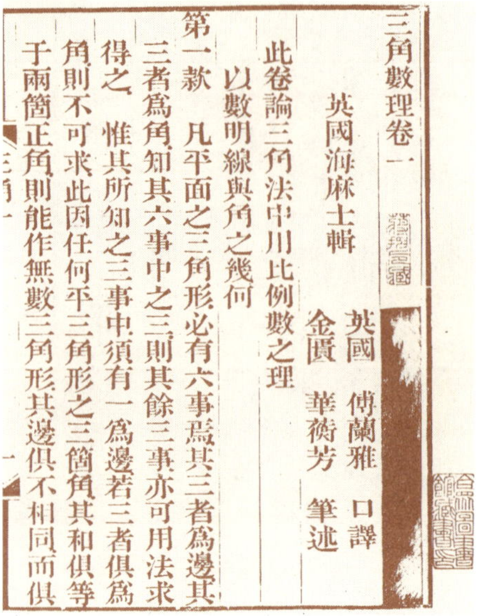
三角數理卷一

英國海麻士輯

英國 傅蘭雅 口譯
金匱 華蘅芳 筆述

此卷論三角法中用比例數之理

以數明線與角之幾何

第一款 凡平面之三角形必有六事焉其三者爲邊其三者爲角知其六事中之三則其餘三事亦可用法求得之 惟其所知之三事中須有一爲邊若三者俱爲角則不可求此因任何平三角形之三箇角其和俱等于兩箇正角則能作無數三角形其邊俱不相同而俱

《三角数理》书影

12 卷，附图 172。傅兰雅口译，华蘅芳笔述，刘彝程校对，光绪三年(1877)刊。英国海麻士(John Hymers)辑，原书名 *A Treatise on Plane and Spherical Trigonometry*，1858 年在伦敦出版。该书前 8 卷论平三角，后 4 卷论弧三角，全书述及三角中的角与角、边与边、角与边的比例关系，运用对数解三角形的原理与方法，原理论述与例题证明相结合，便于应用，晚清学术界对其评价甚高。

《数学理》

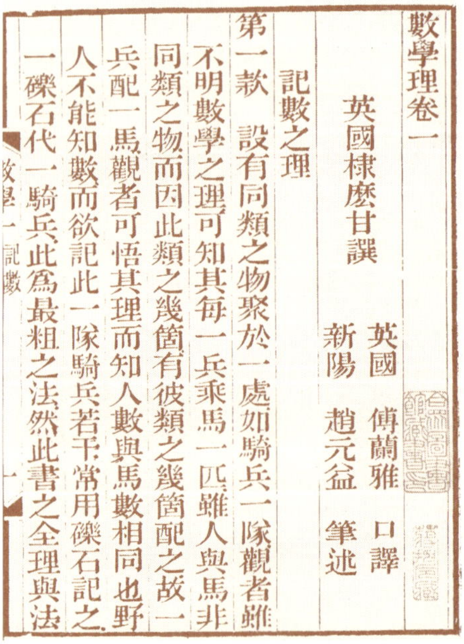
數學理卷一

英國棣麼甘譔

英國 傅蘭雅 口譯
新陽 趙元益 筆述

記數之理

第一款 設有同類之物聚於一處如騎兵一隊觀者雖不明數學之理可知其每一兵乘馬一匹雖人與馬非同類之物而因此類之幾箇有彼類之幾箇配之故一兵配一馬觀者可悟其理而知人數與馬數相同也野人不能知數而欲記此一隊騎兵若干常用礫石記之一礫石代一騎兵此爲最粗之法然此書之全理與法

《数学理》书影

9 卷，附 1 卷。傅兰雅口译，赵元益笔述，江衡校对，光绪五年(1879)刊。英国棣么甘(Augustus DeMorgan)著，原书名 *Elements of Arithmetic*，1869 年在伦敦出版。列述记数之理、加减乘除之理、分数之理、小数之理、开方之理、比例之理、排列之理，内容介绍循序渐进，是一部数学启蒙书。

《代数难题解法》

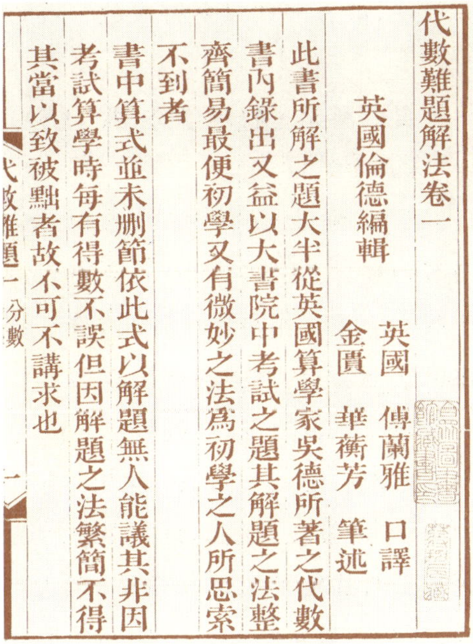
代數難題解法卷一

英國倫德編輯

英國　傅蘭雅　口譯

金匱　華蘅芳　筆述

此書所解之題大半從英國算學家吳德所著之代數書內錄出又益以大書院中考試之題其解題之法整齊簡易最便初學又有微妙之法爲初學之人所思索不到者

書中算式並未删節依此式以解題無人能議其非因考試算學時每有得數不誤但因解題之法繁簡不得其當以致被黜者故不可不講求也

代數難題一　分數　二

《代数难题解法》书影

又称《代数难题》，16卷。傅兰雅口译，华蘅芳笔述，华世芳校对，光绪九年(1883)刊。英国伦德(Thos. Lund)著，原书名 *A Companion to Wood's Algebra*，1878年在伦敦出版。书中所解难题，大半从英国数学家吴德所著代数书中辑出，加上英国剑桥书院的12次试题。题目涉及分数、小数、公约数、公乘数(公倍数)、化分(约分)、乘方、开方、一元一次方程、多元一次方程、一元二次方程、二元二次方程、不等式、对数以及各种繁难问题。

《算式别解》

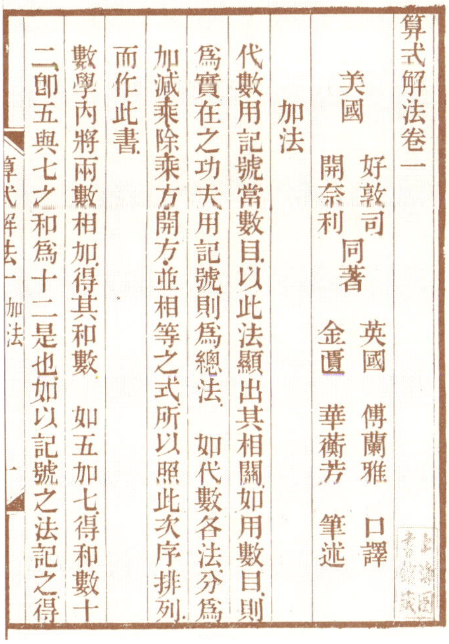
算式解法卷一

美國　好敦司　開奈利　同著

英國　傅蘭雅　口譯

金匱　華蘅芳　筆述

加法

代數用記號當數目以此法顯出其相關如用數目則爲實在之功夫用記號則爲總法　如代數各法分爲加減乘除乘方開方並相等之式所以照此次序排列而作此書

數學內將兩數相加得其和數　如五加七得和數十二即五與七之和爲十二是也如以記號之法記之得

算式解法一　加法　一

《算式解法》书影

又名《算式解法》，14卷，附图9。傅兰雅口译，华蘅芳笔述，周道章校对，光绪二十五年(1899)刊。英国好敦司(Edwin J. Houston)、开奈利(Arthur E. Kennelly)同撰，原书名 *Algebra Made Easy*，1898年出版于纽约。内容包括加减乘除、乘方、开方、对数、三角、微分、积分各类习题的简便解法，最后一卷是各种代数符号的解释，实为数学参考书。

自然科学·物理学类（共 11 种）

《声学》

8 卷，附图 169。傅兰雅口译，徐建寅笔述。同治十三年(1874)刊。英国田大里(John Tyndall)撰，原名 *Sound*，1869 年出版于伦敦。作者田大里(今译丁铎尔)是英国著名物理学家、皇家学会会员，书中历述传声、发声、成音之理、弦音、钟磬之音、管音、音律、音浪等，详细叙述了声学的基本理论和实验内容，每卷结尾都有要点归纳，这种归纳简明扼要，好懂易记。在翻译过程中，徐寿发现了西文原书中的问题，并在进行了重新的研究和论证后对其做了纠正，《自然》杂志特为此事以《声学在中国》为题，刊登了傅兰雅就此问题写给原书作者田大里的信件。此书是晚清所译声学著作中影响最大的一部书，流传了二十多年，有西学大成本、富强丛书本等翻刻本。

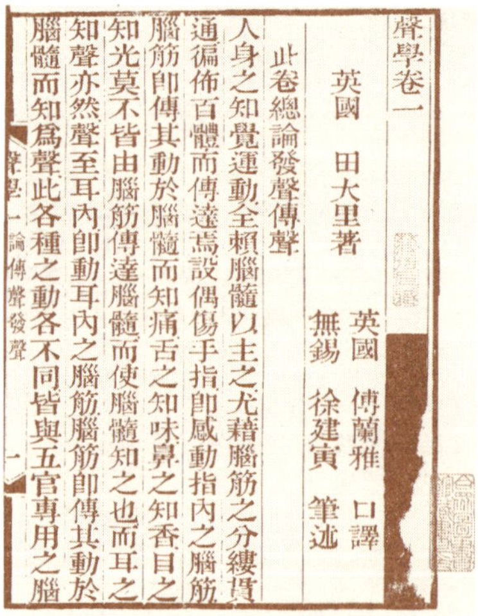

聲學卷一

英國 田大里著

英國 傅蘭雅 口譯
無錫 徐建寅 筆述

此卷總論發聲傳聲

人身之知覺運動全賴腦髓以主之尤藉腦筋之分縷貫通徧佈百體而傳達焉設偶傷手指即感動指內之腦筋腦筋即傳其動於腦髓而知痛舌之知味鼻之知香目之知光莫不皆由腦筋傳達腦髓而使腦髓知之也而耳之知聲亦然聲至耳內即動耳內之腦筋腦筋即傳其動於腦髓而知為聲此各種之動各不同皆與五官專用之腦

聲學一 論傳聲發聲 一

《声学》书影

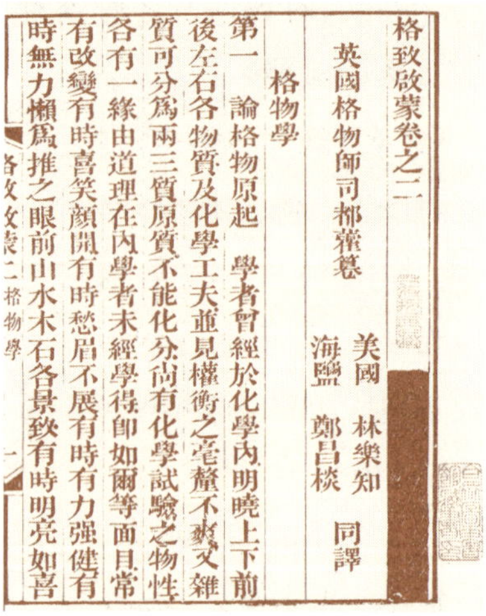

格致啟蒙卷之二

英國格物師司都藿纂

美國 林樂知
海鹽 鄭昌棪 同譯

格物學

第一 論格物原起 學者曾經於化學內明曉上下前後左右各物質及化學工夫並見權衡之毫釐不爽又雜質可分為兩三質原質不能化分尚有化學試驗之物性各有一緣由道理在內學者未經學得即如爾等面目常有改變有時喜笑顏開有時愁眉不展有時有力強健有時無力懶惰推之眼前山水木石各景致有時明亮如喜

格致啟蒙二 格物學 一

《格致启蒙·格物学》书影

《格致启蒙·格物学》

1 卷。林乐知口译，郑昌棪笔述，光绪六年(1879)刊。英国罗师古原著，原书名 *Science Primer Series*。

《光学》

2 卷，附《视学诸器图说》1 卷。金楷理口译，赵元益笔述，沈善蒸校对，光绪五年（1879）刊，附录译自 Silliman's Optics。英国田大里(John Tyndall)撰，原名 *Light*。本书系作者在 1869 年的光学讲授稿，介绍光的运动、原理、凹凸镜、光浪（光波）的长短、显微镜、望远镜等。全书可分为几何光学与波动光学两大部分，几何光学方面系统介绍了光顺直线而行、小孔成像、影、照度、光速、光行差、光的反射和各种镜面成像、眼睛和视觉的光学原理。特别值得一提的是书中首次介绍了“以太说”。以太原是古希腊哲学家设想出来的一种媒介，17 世纪为解释光的传播以及电磁和引力相互作用现象，以太被重新提出并被认为是光的传播媒介。书中将“以太”意译为“传光气”，在之后出版的《光学图说》等书中，“ether”才被音译为“以太”。《光学》一书是 19 世纪西方近代光学在中国传播的主要代表作。

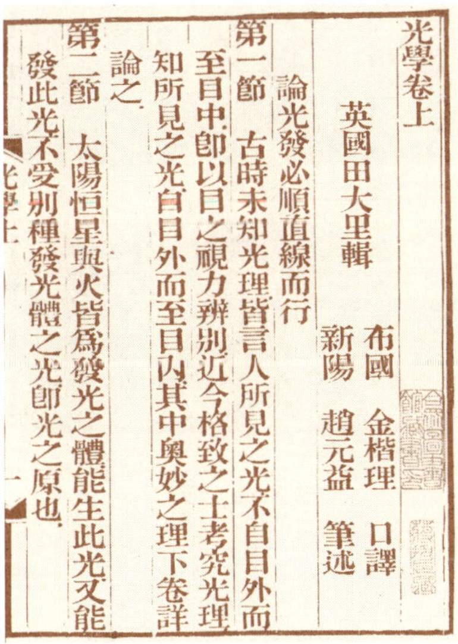

光學卷上

英國田大里輯

布國金楷理口譯
新陽趙元益筆述

論光發必順直線而行

第一節　古時未知光理皆言人所見之光不自目外而至目中即以目之視力辨別近今格致之士考究光理知所見之光自目外而至目內其中奧妙之理下卷詳論之

第二節　太陽恒星與火皆為發光之體能生此光又能發此光不受別種發光體之光即光之原也

光學上　一

《光学》书影

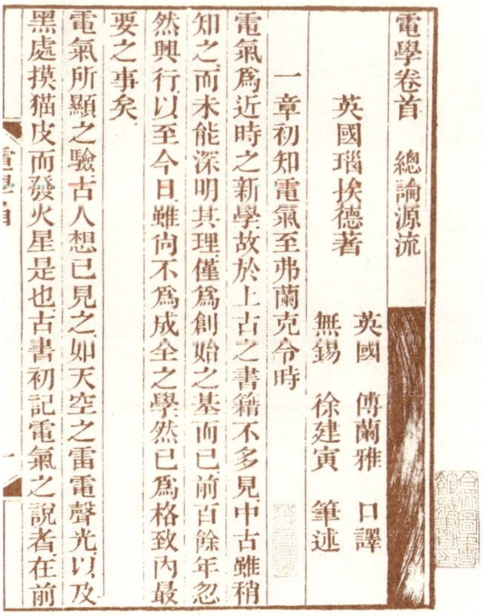

電學卷首　總論源流

英國瑙挨德著

英國傅蘭雅口譯
無錫徐建寅筆述

一章初知電氣至弗蘭克令時

電氣為近時之新學故於上古之書籍不多見中古雖稍知之而未能深明其理僅為創始之基而已前百餘年忽然興行以至今日雖向不為成全之學然已為格致內最要之事矣

電氣所顯之驗古人想已見之如天空之雷電聲光以及黑處揩猫皮而發火星是也古書初記電氣之說者在前

電學首　一

《电学》书影

《电学》

又名《电学全书》，10 卷，首 1 卷，附图 420。傅兰雅口译，徐建寅笔述，光绪六年（1880）刊。英国瑙挨德（Henry M. Noad）撰，原书名 *The Student's Textbook of Electricity*，1867年出版于伦敦。该书全面系统地介绍了西方近代电学技术知识，是电的知识传入中国后影响最大、流传最广的一本。

《电学纲目》

1卷。傅兰雅口译，周郇笔述，沈善蒸校对，约刊于光绪五年（1881）。英国田大里（John Tyndall）原著，是当时最重要的电磁学译著之一。

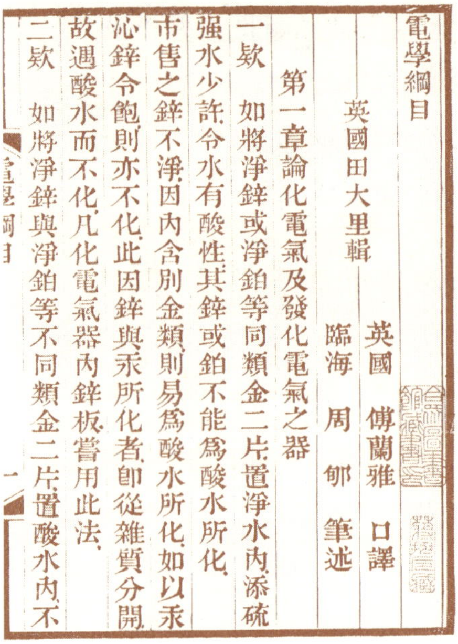
電學綱目
英國田大里輯
英國傅蘭雅口譯
臨海周郇筆述
第一章論化電氣及發化電氣之器
一欵 如將淨鋅或淨鉑等同類金二片置淨水內添硫
强水少許令水有酸性其鋅或鉑不能爲酸水所化
市售之鋅不淨因內含別金類則易爲酸水所化如以汞
沁鋅令飽則亦不化此因鋅與汞所化者即從雜質分開
故遇酸水而不化凡化電氣器內鋅板嘗用此法
二欵 如將淨鋅與淨鉑等不同類金二片置酸水內不

《电学纲目》书影

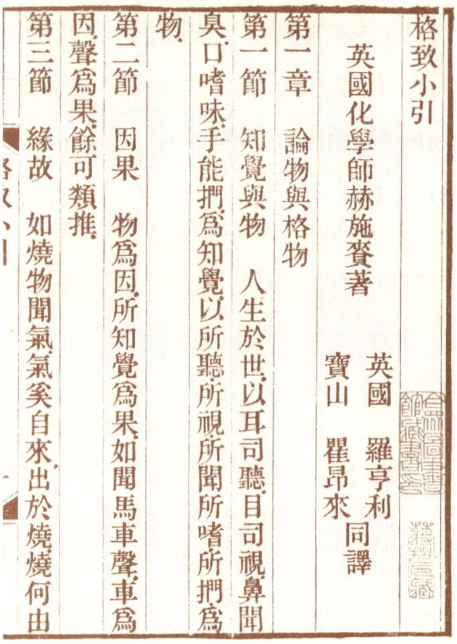
格致小引
英國化學師赫施賚著
英國羅亨利 寶山瞿昂來 同譯
第一章 論物與格物
第一節 知覺與物 人生於世以耳司聽目司視鼻聞
臭口嗜味手能捫爲知覺以所聽所視所聞所嗜所捫爲
物
第二節 因果 物爲因所知覺爲果如聞馬車聲車爲
因聲爲果餘可類推
第三節 緣故 如燒物聞氣氣奚自來出於燒燒何由

《格致小引》书影

《格致小引》

1卷。罗亨利口译，瞿昂来笔述，光绪十二年（1886）刊。该书的翻译底本是英国赫胥黎（Thomas Henry Huxley）原著的《科学导论》，英文书名 *Introduction to the Science*。主要介绍科学认识、科学方法、物质的性质和变化及其蕴含的物理和化学基本规律以及一些生物知识。本书对原文删略较多，所删略的部分主要是原文中的解释说明文字和例证以及一些难以用中文明确表达的相关概念和解释，整体语言简洁流畅。

《物体遇热改易记》

4卷，附图6。傅兰雅口译，徐寿笔述，赵元益校对，光绪二十五年(1899)刊。英国瓦特斯(G. Foster)辑，原书名 *Changes of Volume Produced by Heat*，1875年出版。此书即《译书事略》书目中已译未刊的《物体遇热改体》。

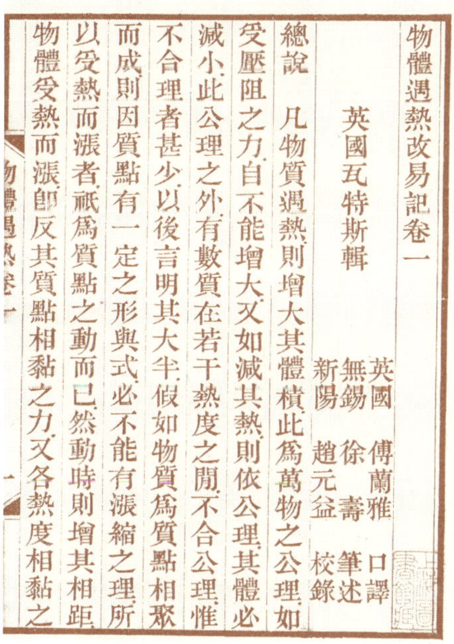
物體遇熱改易記卷一

英國瓦特斯輯

英國 傅蘭雅 口譯
無錫 徐壽 筆述
新陽 趙元益 校錄

總說 凡物質遇熱則增大其體積此爲萬物之公理如受壓阻之力自不能增大又如減其熱則依公理其體必減小此公理之外有數質在若干熱度之閒不合公理惟不合理者甚少以後言明其大半假如物質爲質點相聚而成則因質點有一定之形與式必不能有漲縮之理所以受熱而漲者祇爲質點之動而已然動時則增其相距物體受熱而漲即反其質點相黏之力又各熱度相黏之

物體遇熱卷一

《物体遇热改易记》书影

《通物电光》

4卷，图1卷。傅兰雅口译，王季烈笔述，光绪二十五年(1899)刊。美国莫耳登(Wm. J. Morton)等同撰，原书名 *X-ray* 或者 *Photography of the Invisible and Its Value in Surgery*，1896年出版于纽约。通物电光即X射线。该书首先解释了各种专用名词，如弗打(即伏特)、安培、欧姆、瓦特、附电气，之后介绍了X射线的特性、用途，最后一卷专门论述了X射线在医学方面的作用。

《无线电报》

1卷，附图12。卫理口译，范熙庸笔述，光绪二十六年(1900)刊。英国克尔撰，述无线电的原理、发现、测得和用途。

《物理学》

上编4卷，附图200，中编4卷，附图260，下编4卷，附图230。藤田丰八译，王季烈重辑，分别刊于光绪二十七、二十八、二十九年(1901—1903)。原书由日本饭盛挺造编,丹波敬三、柴田承桂校补。

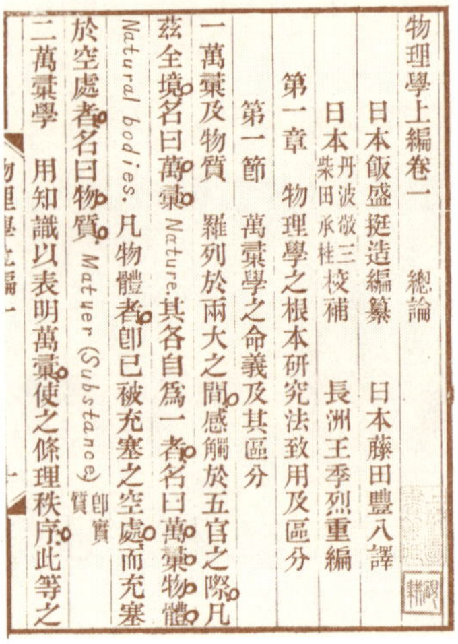

物理學上編卷一　總論
日本飯盛挺造編纂　日本藤田豐八譯
日本丹波敬三 柴田承桂 校補　長洲王季烈重編
第一章　物理學之根本研究法致用及區分
第一節　萬彙學之命義及其區分
一萬彙及物質　羅列於兩大之間感觸於五官之際凡茲全境名曰萬彙 Nature.其各自爲一者名曰萬彙物體 Natural bodies. 凡物體者卽已被充塞之空處而充塞於空處者名曰物質 Matuer (Substance) 質卽實
二萬彙學　用知識以表明萬彙使之條理秩序此等之

《物理学》书影

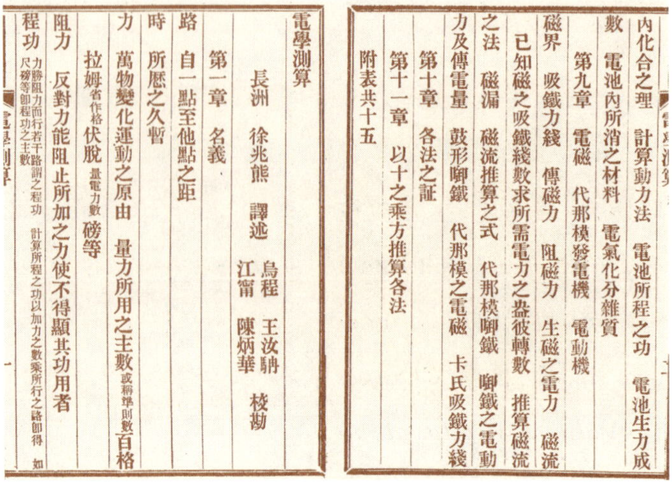

內化合之理　計算動力法　電池所程之功　電池生力成數　電池內所消之材料　電氣化分雜質
第九章　電磁　代那模發電機　電動機　磁界　吸鐵力綫　傳磁力　阻磁力　生磁之電力　磁流　已知磁之吸鐵綫數求所需電力之盎彼轉數　推算磁流之法　磁漏　磁流推算之式　代那模卿鐵　卿鐵之電動力及傳電量　鼓形卿鐵　代那模之電磁　卡氏吸鐵力綫
第十章　各法之証
第十一章　以十之乘方推算各法
附表共十五

電學測算
長洲　徐兆熊　譯述　烏程　王汝駢　校勘
江甯　陳炳華
第一章　名義
路　自一點至他點之距
時　所歷之久暫
力　萬物變化運動之原由　量力所用之主數 或稱準則數 百格拉姆 省作格 伏脫 量電力數 磅等
阻力　反對力能阻止所加之力使不得顯其功用者
程功　力勝阻力而行若干路謂之程功　計算所程之功以加力之數乘所行之路卽得　如尺磅等卽程功之主數

《电学测算》书影

《电学测算》

1 卷,附表,徐兆熊译述,约刊行于 1906—1908 年间,王汝驹、陈炳华校勘。原著不详。

自然科学·化学类(共 11 种)

《化学鉴原》

6 卷,附图 149。傅兰雅口译,徐寿笔述,赵元益校对,同治十一年(1872)刊。英国韦而司(David A. Wells)著,原名 *Priciples and Applications of Chemistry*,直译是“化学原理与运用”,1858 年出版。“鉴原”意为鉴别原质,原质即化学元素。书中介绍了当时已知的 64 种化学元素。首卷通论化学基本原理以及元素符号,有万物分类、原质之义、原质分类、杂质之义、化合之理、爱摄力(即吸引力)之理等内容。为说明化学元素译为中文名字的原则与方法,译者在其中增加了“华字命名”一节。第二卷介绍了养(氧)气、轻(氢)气、淡(氮)气、绿(氯)气等气体。

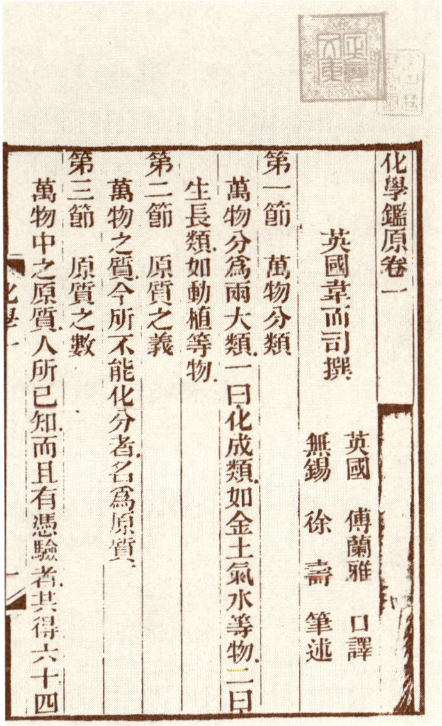
化學鑑原卷一
英國韋而司撰
英國 傅蘭雅 口譯
無錫 徐壽 筆述
第一節 萬物分類
萬物分爲兩大類一曰化成類如金土氣水等物二曰
生長類如動植等物
第二節 原質之義
萬物之質令所不能化分者名爲原質
第三節 原質之數
萬物中之原質人所已知而且有憑驗者共得六十四

《化学鉴原》书影

第三卷介绍了碘、溴、硫、碳等非金属。第四卷介绍了钾、钠、锂、钡、钙、镁、铅等金属。第五卷介绍了铁、锰、钴、镍、锌、锡、铜、钨等金属。第六卷介绍了汞、银、金、铂、钯、铱等金属。该书较系统地介绍了西方近代化学知识，包括化学的基本概念、定律、各种元素的存在、性质、制法、用途、主要化合物等。尤其在化学元素名称的中文译法方面，确定了以罗马字母名称的主要音节为译音、再加偏旁的命名原则，这一做法奠定了以后化学元素中文命名的基础。该书所列的 64 种元素名称，有 44 种为日后化学界所沿用。

《化学分原》

8 卷，17 章，附图 59。傅兰雅口译，徐寿笔述，江衡校对，同治十一年(1872)刊。英国包曼(J. E. Bowman)原著，原名 *An Introduction to Practical Chemistry*，直译为“实验化学导论”，1850 年出版，后经英国蒲陆山(Charles L. Bloxam)增订，于 1866 年再版。

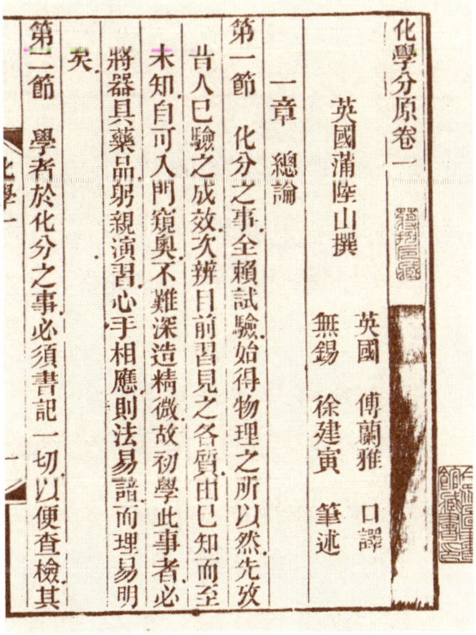
化學分原卷一
英國蒲陸山撰
英國 傅蘭雅 口譯
無錫 徐建寅 筆述
一章 總論
第一節 化分之事全賴試驗始得物理之所以然先考
昔人已驗之成效次辨目前習見之各質由已知而至
未知自可入門窺奧不難深造精微故初學此事者必
將器具藥品躬親演習心手相應則法易諳而理易明
矣
第二節 學者於化分之事必須書記一切以便查檢其

《化学分原》书影

所译底本为蒲陆山之增订本。书中包括了定性分析和定量分析两个方面，详细介绍了化学分析仪器的制作和使用方法，以及许多金属、非金属元素的分离分析方法；后半部分是定量分析及其使用的仪器和制造方法；最后列出了定性、定量分析中常用试剂以及配置方法，一些重要化合物的常用数据表及其鉴定方法等。这部书的出版标志着近代分析化学开始被比较系统地介绍到中国。

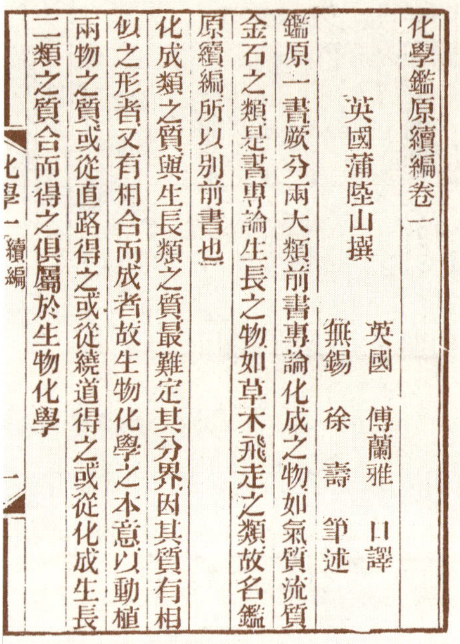
化學鑑原續編卷一
英國蒲陸山撰
英國 傅蘭雅 口譯
無錫 徐壽 筆述
鑑原一書厥分兩大類前書專論化成之物如氣質流質金石之類是書專論生長之物如草木飛走之類故名鑑原續編所以别前書也
化成類之質與生長類之質最難定其分界因其質有相似之形者又有相合而成者故生物化學之本意以動植兩物之質或從直路得之或從繞道得之或從化成生長二類之質合而得之俱屬於生物化學
化學一 續編 一

《化学鉴原续编》书影

《化学鉴原续编》

24 卷，附图 15。傅兰雅口译，徐寿笔述，赵元益校对，光绪元年(1875)刊。英国蒲陆山(Charles L. Bloxam)撰，原书名 *Chemistry, Inorganic and Organic, with Experiments and a Comparison of Equivaleent and Molecular Formulae*，直译为“无机、有机化学，附实验当量分子式及分子式的比较”，1867 年出版于伦敦。其内容主要摘译英文书中有机化学部分，以补《化学鉴原》一书之所缺，述及蒸煤蒸木所得之质，油、酒、糖等质，以及动物变化、植物生长等化学原理。

《格致启蒙·化学》

1 卷，林乐知口译，郑昌棪笔述，光绪五年(1879)刊。英国罗斯古撰，原书名 *Science Primer Series*。

《化学鉴原补编》

又名《化学补编》，6 卷，附图 260，卷末附《体积分剂》一卷。

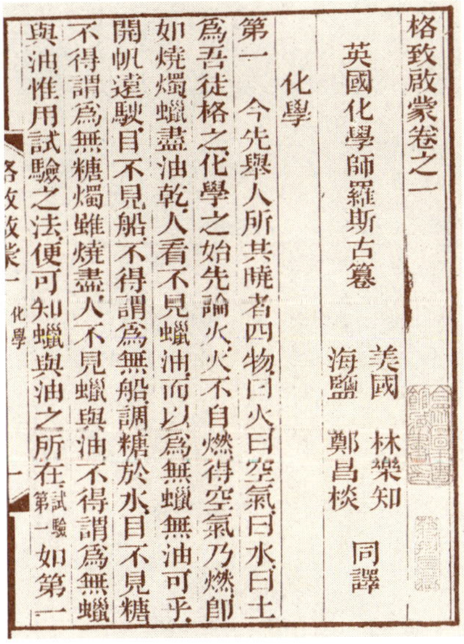
格致啟蒙卷之一
英國化學師羅斯古纂
美國 林樂知 海鹽 鄭昌棪 同譯
化學
第一 今先舉人所共曉者四物曰火曰空氣曰水曰土
為吾徒格之化學之始先論火火不自燃得空氣乃燃即
如燒燭蠟盡油乾人看不見蠟油而以為無蠟無油可乎
開帆遠駛目不見船不得謂為無船調糖於水目不見糖
不得謂為無糖燭雖燒盡人不見蠟與油不得謂為無蠟
與油惟用試驗之法便可知蠟與油之所在試驗第一 如第一
格致啟蒙一 化學 一

《格致启蒙·化学》书影

化學鑑原補編卷一 非金類
英國 傅蘭雅 口譯
無錫 徐壽 筆述
疇昔化學名家討論各質原點之性情而定相合相分之
例凡屬有重之物俱謂之質其大類有二曰原曰雜原質
為不能再分者雜質為二物以愛攝力而相合者何謂愛
攝力即令各質變成新質之力如但相合而不成新質則
非此力有愛力者始謂之化合已化合之質而又有物勝
其愛力令相離謂之化分
現在考知之原質共得六十四種分為金類與非金類
化學鑑原補編一 原質攷 一

《化学鉴原补编》书影

傅兰雅口译，徐寿笔述，徐钟校对，光绪八年（1882）刊。英国蒲陆山（Charles L. Bloxam）撰，原书名 *Priciples and Applications of Chemistry*，内容是摘译蒲陆山所著书中无机化学的有关内容，译者又将 1875 年 8 月法国化学家布瓦博得朗用光谱发现的元素镓及其化合物的性质补充进去，以补《化学鉴原》之不足。第一卷至第四卷论非金属物质 15 种，第五、六卷论金属物质 49 种。该书有 25 万字，其篇幅为《化学鉴原》的两倍以上。

《化学考质》

8 卷，附图 48，附表。傅兰雅口译，徐寿笔述，徐华封校对，光绪九年（1883）刊。德国富里西尼乌司（Karl R. Fresenius）著，1875 年出版，原文为德文，由 S. W. Johnson 译成英文，英译名为 *Manual of Qualitative Chemical Analysis*。傅兰雅和徐寿是根据英译本转译成中文的。全书分四大部分，一为"化分"，即化学分析的工夫器具，二为化学分析的药料用法，三为化分之质、药料之变化，四为有关化学分析的其他各事。徐寿在篇首加了一段按语，概述全书内容，并说明书中原用之度量单位。此书较《化学分原》晚出，内容更为详尽，为当时关于化学定性分析的代表作。

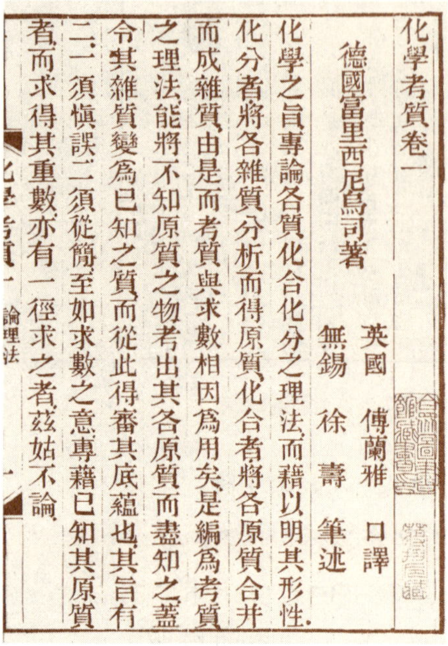
化學考質卷一

德國富里西尼烏司著

英國 傅蘭雅 口譯

無錫 徐 壽 筆述

化學之旨專論各質化合化分之理法而藉以明其形性化分者將各雜質分析而得原質化合者將各原質合并而成雜質由是而考質與求數相因爲用矣是編爲考質之理法能將不知原質之物考出其各原質而盡知之蓋令其雜質變爲已知之質而從此得審其底蘊也其旨有二一須慎誤二須從簡至如求數之意專藉已知其原質者而求得其重數亦有一徑求之者茲姑不論

化學考質一 論理法 一

《化学考质》书影

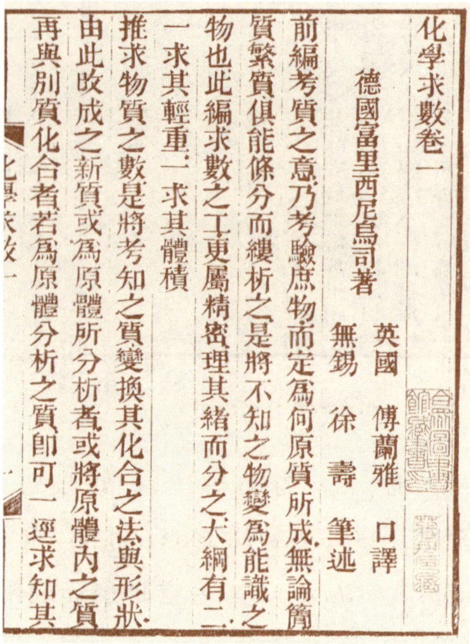
化學求數卷一

德國富里西尼烏司著

英國 傅蘭雅 口譯

無錫 徐 壽 筆述

前編考質之意乃考驗庶物而定爲何原質所成無論簡質繁質俱能條分而縷析之是將不知之物變爲能識之物也此編求數之工更屬精密理其緒而分之大綱有二一求其輕重二求其體積

推求物質之數是將考知之質變換其化合之法與形狀由此改成之新質或爲原體所分析者或將原體內之質再與別質化合者若爲原體分析之質即可一逕求知其

化學求數一

《化学求数》书影

《化学求数》

15 卷，附图 186，附表。傅兰雅口译，徐寿笔述，徐华封校对，光绪九年(1883)刊。德国富里西尼乌司(Karl R. Fresenius)著，1876 年出版，由 A. Vacher 译为英文，英译名为 *Quantitative Chemical Analysis*。全书分为二纲，一为求轻重，一为求体积，是当时所译化学著作中篇幅最大的一部。

《化学材料中西名目表》

1 卷，傅兰雅译，光绪十年(1884)刊。简称《化学表》，原书名 *Vocabulary of Names of Chemical Substances*。这是我国第一部化学化工英汉词典。

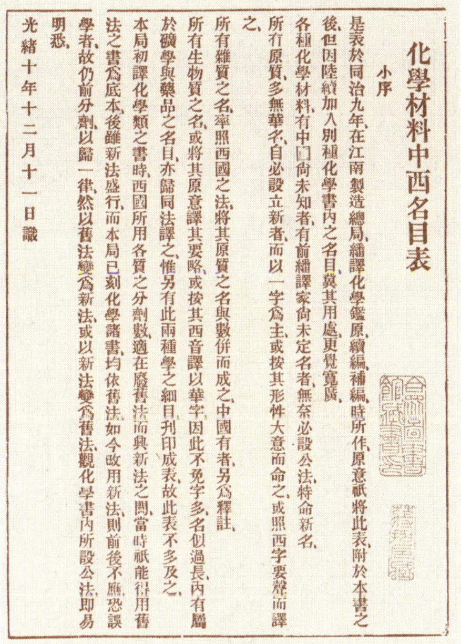

化學材料中西名目表

小序

是表於同治九年、在江南製造總局、繙譯化學鑑原、續編、補編、時所作、原意祇將此表、附於本書之後、但因陸續加入別種化學書內之名目、與其用處、更覺寬廣、

各種化學材料、有中國尚未知者、有前繙譯家尚未定名者、無奈必設公法、特命新名、

所有原質、多無華名、自必設立新者、而以一字爲主、或按其形性大意而命之、或照西字要聲而譯之、

所有雜質之名、率照西國之法、將其原質之名與數併而成之、中國有者、另爲釋註、

所有生物質之名、或將其原意譯其要略、或按其西音譯以華字、因此不免字多、名似過長、內有屬於礦學與藥品之名目、亦歸同法譯之、惟另有此兩種學之細目、刊印成表、故此表不多及之、

本局初譯化學類之書時、西國所用各質之分劑數、適在廢舊法而與新法之間、當時祇能得用舊法之書爲底本、後雖新法盛行、而本局已刻化學諸書、均依舊法、如今改用新法、則前後不應、恐誤學者、故仍前分劑、以歸一律、然以舊法變爲新法、或以新法變爲舊法、觀化學書內所設公法、即易明悉、

光緒十年十二月十一日識

《化学材料中西名目表》书影

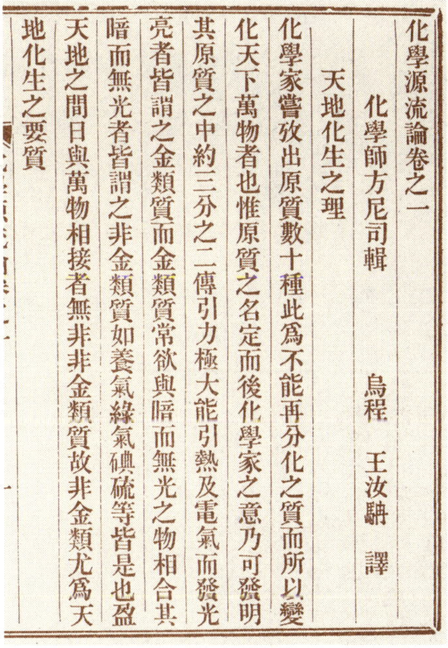

化學源流論卷之一

化學師方尼司輯　烏程　王汝騁　譯

天地化生之理

化學家嘗攷出原質數十種、此爲不能再分化之質、而所以變化天下萬物者也、惟原質之名定、而後化學家之意乃可發明、其原質之中約三分之二傳引力極大、能引熱及電氣而發光亮者、皆謂之金類質、而金類質常欲與暗而無光之物相合、其暗而無光者、皆謂之非金類質、如養氣綠氣碘硫等皆是也、盈天地之間日與萬物相接者、無非非金類質、故非金類尤爲天地化生之要質

《化学源流论》书影

《化学工艺》

初集4卷,二集4卷,三集2卷,附图711。傅兰雅口译,汪振声笔述,徐华封校对,光绪二十四年(1898)刊。英人能智撰,原书名 *A Theoretical and Practical Treatise on the Manufacture of Sulphuric Acid and Alkali*。

《化学源流论》

4卷。王汝骈译,约刊于 1903 至 1905 年间。英国方尼司辑。

《无机化学教科书》

3卷。徐兆熊译述,光绪三十四年(1908)刊。英国琼司撰。

自然科学·天文学类(共3种)

《测候丛谈》

4卷,附图22。金楷理口译,华蘅芳笔述,赵宏绘图,光绪二年(1876)刊。英国侯失勒原著,原书名 *Meteorology in Encyclopaedia*

Britannica，原载《大英百科全书》第 8 版。首卷分总论、日光为热之源、空气的成分和性质等部分；第二卷论风、雨、霜、露、雾、雹、雪、雷电；第三卷论推算天气变化的各种因素；第四卷论空气含水量、气压与风向的关系以及霓虹、光环、海市蜃楼等现象。在晚清所译的各种气象学书籍中，此书被认为是最有价值的一部。

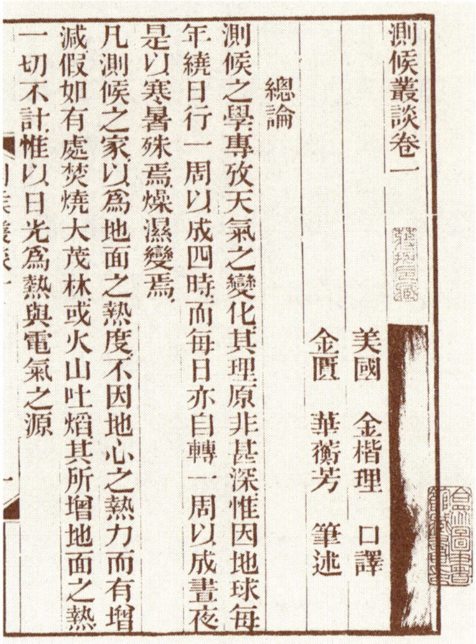
測候叢談卷一

美國 金楷理 口譯
金匱 華蘅芳 筆述

總論

測候之學專攷天氣之變化其理原非甚深惟因地球每年繞日行一周以成四時而每日亦自轉一周以成晝夜是以寒暑殊焉燥濕變焉

凡測候之家以爲地面之熱度不因地心之熱力而有增減假如有處焚燒大茂林或火山吐焰其所增地面之熱一切不計惟以日光爲熱與電氣之源

測候叢談卷一　一

《测候丛谈》书影

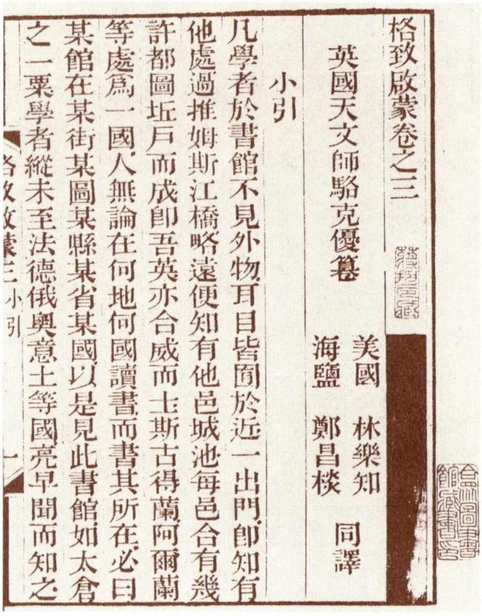
格致啟蒙卷之三

英國天文師駱克優纂

美國 林樂知 同譯
海鹽 鄭昌棪

小引

凡學者於書館不見外物耳目皆囿於近一出門即知有他處過推姆斯江橋略遠便知有他邑城池每邑合有幾許都圖坊戶而成即吾英亦合威而士斯古得蘭阿爾蘭等處爲一國人無論在何地何國讀書而書其所在必曰某館在某街某圖某縣某省某國以是見此書館如太倉之一粟學者縱未至法德俄奧意土等國亮早聞而知之

格致啟蒙三 小引　一

《格致启蒙·天文学》书影

《格致启蒙·天文学》

1 卷，林乐知口译，郑昌棪笔述，光绪五年（1879）刊。英国骆克优（Joseph N. Lockyer）著，原书名“*Astronomy*” *in Science Primer Series*，出版于伦敦。

《谈天》

18 卷，首 1 卷，表 1 卷，附表附图 135。伟烈亚力口译，李善兰笔述，徐建寅续述。此书先由伟烈亚力与李善兰译出，并由墨海书馆于 1859 年出版，之后徐建寅把到 1871 年为止的最新天文学成果补充进去，再由江南制造局翻译馆光绪七年（1881）

刊。英国侯失勒(John Herschel,今译为约翰·赫歇尔)著,原名 *The Outlines of Astronomy*,1851年出版。该书系统地论述了太阳系的结构和太阳系各行星的运动规律,以及万有引力定律、光行差、太阳黑子理论、行星摄动理论等。徐建寅在翻译时又把西方的最新研究成果加以补充,使从哥白尼开始直到建立在牛顿力学体系基础上的西方近代天文学传入了我国,大大推进了中国天文学的研究。

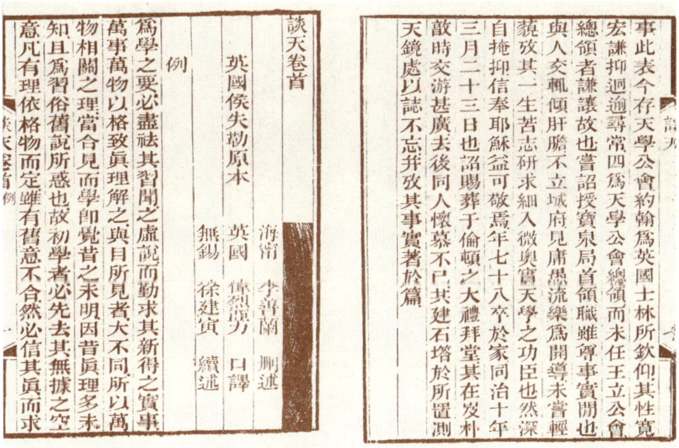
事此表今存天學公會約翰爲英國士林所欽仰其性寬宏謙抑迥逾尋常四爲天學公會總領而未任王立公會總領者謙讓故也嘗詔授寶泉局首領職雖尊事實閒也與人交輒傾肝膽不立城府見庸愚流輩爲開導未嘗輕藐攷其一生苦志研求細入微奥富天學之功臣也然深自掩抑信奉耶穌益可敬焉年七十八卒於家同治十年三月二十三日也詔賜葬于倫頓之大禮拜堂其在孜朴敵時交游甚廣去後同人懷慕不已其建石塔於所置測天鏡處以誌不忘并攷其事實著於篇

談天卷首

英國侯失勒原本

海甯 李善蘭 删述
英國 偉烈亞力 口譯
無錫 徐建寅 續述

例

爲學之要必盡祛其習聞之虛說而勤求其新得之實事萬事萬物以格致眞理解之與目所見者大不同所以萬物相關之理當合見而學即覺昔之未明因昔眞理多未知且爲習俗舊說所惑也故初學者必先去其無據之空意凡有理依格物而定雖有舊意不合然必信其眞而求

《谈天》书影

自然科学·地学类(共2种)

《地学浅释》

38卷,附图715。玛高温口译,华蘅芳笔述,沙英校对,同治十二年(1873)刊。英国雷侠儿(Sir Charles Lyell,今译为赖尔或莱伊尔)著,原书名 *Elements of Geology*,直译为"地质学纲要",1865年出版于伦敦。该书较为详细地介绍了西方近代地质学知识,内容包括岩石的四大分类、水成岩中的生物遗迹、有机遗体在水下沉积物中的埋藏、新旧岩石的差别、不同化石种类确定不同岩层的形成时期、物种的灭亡、人类起源与地理分布、自然与生物界变化的一致性等知识。该书将自然进化观念引入了中国,首次

《地学浅释》书影

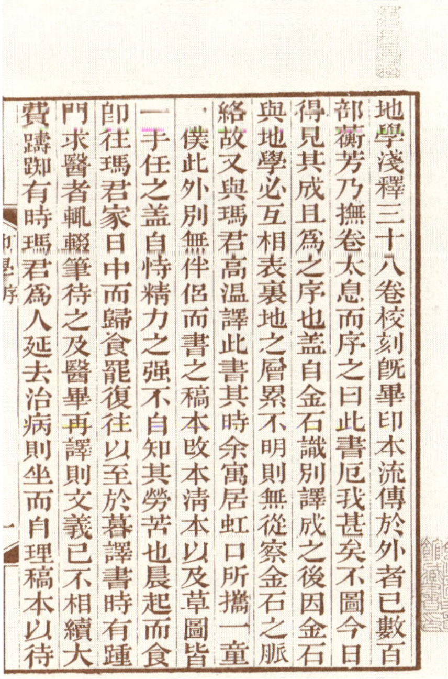
地學淺釋三十八卷校刻既畢印本流傳於外者已數百部蘅芳乃撫卷太息而序之曰此書厄我甚矣不圖今日得見其成且爲之序也蓋自金石識別譯成之後因金石與地學必互相表裏地之層累不明則無從察金石之脈絡故又與瑪君高温譯此書其時余寓居虹口所攜一童僕此外別無伴侶而書之稿本改本清本以及草圖皆一手任之蓋自恃精力之强不自知其勞苦也晨起而食即往瑪君家日中而歸食罷復往以至於暮譯書時有踵門求醫者輒輟筆待之及醫畢再譯則文義已不相續大費躊躕有時瑪君爲人延去治病則坐而自理稿本以待

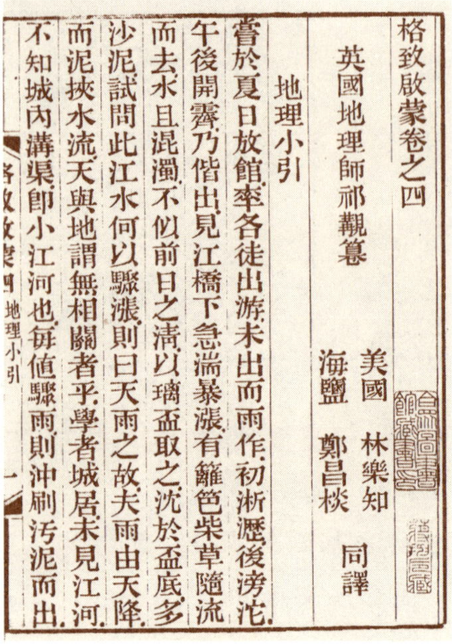
格致啟蒙卷之四
英國地理師祁覯纂
美國 林樂知
海鹽 鄭昌棪 同譯
地理小引
嘗於夏日放館率各徒出游未出而雨作初淅瀝後滂沱午後開霽乃偕出見江橋下急湍暴漲有籬笆柴草隨流而去水且混濁不似前日之清以璃盃取之沉於盃底多沙泥試問此江水何以驟漲則曰天雨之故夫雨由天降而泥挾水流天與地謂無相關者乎學者城居未見江河不知城內溝渠即小江河也每值驟雨則沖刷污泥而出

《格致启蒙·地理学》书影

提到了拉马克的物种可变观和达尔文的进化论，并完整系统地把西方近代地质学的基本知识介绍到国内，对中国地质学的发展起了很大的启蒙作用。另一方面，此书由浅入深，叙述清晰，出版后曾作为教科书广泛流传，在19世纪末的中国影响甚广，被晚清学者认为是不可多得的优秀译作。

《格致启蒙·地理学》

1卷，林乐知口译，郑昌棪笔述，光绪五年(1879)刊。英国祁覯(A. Geikie)著，原书名“*Geography*” *in Science Primer Series*，出版于伦敦。

自然科学·医学类(共10种)

《儒门医学》

3卷，附表1卷。英国海得兰(F. W. Headland)撰，原书名*The Medical Handbook*，傅兰雅译，赵元益述，光绪二年(1876)刊。该书论述了养身之理，言及光、热、空气、水、饮食和运动与人的健康体魄的关系。论证了治病之法，述及中风、脑炎、脑伤风、羊头疯、酒狂、肝炎等百多种疾病；论及药方的性能，包括醋酸、硝镪水、碘、鱼肝油、巴豆油等139种。译者在书前加了“凡例”，说明了翻译过程中一些技术问题的处理原则和方法。这部书出版以后，广受好评，时人认为：《儒门医学》“缕析条分，雅俗共赏，原名《医学袖珍》，以其便于家庭日用也。

《儒门医学》书影

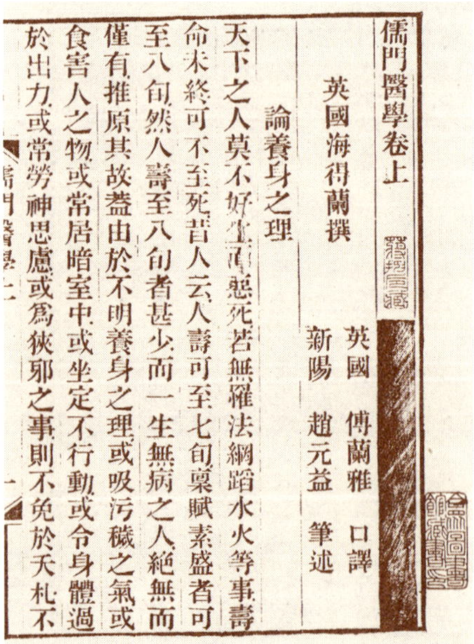
儒門醫學卷上
英國海得蘭撰
英國 傅蘭雅 口譯
新陽 趙元益 筆述
論養身之理
天下之人莫不好生而惡死若無罹法網蹈水火等事壽命未終可不至死昔人云人壽可至七旬稟賦素盛者可至八旬然人壽至八旬者甚少而一生無病之人絕無而僅有推原其故蓋由於不明養身之理或吸污穢之氣或食害人之物或常居暗室中或坐定不行動或令身體過於出力或常勞神思慮或爲狹邪之事則不免於夭札不

凡欲粗涉方书者，得此大有裨益”①，“上卷论养生之理，尤不可不读”②。

《西药大成》

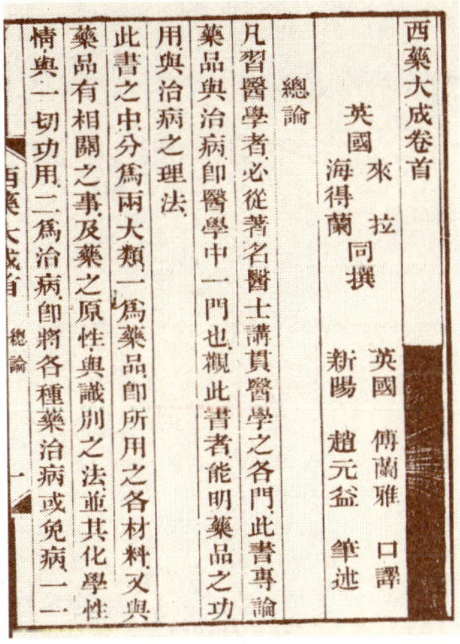
西藥大成卷首

英國 來拉 海得蘭 同撰　英國 傅蘭雅 口譯　新陽 趙元益 筆述

總論

凡習醫學者必從著名醫士講貫醫學之各門此書專論藥品與治病即醫學中一門也覩此書者能明藥品之功用與治病之理法

此書之中分為兩大類一為藥品即所用之各材料又與藥品有相關之事及藥之原性與識別之法並其化學性情與一切功用二為治病即將各種藥治病或免病一

西藥大成首 總論 一

《西药大成》书影

10 卷，首 1 卷，附图 269。英国来拉(J. F. Royle)原著，海得兰(F. W. Headland)修订，原书名为 *Materia Medica and Therapeutics*。傅兰雅译，赵元益述，光绪五年(1879)至光绪十三年(1887)陆续出版。第一卷介绍药物制作，如干蒸、结成颗粒等；第二卷为药品化学。之后各卷细述各种药品的性能及其制作方法，包括金石药品、草木药品、动物药品等，并介绍毒药种类和解毒方法。书后附有按照人的不同年龄编制的配药比例表、药品中西名目表。对晚清人们了解西医、使用西药起到了重要的桥梁沟通作用。时人论及此书道：“中国于药品，自有《神农本草经》后，后世若《大观本草》《本草纲目》等书，卷帙繁多，议论奢富，然不过各承师说，参以私意，强分以五味五行，而曰治某脏，通其经而已，初未尝深明其所显何性，所含何质也。此书各药，虽不尽为中国所恒有，然其分化取材，考质辨性，因病处方，皆再三详究，有非我国向时医学所能解辨其什一者，诚医学之要书，宜家置一编以备研求者也。”③

《内科理法》

3 编，22 卷，附图 110。英国虎伯(Robert Hooper)撰，原书名 *The Physician's Vade Mecum*。舒高第译，赵元益述，光绪十

① 《格致书院课艺》，光绪乙丑年春季，第 11 页。

② 梁启超：《读西学书法》，第 4 页。

③ 《江南制造局译书提要》卷二，第 5 页。

五年(1889)刊。介绍西医内科学,包括什么是平常人与病人、死亡根源、全体功用及病论、身体保养、人体结构、大脑、神经、呼吸、消化、排泄、生育、皮肤等各系统器官器具的疾病与治疗。还记述了寄生动物的病、中毒及其解救,药品的分类及药方。此书是“19 世纪中国介绍西医内科内容最丰富、篇幅最大的著作”①。

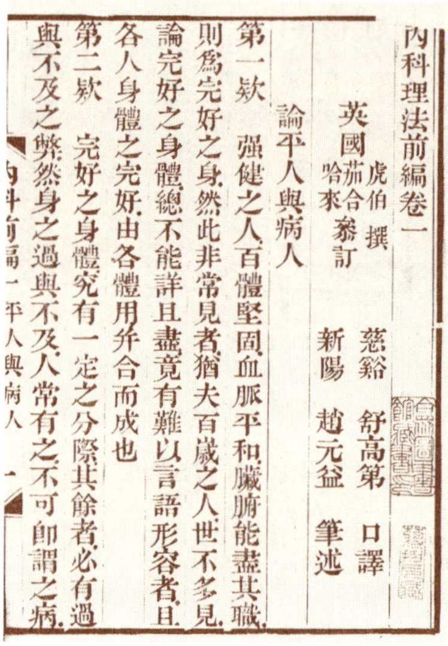
內科理法前編卷一

英國 虎伯 撰 茄合 哈來 參訂 慈谿 舒高第 口譯 新陽 趙元益 筆述

論平人與病人

第一款 強健之人百體堅固血脈平和臟腑能盡其職則為完好之身然此非常見者猶夫百歲之人世不多見論完好之身體總不能詳且盡竟有難以言語形容者且各人身體之完好由各體用弁合而成也

第二款 完好之身體究有一定之分際其餘者必有過與不及之弊然身之過與不及人常有之不可即謂之病

內科前編一 平人與病人 一

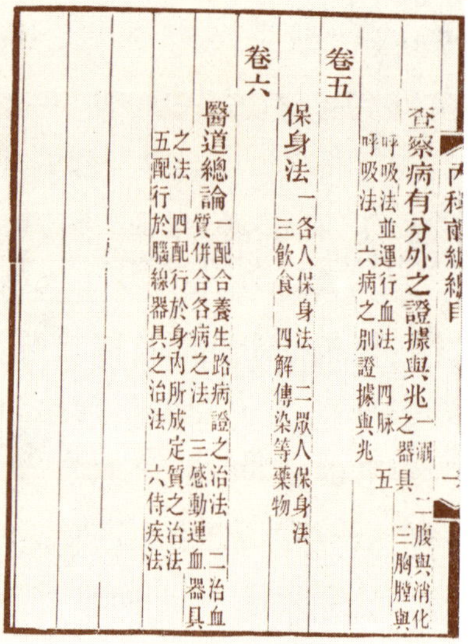
內科前編總目

查察病有分外之證據與兆 一溺之器具 二腹與消化 三胸膛與 呼吸法並運行血法 四脉 五呼吸法 六病之別證據與兆

卷五

保身法 一各人保身法 二衆人保身法 三飲食 四解傳染等藥物

卷六

醫道總論 一配合養生路病證之治法 二治血質併合各病之法 三感動運血器具之法 四配行於身內所成定質之治法 五配行於腦線器具之治法 六侍疾法

《内科理法》书影

《临阵伤科捷要》

4 卷,图 1 卷,附图 151。英国帕脱撰,舒高第口译,郑昌棪笔述。光绪二十年(1894)刊。介绍在战争中各种伤病的治疗和护理。“两军决斗受伤者多,战事之胜负与医士之料理关系非浅,此书名目繁琐,缕析条分。”②

《法律医学》

24 卷,首 1 卷,附 1 卷,附图 187。英国惠连(Wm. A. Guy)、弗里爱(D. Ferrier)同撰,原书名 *Principles of Medical Jurisprudence*,

① 熊月之:《西学东渐与晚清社会》,第 513 页。

② 《江南制造局译书提要》卷二,第 71 页。

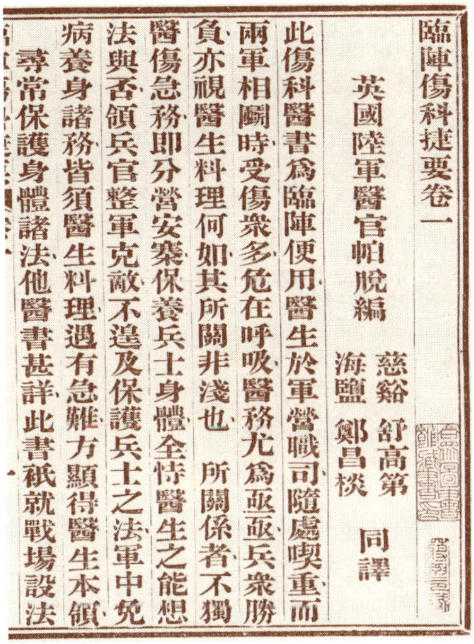
臨陣傷科捷要卷一

英國陸軍醫官帕脫編　慈谿舒高第　海鹽鄭昌棪　同譯

此傷科醫書爲臨陣便用醫生於軍營職司隨處喫重而兩軍相鬬時受傷衆多危在呼吸醫務尤爲亟亟兵衆勝負亦視醫生料理何如其所關非淺也　所關係者不獨醫傷急務即分營安寨保養兵士身體全恃醫生之能想法與否領兵官整軍克敵不遑及保護兵士之法軍中免病養身諸務皆須醫生料理遇有急難方顯得醫生本領尋常保護身體諸法他醫書甚詳此書祇就戰場設法

《临阵伤科捷要》书影

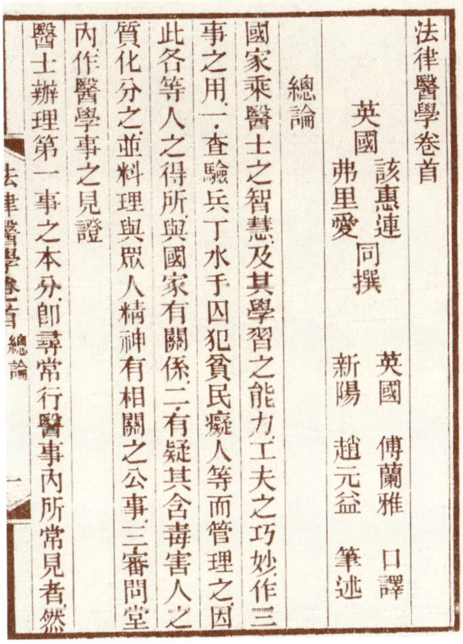
法律醫學卷首

英國　該惠連　弗里愛　同撰

英國　傅蘭雅　口譯

新陽　趙元益　筆述

總論

國家秉醫士之智慧及其學習之能力工夫之巧妙作三事之用一查驗兵丁水手囚犯貧民癡人等而管理之因此各等人之得所與國家有關係二有疑其含毒害人之質化分之並料理與衆人精神有相關之公事三審問堂內作醫學事之見證

醫士辦理第一事之本分即尋常行醫事內所常見者然

法律醫學卷首　總論　一

《法律医学》书影

1881年出版。傅兰雅译，徐寿、赵元益述，光绪二十五年(1899)刊。书中介绍了辨验人体，年龄，性别，打胎杀子，鉴别亲子，辨验为保命而假冒的疾病，辨验死尸，验明死因，区别溺死、缢死、绞死、闷死、火焚、自焚、触电死、冻死、饿死诸种非正常死亡情形等内容。本书还细述了各类毒药的名称、性质、特性。《江南制造局译书提要》称该书“为中国《洗冤录》之类，但其说理处较精微”。该书著者英国惠连(1810—1885)为著名法医学家，《法律医学》是英国法医学界的权威著作。

《妇科》

美国妇科教习汤麦斯撰，舒高第口译，郑昌棪笔述。光绪二十六年(1900)刊。全书共分51章，讲解了各种妇女病症的根源，女子的子宫、阴户、输卵管、月经各部位的常见病多发病及诊治。此书“论症详明，译笔条畅，诚妇科之要书也”①。

① 《江南制造局译书提要》卷二，第68页。

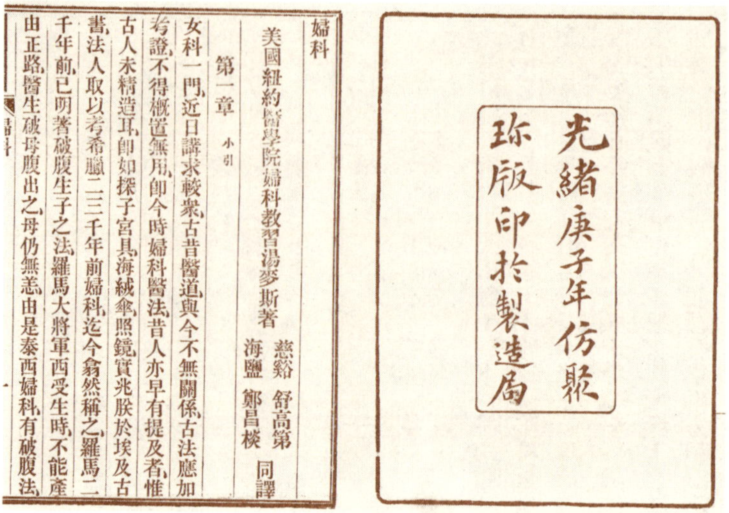
光緒庚子年仿聚珍版印於製造局

婦科

美國紐約醫學院婦科教習湯麥斯著　慈谿 舒高第　海鹽 鄭昌棪 同譯

第一章 小引

女科一門，近日講求較精，古昔醫道，與今不無關係，古法應加考證，不得概道無用，卽今時婦科醫法，昔人亦早有提及者，惟古人未精造耳，卽如探子宮具海絨傘照鏡實兆朕於埃及古書，法人取以考希臘二三千年前婦科，迄今翕然稱之，羅馬二千年前已明著破腹生子之法，羅馬大將軍西受生時，不能產由正路，醫生破母腹出之，母仍無恙，由是泰西婦科有破腹法

《妇科》书影

《保全生命论》

1 卷，附 1 卷。英国肥勒撰，秀耀春口译，赵元益述。光绪二十七年(1901)刊。该书为养生学著作，论述了性欲、呼吸系统、饮、食、运动同体魄康宁的关系。《江南制造局译书提要》称此书“专论养生之理，使人人得以完全享用其应有之康健，盖卫生医学书也”。①

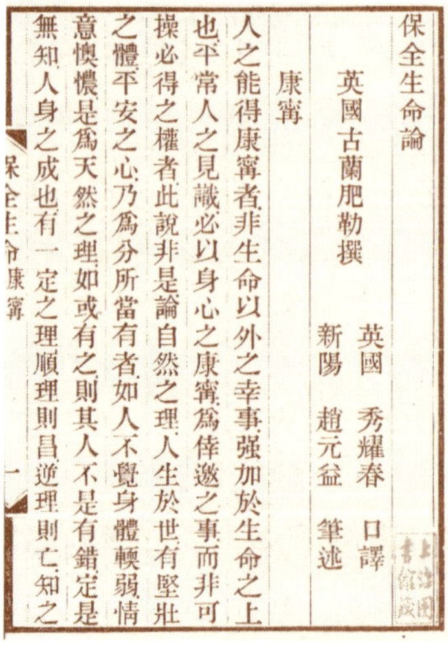
保全生命論

英國古蘭肥勒撰　英國 秀耀春 口譯　新陽 趙元益 筆述

康寧

人之能得康寧者，非生命以外之幸事强加於生命之上也，平常人之見識，必以身心之康寧爲倖邀之事，而非可操必得之權者，此說非是，論自然之理，人生於世，有堅壯之體，平安之心，乃爲分所當有者，如人不覺身體輭弱，情意懊憹，是爲天然之理，如或有之，則其人不是有錯，定是無知，人身之成也，有一定之理，順理則昌，逆理則亡，知之

《保全生命论》书影

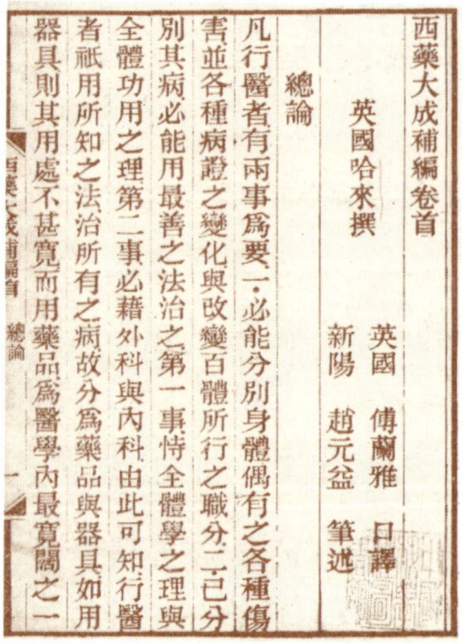
西藥大成補編卷首

英國哈來撰　英國 傅蘭雅 口譯　新陽 趙元益 筆述

總論

凡行醫者有兩事爲要，一必能分別身體偶有之各種傷害，並各種病證之變化，與改變百體所行之職分，二已分別其病，必能用最善之法治之，第一事恃全體學之理與全體功用之理，第二事必藉外科與內科，由此可知行醫者祇用所知之法，治所有之病，故分爲藥品與器具，如用器具則其用處不甚寬，而用藥品爲醫學內最寬闊之一

《西药大成补编》书影

① 《江南制造局译书提要》卷二，第 63 页。

《西药大成补编》

6卷，首1卷。英国哈莱(J. Harley)著，傅兰雅译，赵元益笔述，光绪三十年(1904)刊。介绍了存贮药料，开配药方，动物、植物的药理属性等内容，“补《西药大成》所未备，颇有功于前书”。①

《产科》

不分卷，72节。英国密尔撰，舒高第口译，郑昌棪述。光绪三十年(1904)刊。论述妇人产育之理及医治查验等事，详述了小产、不孕、顺产、难产、引产、流产、剖腹产妇女病的症状，并配图65帧。全书“论说详明，非胎产诸书，此为名作，为益岂浅鲜哉”。②

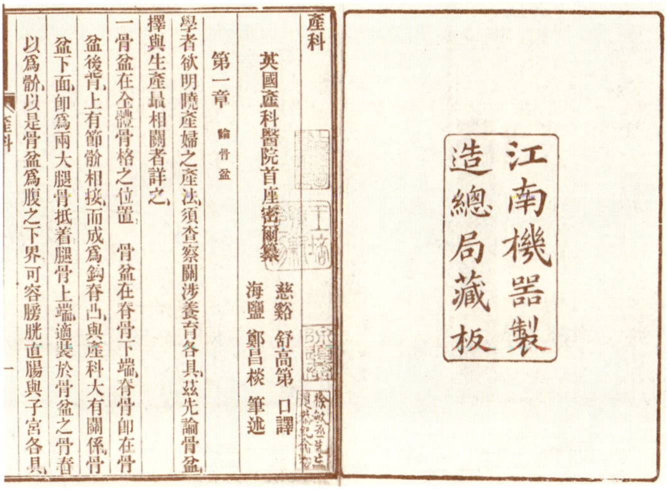
江南機器製造總局藏板

產科

英國產科醫院首座密爾撰

慈谿 舒高第 口譯

海鹽 鄭昌棪 筆述

第一章 論骨盆

學者欲明曉產婦之產法須查察關涉養育各具兹先論骨盆擇與生產最相關者詳之

一骨盆在全體骨格之位置 骨盆在脊骨下端脊骨即在骨盆後背上有節骱相接而成爲鈎脊凸與產科大有關係骨盆下面即爲兩大腿骨抵着腿骨上端適裝於骨盆之骨臼以爲骱以是骨盆爲腹之下界可容膀胱直腸與子宮各具

《产科》书影

《济急法》

1卷，12章。英国舍白辣撰，秀耀春口译，赵元益述。光绪三十一年(1905)刊。介绍了军营急救之法，包括治疗外伤、瘀血、骨折，治火伤、烫伤、冻伤、扭伤、挫伤，解救各种梗喉及气管伤，解各种毒，行军时应用衣服器具，以及照料昏晕士兵，运送护理伤员等急救方法，“诚军医学必备之书也”③。

---

① 《江南制造局译书提要》卷二，第72页。

② 《江南制造局译书提要》卷二，第65页。

③ 《江南制造局译书提要》卷二，第64页。

应用科学·矿冶类(共 16 种)

《开煤要法》

又名《泰西采煤图说》,12 卷,附图 57。傅兰雅口译,王德均笔述,王峻卿校对,同治九年(1870)刊。英人士密德(W. W. Smyth)辑,原书名 *Coal and Coal Mining*。

開煤要法卷一
英國士密德輯
英國 傅蘭雅 口譯
懷遠 王德均 筆述
用煤源流
粤稽泰西初於地中得煤未知大利於用也如希臘古史
所載二千一百年前言煤質如石可燒如炭攻金之工取
以鎔鍊曾於古城内掘得煤燼知古人已曉用煤後歷八
百六十一年英國准牛加士利城之人鑿地取煤又六十
七年復以煙氣臭惡中者易病因禁燒煤以木柴代之嗣
恐樹木不繼需用二十年後煤禁復開因而愈用愈多得

《开煤要法》书影

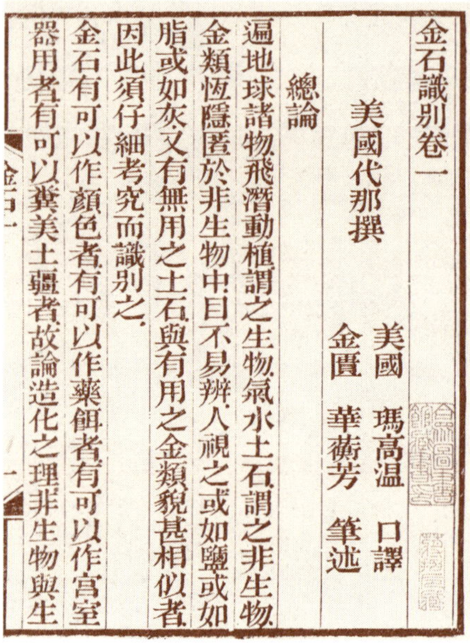
金石識別卷一
美國代那撰
美國 瑪高溫 口譯
金匱 華蘅芳 筆述
總論
遍地球諸物飛潛動植謂之生物氣水土石謂之非生物
金類恆隱匿於非生物中目不易辨人視之或如鹽或如
脂或如灰又有無用之土石與有用之金類貌甚相似者
因此須仔細考究而識別之
金石有可以作顏色者有可以作藥餌者有可以作宮室
器用者有可以糞美土疆者故論造化之理非生物與生

《金石识别》书影

《金石识别》

12 卷,附图 298。玛高温口译,华蘅芳笔述,江衡校对,同治十一年(1872)刊。美国代那(James Dwight Dana)著,原名 *Manual of Mineralogy*,直译为"矿物学手册",1848 年出版。主要介绍各种矿石的形状、颜色、性质、用途及其鉴别方法和矿石的分类方法。其中卷一论金石结成之形,介绍结晶学的知识;卷二论金石形色性情,介绍矿物的物理性质,包括确定矿物硬度的摩尔硬度计;卷三至卷十为矿物各论,分 8 类介绍各种矿石的形状、颜色、性质、用途等;卷十一论金石化学,介绍矿物的化学成分等;卷十二论金石分类之法,实际上主要介绍以吹管分析鉴定矿物的方法。此书是中国第一部矿物学译著，它较全面地介绍了近代矿物学的知识，还首次将晶体学知识系统地介绍到我国。全书体例严谨，脉络分明，是 19 世纪中国介绍西方矿物学中最重要的一部著作。

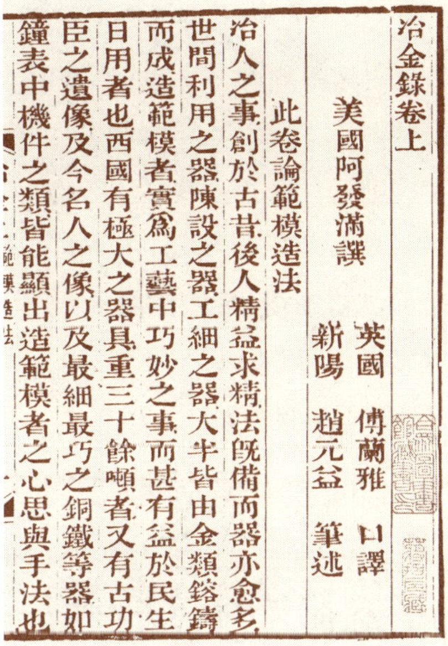
冶金錄卷上
美國阿發滿譔　英國　傅蘭雅　口譯
新陽　趙元益　筆述
此卷論範模造法
冶人之事創於古昔後人精益求精法既備而器亦愈多世間利用之器陳設之器工細之器大半皆由金類鎔鑄而成造範模者實為工藝中巧妙之事而甚有益於民生日用者也西國有極大之器具重三十餘噸者又有古功臣之遺像及今名人之像以及最細最巧之銅鐵等器如鐘表中機件之類皆能顯出造範模者之心思與手法也

《冶金录》书影

《冶金录》

3 卷，附图 42。傅兰雅口译，赵元益笔述，同治十二年（1873）刊。英人阿发满（Overman，F.）著，原书名 *The Moulder's and Founder's Pocket Guide*。

《历览英国铁厂记略》

傅兰雅译，徐寿述，同治十三年（1874）刊。本书是根据傅兰雅回英国参观考察工厂企业的日记（1873 年 9 月 15 日—1873 年 10 月 21 日）摘译而成。

《井矿工程》

3 卷，附图 140。傅兰雅口译，赵元益笔述，光绪五年（1879）刊。英国白尔捺（O. Byrne）辑，原书名 *Boring and Blasting*。

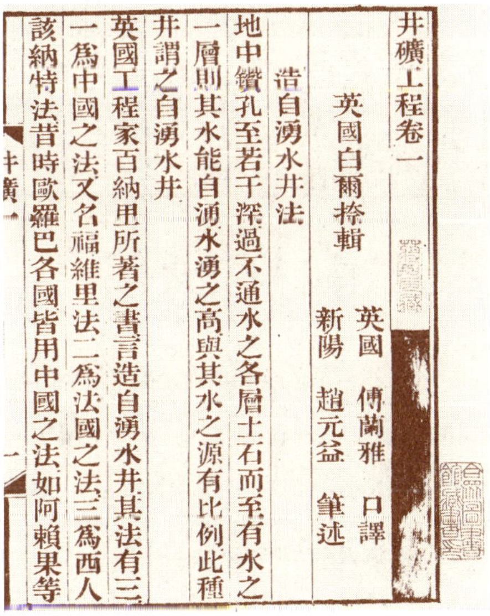
井礦工程卷一
英國白爾捺輯　英國　傅蘭雅　口譯
新陽　趙元益　筆述
造自湧水井法
地中鑽孔至若干深過不通水之各層土石而至有水之一層則其水能自湧水湧之高與其水之源有比例此種井謂之自湧水井
英國工程家百納里所著之書言造自湧水井其法有三一為中國之法又名福維里法二為法國之法三為西人該納特法昔時歐羅巴各國皆用中國之法如阿賴果等

《井矿工程》书影

《造铁全法》

4 卷，傅兰雅译，徐寿述，光绪六年（1880）刊。英国费而奔（William Fairbain）著，原书名 *Iron Manufacture*。

《金石中西名目表》

又名《金石表》或《矿学表》，1 卷，傅兰雅译编，光绪九年(1883)刊。美国代那(James Dwight Dana)著，原书名 *Vocabulary of Mineralogical Terms Occurring in the Manual*。此书根据玛高温和华蘅芳合译《金石识别》中所立之译名编辑整理，并补充漏译的术语，是中国现存最早的矿物学英汉词典，共收录矿物学名词 1 850 余个。

《宝藏兴焉》

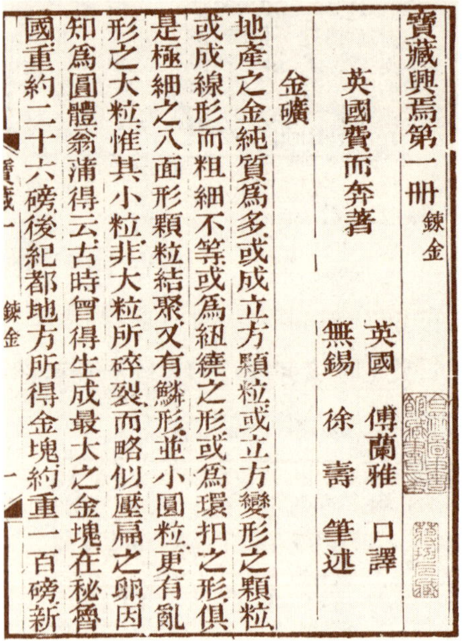
寶藏興焉第一册 鍊金

英國費而奔著

英國 傅蘭雅 口譯

無錫 徐 壽 筆述

金礦

地產之金純質爲多或成立方顆粒或立方變形之顆粒或成線形而粗細不等或爲紐繞之形或爲環扣之形俱是極細之八面形顆粒結聚又有鱗形並小圓粒更有亂形之大粒惟其小粒非大粒所碎裂而略似壓扁之卵因知爲圓體翁蒲得云古時曾得生成最大之金塊在秘魯國重約二十六磅後紀都地方所得金塊約重一百磅新

寶藏一 鍊金 一

《宝藏兴焉》书影

12 卷。傅兰雅口译，徐寿笔述，徐华封校对，光绪十年(1884)刊。英国费而奔(William Fairbain)著，原书名 *A Practical Treatise on Metallurgy*。全书分十二部分，主要内容是对金、铂、银、铜、铁、锡、铅、锌、镍、锑、铋和汞等矿产现状、探矿、开采以及分布规律、成因、类型、冶炼等加以论述，书中卷六即《造铁全法》。该书是清代重要的大型矿冶译作。

《银矿指南》

1 卷。傅兰雅译，应祖锡述，光绪十七年(1891)刊。美国亚伦(Chas. H. Aron)著，原书名 *A Practical Treatise on Testing and Working Silver Ores*，1876 年出版于旧金山。全书 8 章，专论找银矿和提炼银的方法，附图 21 幅。

《炼金新语》

不分卷，附图 83，舒高第译，郑昌棪述，光绪十七年(1891)

刊，英国奥斯吞撰。

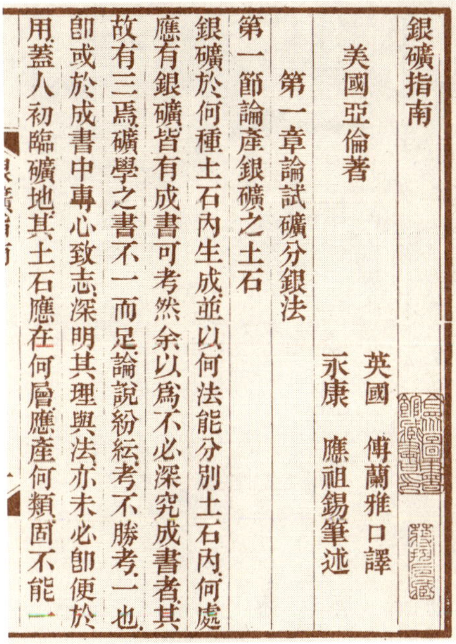
銀礦指南
美國亞倫著
英國 傅蘭雅口譯
永康 應祖錫筆述
第一章論試礦分銀法
第一節論產銀礦之土石
銀礦於何種土石內生成並以何法能分別土石內何處應有銀礦皆有成書可考然余以爲不必深究成書者其故有三焉礦學之書不一而足論說紛紜考不勝考一也即或於成書中專心致志深明其理與法亦未必即便於用蓋人初臨礦地其土石應在何層應產何類固不能一

《银矿指南》书影

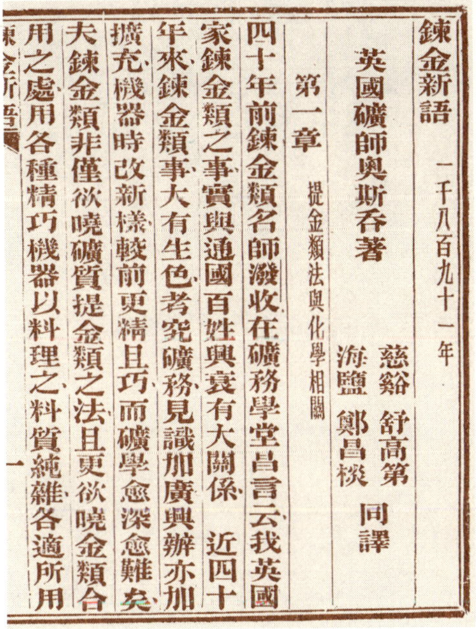
鍊金新語 一千八百九十一年
英國礦師奥斯吞著
慈谿 舒高第
海鹽 鄭昌棪 同譯
第一章 提金類法與化學相關
四十年前鍊金類名師瀫收在礦務學堂已言云我英國家鍊金類之事實與通國百姓興衰有大關係 近四十年來鍊金類事大有生色考究礦務見識加廣與辦亦加擴充機器時改新様較前更精且巧而礦學愈深愈難矣夫鍊金類非僅欲曉礦質提金類之法且更欲曉金類合用之處用各種精巧機器以料理之料質純雜各適所用

《炼金新语》书影

《炼钢要言》

1卷。徐家宝译述，光绪二十二年(1896)刊，原本不详。

《开矿器法图说》

10卷，傅兰雅译，王树善述，光绪二十五年(1899)刊。美国俺特累(G. G. André)著，原书名 *A Descriptive treatise on Mining Machinery, Tools and Appliances Used in Mining*。

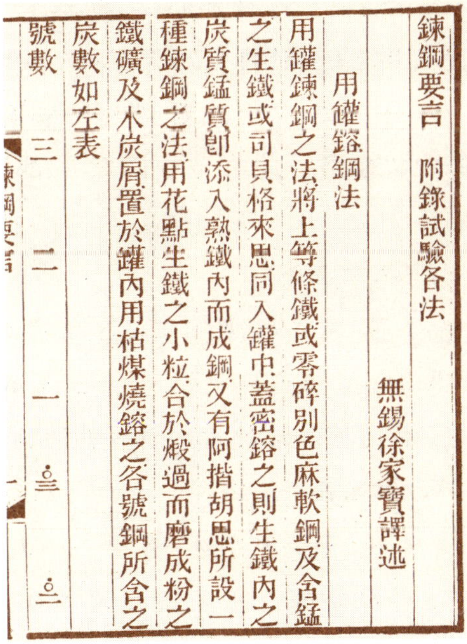
鍊鋼要言 附錄試驗各法
無錫徐家寶譯述
用罐鎔鋼法
用罐鍊鋼之法將上等條鐵或零碎別色麻軟鋼及含錳之生鐵或司貝格來思同入罐中蓋密鎔之則生鐵內之炭質錳質即添入熟鐵內而成鋼又有阿揩胡思所設一種鍊鋼之法用花點生鐵之小粒合於煆過而磨成粉之鐵礦及木炭屑置於罐內用枯煤燒鎔之各號鋼所含之炭數如左表
號數 三 二 一

《炼钢要言》书影

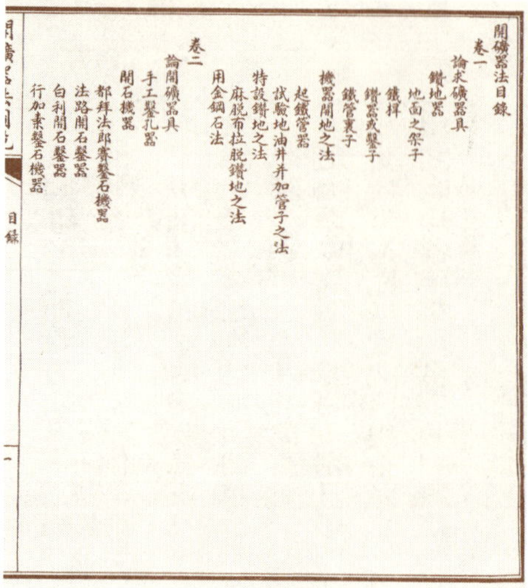
開礦器法目錄
卷一
論求礦器具
鑽地器
地面之架子
鐵桿
鑽器或鑿子
鐵管裏子
機器開地之法
起鐵管器
試驗地油井并加管子之法
特設鑽地之法
麻脫布拉脫鑽地之法
用金鋼石法
卷二
論開礦器具
手工鑿孔器
開石機器
都拜法郎賽鑿石機器
法路開石鑿器
白利開石鑿器
行加素鑿石機器
目錄

《开矿器法图说》书影

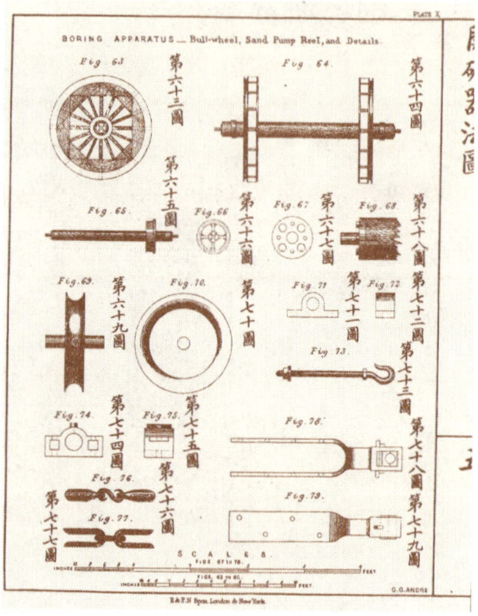

《开矿器法图说》插图

《求矿指南》

10卷，附录1卷，傅兰雅译，潘松述，光绪二十五年(1899)刊。英国安德孙(J. W. Anderson)著，原书名 *The Prospector's Handbook*，1897年出版于伦敦。全书分论查地面形势求矿、各种土石层、吹火管分别矿之法、矿石之性情、含金类之矿、别种有用之矿石、各种土石原质等事、用湿法试验矿石、试验含金类数目之法和测地求矿之法，附卷则专论矿中之杂务。此书是中国第一部关于矿物学及矿床学专著的译作。

《探矿取金》

6卷，续1卷，附1卷，舒高第译，汪振声述，光绪二十九年(1903)刊。英国密拉撰，主要论及金属矿产的探勘与寻找等矿业工程方面的知识，同时也介绍了矿物学方面的知识。

《相地探金石法》

4卷，王汝驹译述，光绪二十九年(1903)刊。英国喝尔勃特·喀格司撰。主要论及寻找矿藏的方法以及矿床的分类等。全书共17章：卷一分矿学总论和辨别矿质法；卷二分成原名之矿质及有商值而无金类之矿质、宝石与玉；卷三包括成层堆积、矿纹与矿脉、无定形堆积和冲运堆积；卷四分贵金类、银、铅、水银、铜、锡、钨、钼、锌、铁、镍、钴、锰、铬、铀、硫、锑、砒、铋和（可燃烧之）矿质（金刚石、煤、石油、地蜡、琥珀）。此书是一部矿床学教本，却较为强调找矿理论和方法。

《矿学考质》

上、下编各5卷。舒高第口译，沈陶璋、陈洙笔述，光绪三十三年(1907)刊。美国奥斯彭原著。上编5卷分述金、银、铜、镍、铁、锡和锌；下编5卷分述铅、锰、铂、铱、汞、锑、铋、铬、钴、铝、浮石等。

应用科学·船政类(共6种)

《航海简法》

4卷。金楷理口译，王德均笔述，同治十年(1871)刊，英国那丽撰。

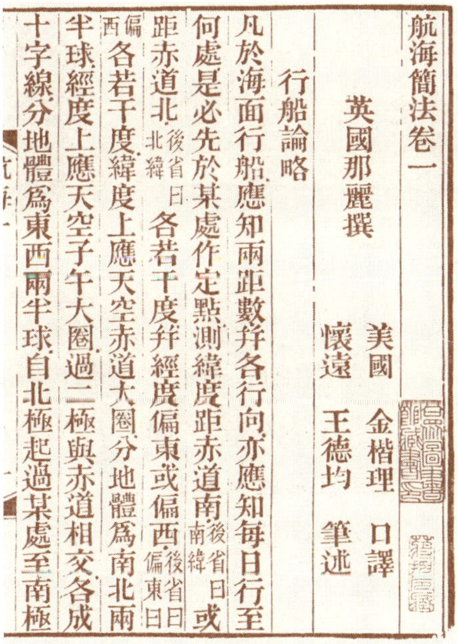
航海簡法卷一
英國那麗撰　美國金楷理口譯
懷遠王德均筆述
行船論略
凡於海面行船應知兩距數幷各行向亦應知每日行至何處是必先於某處作定點測緯度距赤道南（南緯後省日）或距赤道北（北緯後省日）各若干度幷經度偏東或偏西（偏東後省日偏西）各若干度緯度上應天空赤道大圈分地體為南北兩半球經度上應天空子午大圈過二極與赤道相交各成十字線分地體為東西兩半球自北極起過某處至南極

《航海简法》书影

《御风要术》

3卷，附图51，金楷理口译，华蘅芳笔述，江衡校对，同治十二年(1873)刊。英国白尔特(Paul Birt)著，原书名*Law of Storms*，分别论述飓风旋转之顺逆、飓风之中枢能移动、风雨表所显之形、飓风移动之轨迹、南北半球风路、飓风欲来时之天气、易起飓风之时、飓风之海浪及横浪、大西洋飓风、印度海飓风、中国东南洋飓风、印度洋飓风和气浪等。

《行海要术》

4 卷，附图 66。金楷理口译，李凤苞笔述，光绪十六年(1890)刊。英国索姆(Alexander Thom)著，即《译书事略》已刊书目中的《行海全法》，原书名 *Practical Navigation*。

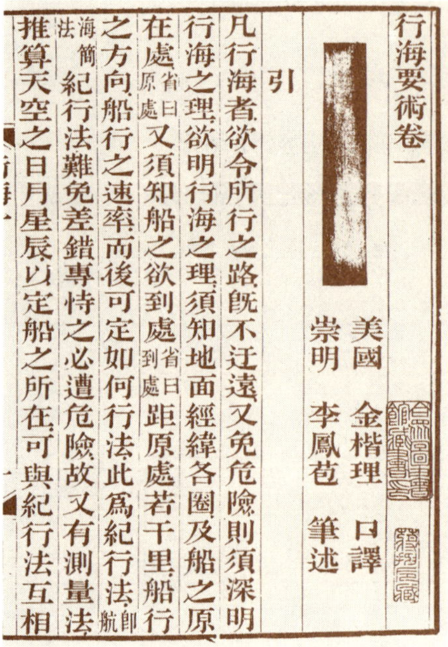

行海要術卷一

美國 金楷理 口譯

崇明 李鳳苞 筆述

引

凡行海者欲令所行之路旣不迂遠又免危險則須深明行海之理欲明行海之理須知地面經緯各圈及船之原在處(省曰原處)又須知船之欲到處(省曰到處)距原處若干里船行之方向船行之速率而後可定如何行法此爲紀行法(即航海簡法)紀行法難免差錯專恃之必遭危險故又有測量法推算天空之日月星辰以定船之所在可與紀行法互相

《行海要术》书影

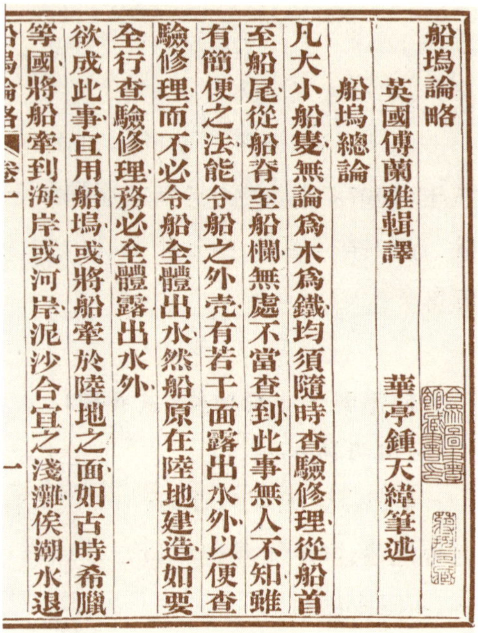

船塢論略

英國傅蘭雅輯譯 華亭鍾天緯筆述

船塢總論

凡大小船隻無論爲木爲鐵均須隨時查驗修理從船首至船尾從船脊至船欄無處不當查到此事無人不知雖有簡便之法能令船之外殼有若干面露出水外以便查驗修理而不必令船全體出水然船原在陸地建造如要全行查驗修理務必全體露出水外

欲成此事宜用船塢或將船牽於陸地之面如古時希臘等國將船牽到海岸或河岸泥沙合宜之淺灘俟潮水退

船塢論略 卷一 一

《船坞论略》书影

《船坞论略》

1 卷，附图 1 卷。傅兰雅口译，钟天纬笔述，程瞻洛校对，光绪二十年(1894)刊。原书名 *Treatise on Decks*。

《行船免撞章程》

1 卷，附 1 卷，附图 60。傅兰雅口译，钟天纬笔述，程瞻洛校对，光绪二十一年(1895)刊。原书名 *Naval Regulation*，著者不详。

《航海章程》

1 卷。附《初仪记录》1 卷，凤仪口译，徐家宝笔述，光绪二十一年(1895)刊。美国弗兰克林原著。

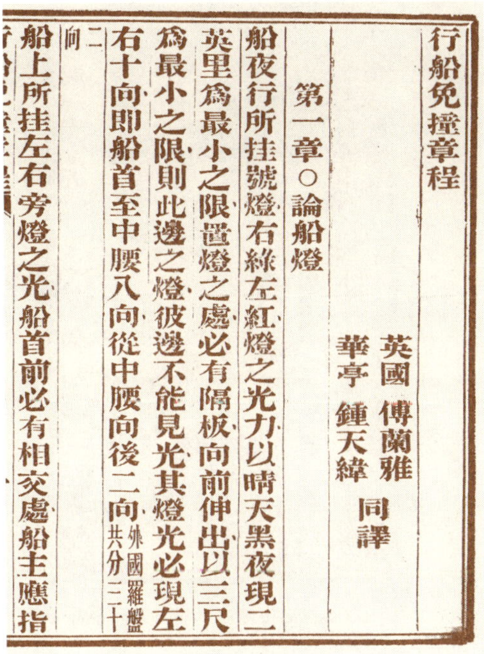
行船免撞章程

第一章○論船燈

英國 傅蘭雅
華亭 鍾天緯 同譯

船夜行所挂號燈右綠左紅燈之光力以晴天黑夜現二英里爲最小之限置燈之處必有隔板向前伸出以三尺爲最小之限則此邊之燈彼邊不能見光其燈光必現左右十向即船首至中腰八向從中腰向後二向（外國羅盤共六分二十二向）

船上所挂左右旁燈之光船首前必有相交處船主應指

《行船免撞章程》书影

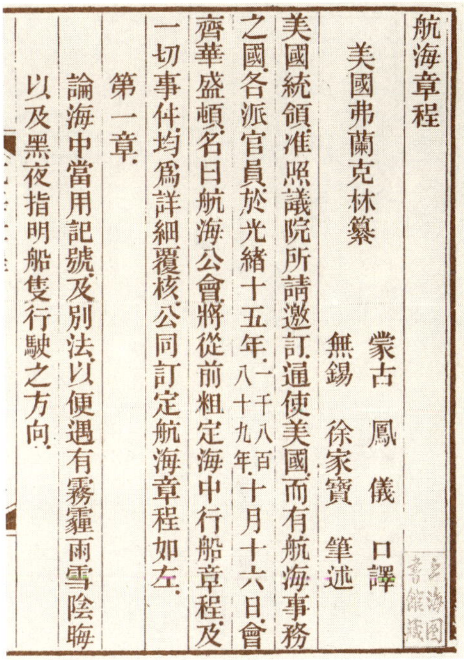
航海章程

美國弗蘭克林纂

蒙古 鳳儀 口譯
無錫 徐家寶 筆述

美國統領准照議院所請邀訂通使美國而有航海事務之國各派官員於光緒十五年（一千八百八十九年）十月十六日會齊華盛頓名曰航海公會將從前粗定海中行船章程及一切事件均爲詳細覆核公同訂定航海章程如左

第一章

論海中當用記號及別法以便遇有霧霾雨雪陰晦以及黑夜指明船隻行駛之方向

《航海章程》书影

应用科学·测绘类(共5种)

《行军测绘》

10卷，首1卷，图1卷。傅兰雅口译，赵元益笔述，沈善蒸校对，同治十三年(1874)刊。英国连提撰，原书名 *A Practical Course of Military Surveying*。具体内容为：卷首界说，卷一画行军图法，卷二地面分三角形，卷三测量之法，卷四测向罗盘用法，卷五平面桌用法，卷六纪限仪用法，卷七测高下各法，卷八画图依次总解，卷九论行军画草图各法，卷十测大地面之略法。本书是一本介绍行军中各种军械的用法、测绘地图原理的教科书，最后还附有英国军校绘图线法章程。

《海道图说》

15卷，附《长江图说》1卷。卷一、二、五傅兰雅口译，其余为金楷理口译，王德均笔述，蔡锡龄校对。同治十三年(1874)刊。英国金约翰(J. W. King)辑，原书名 *The China Sea Directory*。

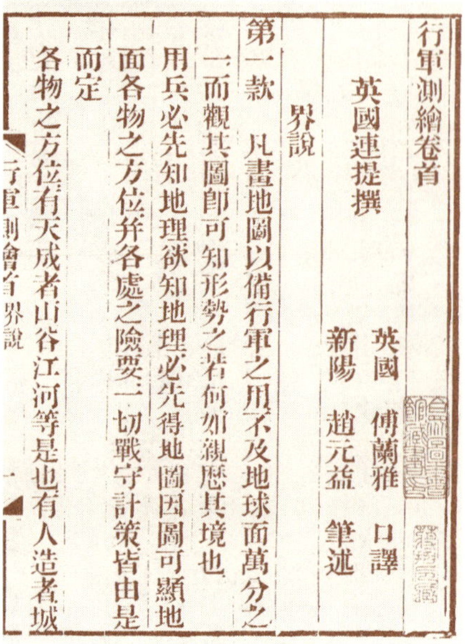
行軍測繪卷首

英國連提撰

英國 傅蘭雅 口譯
新陽 趙元益 筆述

界說

第一款 凡畫地圖以備行軍之用不及地球面萬分之一而觀其圖即可知形勢之若何如親歷其境也

用兵必先知地理欲知地理必先得地圖因圖可顯地面各物之方位并各處之險要一切戰守計策皆由是而定

各物之方位有天成者山谷江河等是也有人造者城

《行军测绘》书影

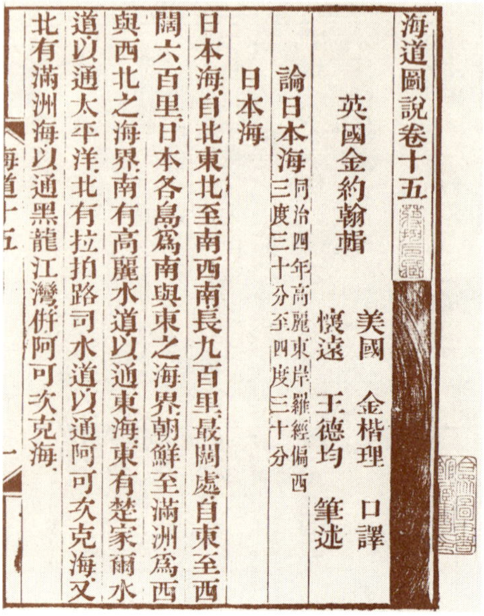
海道圖說卷十五

英國金約翰輯

美國 金楷理 口譯
懷遠 王德均 筆述

論日本海 同治四年高麗東岸羅經偏西三度三十分至四度三十分

日本海

日本海自北東北至南西南長九百里最闊處自東至西闊六百里日本各島爲南與東之海界朝鮮至滿洲爲西與西北之海界南有高麗水道以通東海東有楚家爾水道以通太平洋北有拉拍路司水道以通阿可攴克海又北有滿洲海以通黑龍江灣併阿可攴克海

《海道图说》书影

《绘地法原》

1 卷，图 1 卷，表 1 卷。金楷理口译，王德均笔述，光绪元年(1875)刊。英国胡斯(Hughes)著，原书名 *Mathematical Geography*。

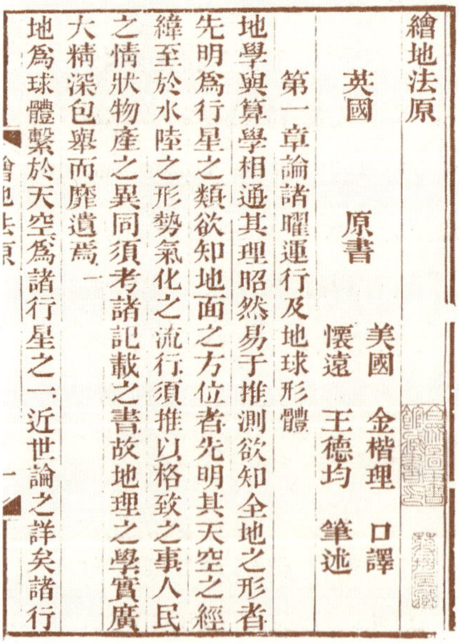
繪地法原

英國 原書

美國 金楷理 口譯
懷遠 王德均 筆述

第一章論諸曜運行及地球形體

地學與算學相通其理昭然易于推測欲知全地之形者先明爲行星之類欲知地面之方位者先明其天空之經緯至於水陸之形勢氣化之流行須推以格致之事人民之情狀物產之異同須考諸記載之書故地理之學實廣大精深包羅而靡遺焉

地爲球體繫於天空爲諸行星之一近世論之詳矣諸行

《绘地法原》书影

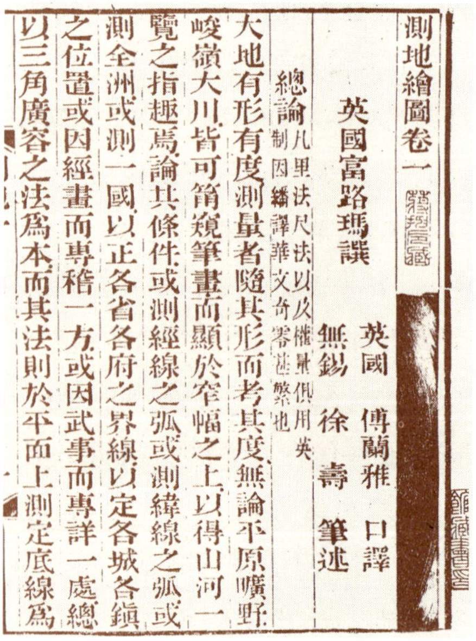
測地繪圖卷一

英國富路瑪譔

英國 傅蘭雅 口譯
無錫 徐壽 筆述

總論 凡里法尺法以及權量俱用英制因繙譯華文奇零甚繁也

大地有形有度測量者隨其形而考其度無論平原曠野峻嶺大川皆可箭窺筆畫而顯於窄幅之上以得山河一覽之指趣焉論其條件或測經線之弧或測緯線之弧或測全洲或測一國以正各省各府之界線以定各城各鎮之位置或因經畫而專稽一方或因武事而專詳一處總以三角廣容之法爲本而其法則於平面上測定底線爲

《测地绘图》书影

《测地绘图》

11 卷。傅兰雅口译，徐寿笔述，光绪二年(1876)刊。英国富路玛(E. C. Frome)原著，原书名 *Method of Conducting a Trigonometrical Survey*。书后还附《星时变》及《太阳平时表》等 21 表。

《测绘海图全法》

8 卷，附 1 卷，傅兰雅口译，赵元益笔述，光绪二十五年(1899)刊。英国华尔登(W. J. L. Warton)撰，原书名为 *Hydrographical Surveying*。

应用科学·机械工程类(共 16 种)

《器象显真》

4 卷，附《器象显真图》1 卷。傅兰雅口译，徐建寅删述，邱瑞麟校对，前 4 卷于同治十年(1871)刊，附图 1 卷刊于光绪五年(1879)。英国白力盖(V. Lebland)辑，原书名 *The Engineer and Machinist's Drawing Book*，1855 年出版。《器象显真》是一部关于画法几何与机械制图学的实用数学著作，第一卷“论画图器具”论述了制图仪器的重要性；第二卷“论用几何法作单形”介绍常在工程作图中出现的几何作图；第三卷为“以几何法画机器视图”，主要介绍正投影基本原理及其视图画法；第四卷“机器视图汇要”，在论述了投影规律和表达方法的基础上，着重介绍螺纹及螺纹连接件、齿轮，

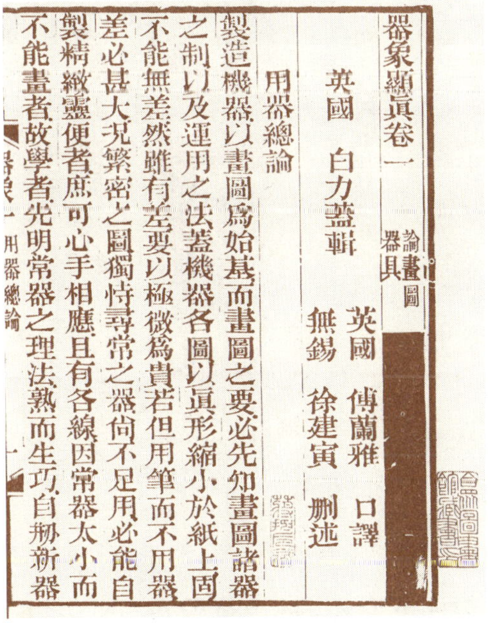
器象顯眞卷一　論畫圖器具
英國　白力蓋　輯
英國　傅蘭雅　口譯
無錫　徐建寅　刪述
用器總論
製造機器以畫圖爲始基而畫圖之要必先知畫圖諸器
之制以及運用之法蓋機器各圖以眞形縮小於紙上固
不能無差然雖有差要以極微爲貴若但用筆而不用器
差必甚大況繁密之圖獨恃尋常之器尙不足用必能自
製精緻靈便者庶可心手相應且有各線因常器太小而
不能畫者故學者先明常器之理法熟而生巧自刱新器
器象一　用器總論　一

《器象显真》书影

常用机械零件结构及其规定画法、代号和标记、零件连接后的装配画法。《器象显真图》包括各类机械零件图、部件图、总装配图共 218 幅，这些图样反映了欧洲 19 世纪机械制图的技术水平。该书是我国第一部系统、完整地介绍西方机械制图的译著，它的出现标志着中国工程图学已经迈向了新的历史时期，对中国工程图学的现代化起到了十分重要的作用。

《汽机发轫》

9 卷，附表 1 卷。伟烈亚力口译，徐寿笔述，同治十年(1871)刊，光绪二十九年(1903)再版。英国美以纳、白劳那合著，原书名 *Manual of the Steam Engine*，论述蒸汽机原理、制造方法以及有关轮船方面的知识，是一本汽机维护方面的教科书。该书是江南制造局最早翻译的与轮船制造相关的西书。

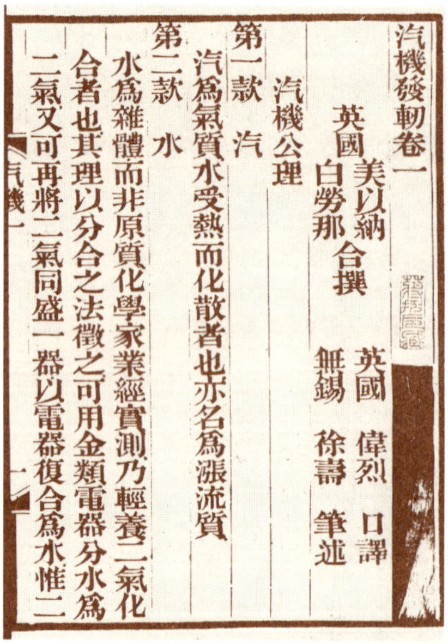
汽機發軔卷一
英國 美以納 白勞那 合撰
英國 偉烈 口譯
無錫 徐壽 筆述
汽機公理
第一款 汽
汽爲氣質水受熱而化散者也亦名爲漲流質
第二款 水
水爲雜體而非原質化學家業經實測乃輕養二氣化合者也其理以分合之法徵之可用金類電器分水爲二氣又可再將二氣同盛一器以電器復合爲水惟二
汽機一

《汽机发轫》书影

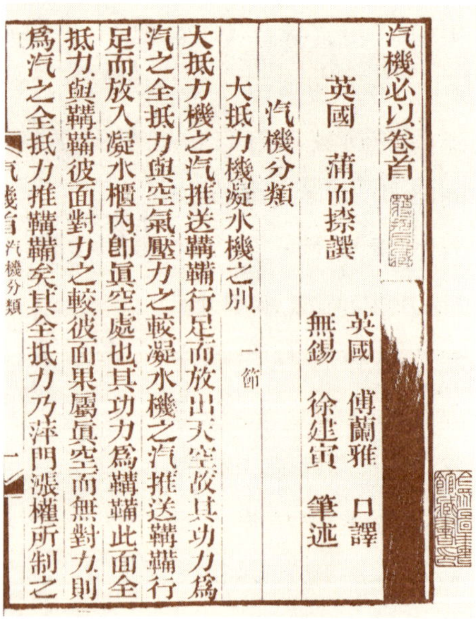
汽機必以卷首
英國 蒲而捺 譔
英國 傅蘭雅 口譯
無錫 徐建寅 筆述
汽機分類
大抵力機凝水機之別 一節
大抵力機之汽推送鞲鞴行足而放出天空故其功力爲汽之全抵力與空氣壓力之較凝水機之汽推送鞲鞴行足而放入凝水櫃內即眞空處也其功力爲鞲鞴此面全抵力與鞲鞴彼面對力之較彼面果屬眞空而無對力則爲汽之全抵力推鞲鞴矣其全抵力乃莽門漲權所制之
汽機首 汽機分類

《汽机必以》书影

《汽机必以》

又名《汽机问答》，12 卷，首 1 卷，图 1 卷。傅兰雅口译，徐建寅笔述，赵元益校对，同治十一年(1872)刊。英国蒲而捺(John A. Bourne)原著，原书名为 *A Catechism of the Steam Engine*，论述蒸汽机原理、制造方法以及有关轮船方面的知识。

《汽机新制》

8 卷。傅兰雅口译，徐建寅笔述，同治十一年(1872)刊。英国白尔格(N. P. Burgh)撰，原书名 *Pocketbook of Practical Rules for the Proportions of Modern Engines and Boilers for Land and Marine Purpose*，1864 年出版于伦敦。

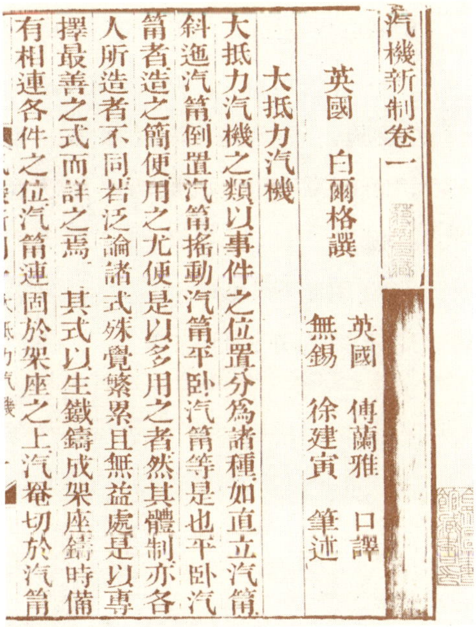

汽機新制卷一

英國 白爾格譔

英國 傅蘭雅 口譯

無錫 徐建寅 筆述

大抵力汽機

大抵力汽機之類以事件之位置分為諸種如直立汽筩斜逩汽筩倒置汽筩搖動汽筩平臥汽筩等是也平臥汽筩者造之簡便用之尤便是以多用之者然其體制亦各人所造者不同若泛論諸式殊覺繁累且無益處是以專擇最善之式而詳之焉 其式以生鐵鑄成架座鑄時備有相連各件之位汽筩連固於架座之上汽巷切於汽筩

《汽机新制》书影

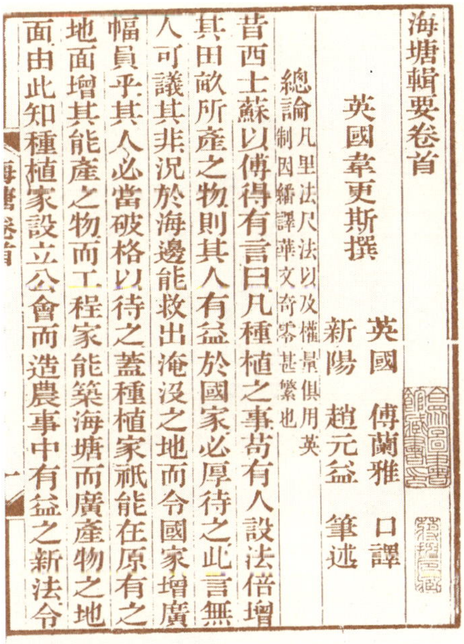

海塘輯要卷首

英國韋更斯撰

英國 傅蘭雅 口譯

新陽 趙元益 筆述

總論 凡里法尺法以及權量俱用英制因繙譯華文奇零甚繁也

昔西士蘇以傅得有言曰凡種植之事苟有人設法倍增其田畝所產之物則其人有益於國家必厚待之此言無人可議其非況於海邊能救出淹沒之地而令國家增廣幅員乎其人必當破格以待之蓋種植家祇能在原有之地面增其能產之物而工程家能築海塘而廣產物之地面由此知種植家設立公會而造農事中有益之新法令

《海塘辑要》书影

《海塘辑要》

10 卷，首 1 卷，附图 57。傅兰雅口译，赵元益笔述，王峻卿校对，同治十二年(1873)刊。英国韦更斯(J. Wiggins)辑，原书名 *The Practice of Embanking Lands From the Sea*。

《艺器记珠》

不分卷，傅兰雅口译，徐建寅笔述，光绪十年(1884)刊，袖珍本。英国暮司活德(G. L. Molesworth)著，原书名 *Pocket Book of Useful Formulae for Civil and Mechanical Engineers*。

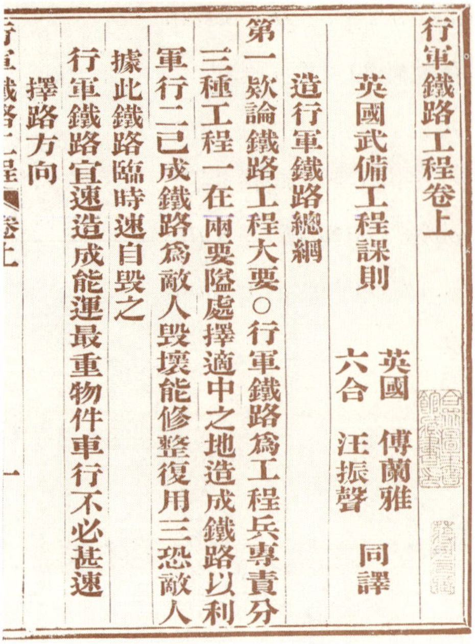

行軍鐵路工程卷上

英國武備工程課則

英國 傅蘭雅 同譯
六合 汪振聲

造行軍鐵路總綱

第一欵論鐵路工程大要○行軍鐵路爲工程兵專責分三種工程一在兩要隘處擇適中之地造成鐵路以利軍行二已成鐵路爲敵人毀壞能修整復用三恐敵人據此鐵路臨時速自毁之

行軍鐵路宜速造成能運最重物件車行不必甚速

擇路方向

行軍鐵路工程卷上 一

《行军铁路工程》书影

《行军铁路工程》

2 卷，图 1 卷。傅兰雅翻译，汪振声笔述，光绪十二年(1886)刊。为英国武备工程课则。

《汽机中西名目表》

1 卷，1 册。江南机器制造总局译，光绪十五年(1889)刊。英文名为 *Vocabulary of Terms Relating to the Steam Engine*。该书倡导科技译名统一，制定译名具体规则，总结译名经验。译名是“译西书第一要事”，“若配准各名，则费功小而获益大”。提出了音译、意译和形声译三大译名方式。本书中的不少译名沿用至今，影响深远。名目表旨在统一译名，便利翻译，在当时不失为开创性探索。

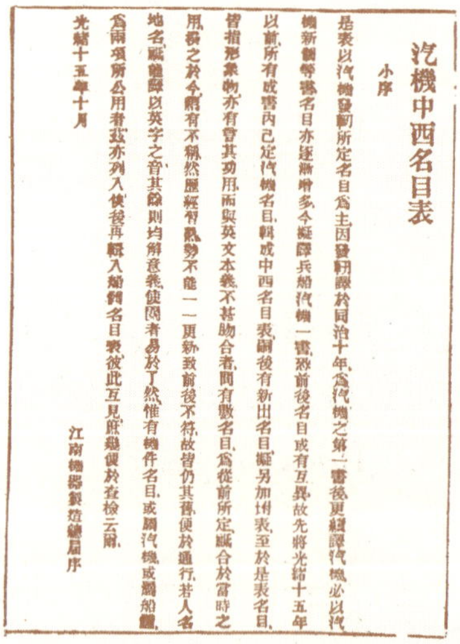

汽機中西名目表

小序

是表以汽機發軔所定名目爲主因發軔譯於同治十年爲汽機之第一書後更續譯汽機必以汽機新制等書名目亦逐漸增多今擬譯兵船汽機一書欲前後名目或有互異故先將光緒十五年以前所有成書內已定汽機名目輯成中西名目表嗣後有新出名目擬另加附表至於是表名目皆指形象物亦有兼其功用而與英文本義不甚脗合者間有數名目爲從前所定祗合於當時之用移之於今稍有不稱然歷經習熟勢不能一一更新致前後不符故皆仍其舊便於通行若人名地名祗譯以英字之音其餘則均解意義使閱者易於了然惟有機件名目或關汽機或關船體爲兩項所公用者茲亦列入俟後再輯入船體名目表彼此互見庶幾便於查檢云爾

光緒十五年十月

江南機器製造總局序

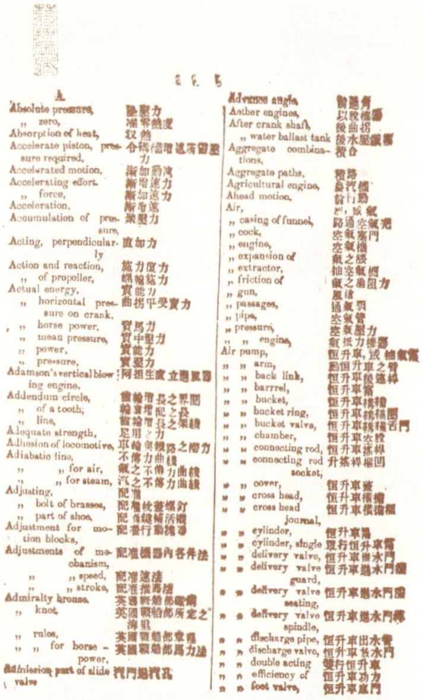

《汽机中西名目表》书影

《兵船汽机》

6 卷，附图 262，附 1 卷。傅兰雅口译，华备钰笔述，光绪二十年(1894)刊。英国息尼德(R. Sennett)撰，原书名 *The Marine Steam Engine*，1885 年出版于伦敦。该书是一本介绍军舰汽机原理、可操作性强的教科书。

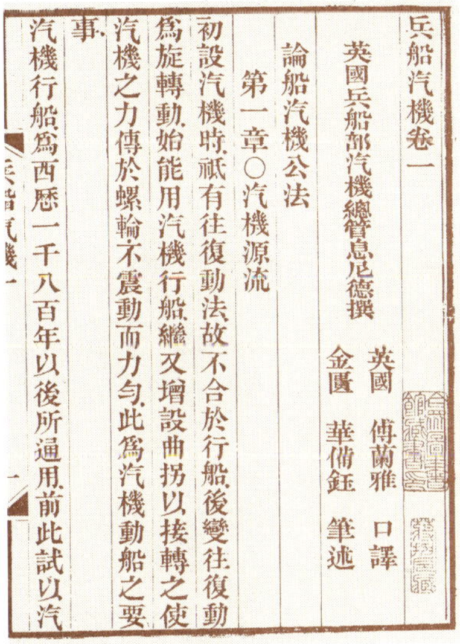
兵船汽機卷一
英國兵船部汽機總管息尼德撰
英國 傅蘭雅 口譯
金匱 華備鈺 筆述
論船汽機公法
第一章○汽機源流
初設汽機時祇有往復動法故不合於行船後變往復動為旋轉動始能用汽機行船繼又增設曲拐以接轉之使汽機之力傳於螺輪不震動而力勻此為汽機動船之要事
汽機行船為西歷一千八百年以後所通用前此試以汽
兵船汽機一

《兵船汽机》书影

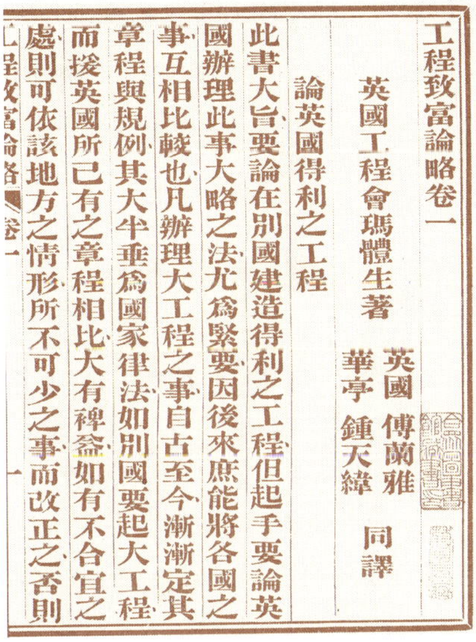
工程致富論略卷一
英國工程會瑪體生著
英國 傅蘭雅
華亭 鍾天緯 同譯
論英國得利之工程
此書大旨要論在別國建造得利之工程但起手要論英國辦理此事大略之法尤為緊要因後來庶能將各國之事互相比較也凡辦理大工程之事自古至今漸漸定其章程與規例其大半垂為國家律法如別國要起大工程而援英國所已有之章程相比大有裨益如有不合宜之處則可依該地方之情形所不可少之事而改正之否則
工程致富論略 卷一

《工程致富论略》书影

《工程致富论略》

又名《工程致富》，13 卷，图 1 卷。傅兰雅口译，钟天纬笔述，光绪二十年(1894)刊。英国玛体生(E. Matheson)撰，原名 *Aid Book to Engineering Enterprise Abroad*。

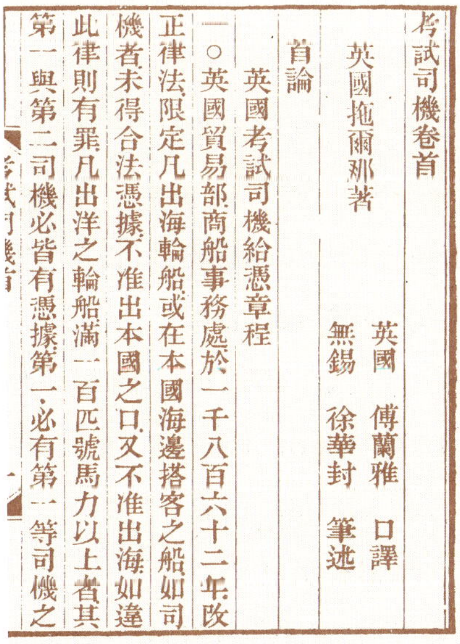
考試司機卷首
英國拖爾那著
英國 傅蘭雅 口譯
無錫 徐華封 筆述
首論
英國考試司機給憑章程
一○英國貿易部商船事務處於一千八百六十二年改正律法限定凡出海輪船或在本國海邊搭客之船如司機者未得合法憑據不准出本國之口又不准出海如違此律則有罪凡出洋之輪船滿一百匹號馬力以上者其第一與第二司機必皆有憑據第一必有第一等司機之
考試司機卷首

《考试司机》书影

《考试司机》

7 卷，首 1 卷，附图 1 卷，6 册。傅兰雅口译，徐华封笔述，光绪二十年（1894）刊。英国拖尔那（W. H. Thorn）撰，原名 *Reed's Engineer's Hand Book to the Local Marine Board Examinations*。该书是一套培养轮船、战舰司机的教科书。

《考工记要》

17 卷，附图 1 卷。傅兰雅口译，钟天纬笔述，汪振声校对，光绪二十一年（1895）刊。英国玛体生（E. Matheson）著。该书是一套培养轮船、战舰司机的教科书。

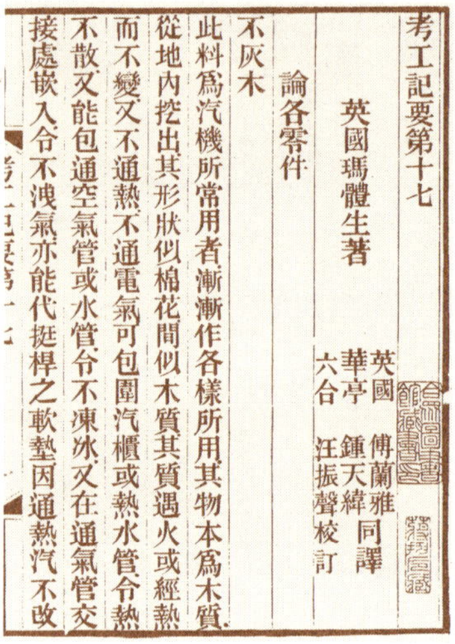
考工記要第十七
英國瑪體生著
英國 傅蘭雅
華亭 鍾天緯 同譯
六合 汪振聲 校訂
論各零件
不灰木
此料爲汽機所常用者漸漸作各様所用其物本爲木質從地内挖出其形狀似棉花間似木質其質遇火或經熱而不變又不通熱不通電氣可包圍汽櫃或熱水管令熱不散又能包通空氣管或水管令不凍冰又在通氣管交接處嵌入令不洩氣亦能代挺桿之軟墊因通熱汽不改

《考工记要》书影

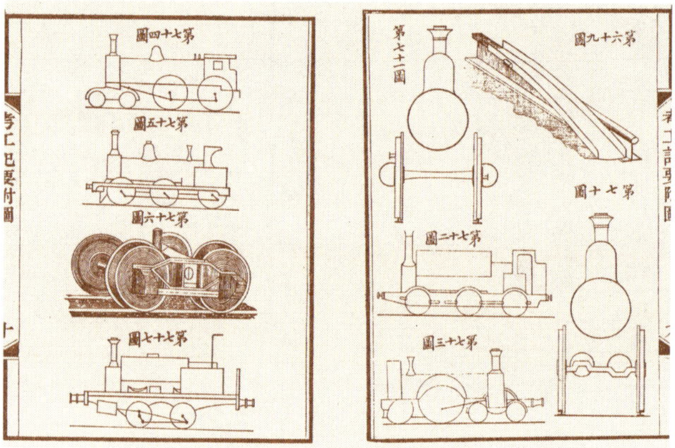

《考工记要》插图

《美国铁路纪要》

3 卷。傅兰雅口译，潘松笔述，光绪二十三年（1897）刊。美国柯里（T. C. Clarke）辑，原书名 *The American Railways*。

《美国铁路汇考》

又称《铁路汇考》，13 卷，傅兰雅口译，潘松笔述，美国柯里（T. C. Clarke）辑，光绪二十五年（1899）刊，原书名 *The American Railways*。

《制机理法》

8 卷，附图 242，傅兰雅口译，华备钰笔述，光绪二十五年

(1899)刊;英国觉显禄斯撰,原书名 *Mechanical Engineering-workshop Companion*,论述车床、刨床的装配以及使用方法。

《工艺准绳》

不分卷,傅兰雅口译,徐家宝笔述,约光绪二十六年(1900)刊,英国暮司活德(G. L. Molesworth)著。

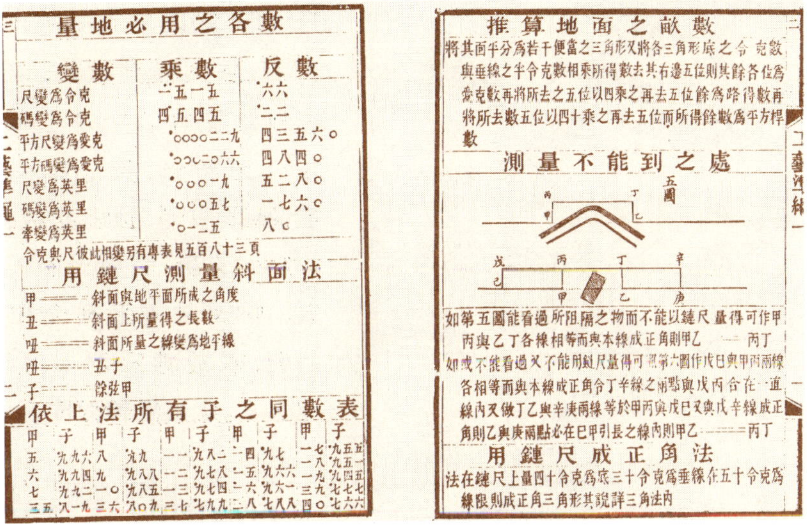
量地必用之各數

變數	乘數	反數
尺變爲令克	二五一五	·六六
碼變爲令克	四五四五	·二二
平方尺變爲畝克	·〇〇〇〇二二九	四三五六〇
平方碼變爲畝克	·〇〇〇〇二〇六六	四八四〇
尺變爲英里	·〇〇〇一九	五二八〇
碼變爲英里	·〇〇〇五七	一七六〇
率變爲英里	·〇一二五	八〇

令克與尺彼此相變另有專表見五百八十三頁

用鏈尺測量斜面法

甲——斜面與地平面所成之角度
丑——斜面上所量得之長數
呷——斜面所量之線變爲地平線
呷——丑子
子——餘弦甲

依上法所有子之同數表

甲	子	甲	子	甲	子	甲	子	甲	子
								一七	·九五五
五	·九九六	八	·九九	一一	·九八二	一四	·九七	一八	·九五一
六	·九九四	九	·九八八	一二	·九七八	一五	·九六六	一九	·九四五
七	·九九二	一〇	·九八五	一三	·九七四	一六	·九六一	三九	·七七七
三五	·八一九	三六	·八〇九	三七	·七九九	二八	·七八八	四〇	·七六六

推算地面之畝數

將其面平分爲若干便當之三角形又將各三角形底之令克數與垂線之半令克數相乘所得數去其右邊五位則其餘各位爲畝克數再將所去之五位以四乘之再去五位餘爲路得數再將所去數五位以四十乘之再去五位而所得餘數爲平方桿數

測量不能到之處

如第五圖能看過所阻隔之物而不能以鏈尺量得可作甲丙與乙丁各線相等而與本線成正角則甲乙——丙丁如或不能看過又不能用鏈尺量得可照第六圖作戊巳與甲丙兩線各相等而與本線成正角令丁辛線之兩點與戊丙合在一直線內又做丁乙與辛庚兩線等於甲丙與戊巳又與戊辛線成正角則乙與庚兩點必在巳甲引長之線內則甲乙——丙丁

用鏈尺成正角法

法在鏈尺上量四十令克爲底三十令克爲垂線在五十令克爲線限則成正角三角形其說詳三角法內

《工艺准绳》书影

应用科学・工艺制造类(共13种)

《西艺知新》与《西艺知新续刻》

《西艺知新》共10卷,附图395,傅兰雅口译,徐寿笔述,徐华封校对,光绪六年(1880)刊;《西艺知新续刻》12卷,附图744,傅兰雅口译,徐寿笔述,徐华封校对,光绪十年(1884)刊。所收15种书名为《匠诲与规》、《回特活特钢炮》、《造管之法》、《回热炉法》、《造硫强水法》、《色相留真》、《周冥知裁》、《水衣全论》、《垸髹致美》、《制肥皂法》、《制油烛法》、《电学镀金》、《制玻璃法》、《铁船针向》、《机动图法》。本书涉及多方面化学工艺制造技艺,讲述西方制漆和涂装技术,并有镀金、镀银、镀铜、镀黄铜、铜器染

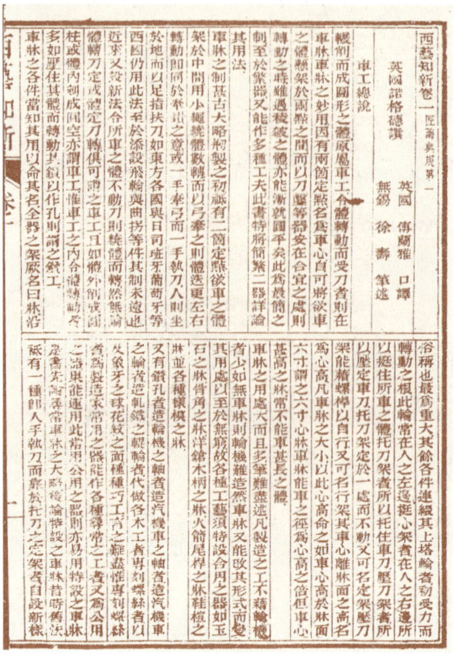

《西艺知新》书影一·匠诲与规

色、仿金涂料的知识。阐明金属溶解和沉积的多种电化学实验方法。汇集机器运动之法，内有力学，水学，汽学，汽机学之法并磨器压器与钟表等。“一切零器之合于寻常日用者，依类而列次第，以便制造家与学生及工师匠目所检阅，留心斯道者，择取应用，独出新裁，以制成奇器，自当无施不宜。向来未有此种全书行世，兹故博采群书，旁询各家，众聚精粹而成。”

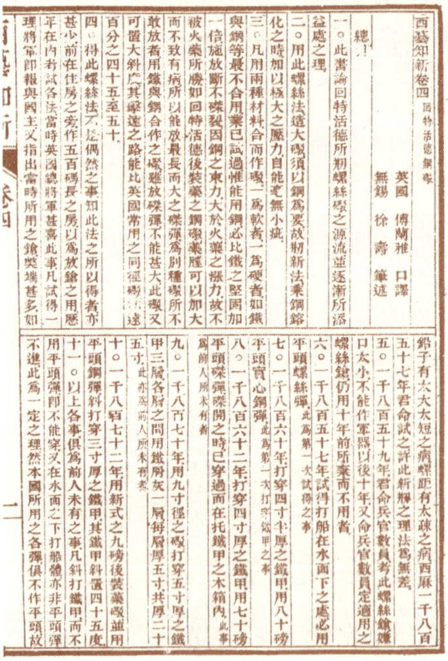

《西艺知新》书影二·回特活特钢炮

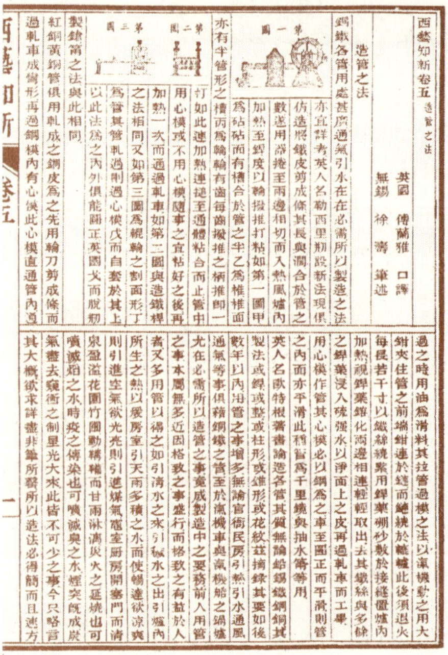

《西艺知新》书影三·造管之法

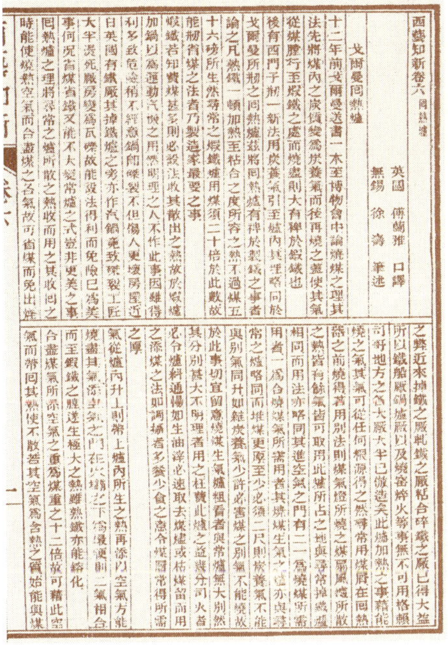
西藝知新卷六 回熱爐

回熱爐

英國 傅蘭雅 口譯

無錫 徐壽 筆述

《西艺知新》书影四·回热炉

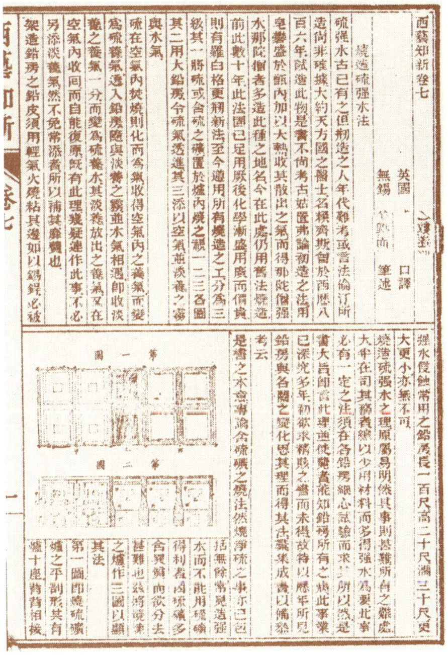
西藝知新卷七

燒造硫强水法

英國 傅蘭雅 口譯

無錫 徐壽 筆述

《西艺知新》书影五·造硫强水法

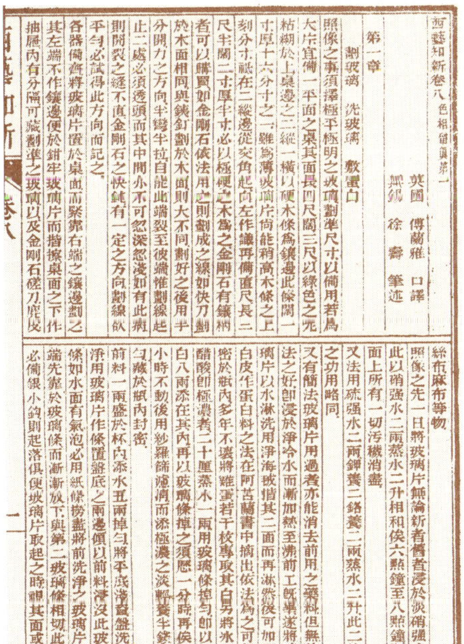
西藝知新卷八 色相留真

第一章

英國 傅蘭雅 口譯

無錫 徐壽 筆述

《西艺知新》书影六·色相留真

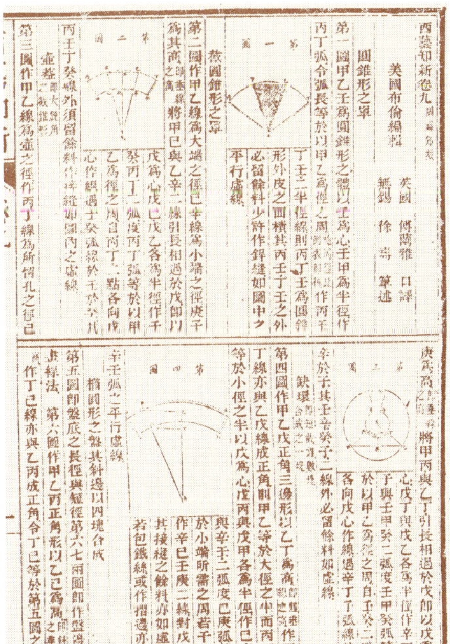
西藝知新卷九

圓錐形之罩

美國布倫編輯

英國 傅蘭雅 口譯

無錫 徐壽 筆述

《西艺知新》书影七·周冥知裁

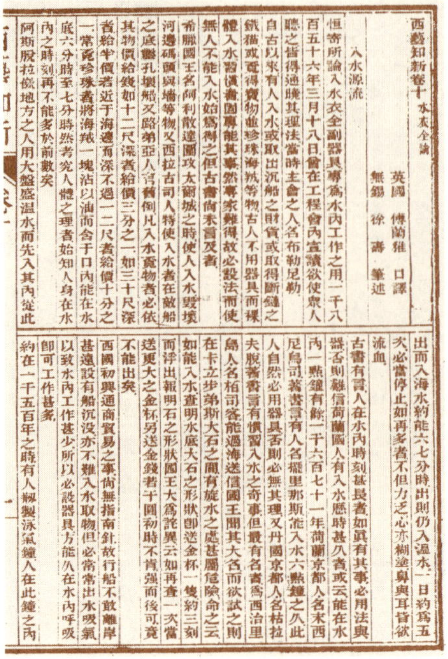

西藝知新卷十 水衣全論

英國 傅蘭雅 口譯
無錫 徐壽 筆述

入水源流

恒寄所論入水衣全副器具專爲水內工作之用一千八百五十六年三月十八日曾在工程會內宣讀欲使衆人聽之皆得通曉其理法當時主會之人名布勒尼勒

自古以來有人入水或取出沉船之財貨或取得斷鏈之鐵猫或覓得寶物並珍珠海蚘等物古人不用器具而裸體入水習慣者固專能其事然專家難得故必設法而使無人不能入水始爲得之但古書尚未言及者

希臘國王名阿利散達圖攻太爾城之時使人入水毀壞河邊碼頭與墻等物又西拉古司人特使入水者在敵船之底鑿孔壞船又路弟亞人有舊例凡入水覓物者必依其物價給錢如十二尺深者給價三分之一如三十尺深者給半價若近于海邊有深不過一二尺者給價十分之一常覓珍珠者將海蚘一塊沾以油而含于口內能在水底六分時至七分時然考究人體之理者始知人身在水內之時刻再不能多於前數矣

阿斯脫拉傚地方之人用大盤盛溫水而先入其內從此出而入海水約能六七分時出則仍入溫水一日約爲五次必當停止如再多者不但力乏心亦糊塗鼻與耳皆欲流血

古書有言人在水內時刻甚長者如眞有其事必用法與器否則難信荷蘭國人有入水歷時甚久者或云能在水內一點鐘有餘一千六百七十一年荷蘭京都人名末西尼烏司著書言有人名擺里那斯能入水六點鐘之久此人自然必用器具否則必無其理又丹國京都人名枯拉夫脫著書言有慣習入水之奇事但最有名者爲西治里島人名栢司客能過海送信國王聞其大名而欲試之則在卡立步弟斯大石之間有旋水之處甚屬危險命之云如能入水查明水底大石之形狀即送金杯一隻約三刻而浮出報明石之形狀國王大爲詫異云如再查一次當送更大之金杯另送金錢若干圓初時不肯強而後可竟不能出矣

西國初興通商貿易之事尚無指南針故行船不敢離岸甚遠設有船沉没亦不難入水取物但必常常出水吸氣以致水內工作甚少所以必設器具方能久在水內呼吸即可工作甚多

約在一千五百年之時有人擬製泳氣鐘人在此鐘之內

《西艺知新》书影八·水衣全论

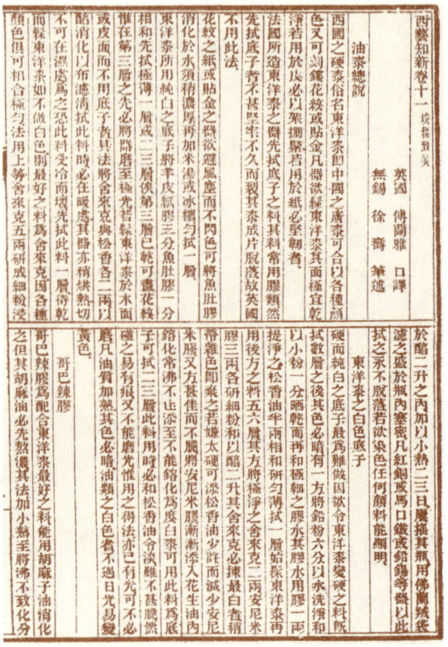

西藝知新卷十一 垸髹致美

英國 傅蘭雅 口譯
無錫 徐壽 筆述

油漆總說

西國之硬漆俗名東洋漆即中國之廣漆可合以各種顏色又可刻鏤花紋或貼金凡器欲髹東洋漆其面極宜乾淨若用於皮必以架挪緊若用於紙必堅韌者

法國所造東洋漆之器先拭底子之料其料常用膠類然先拭底子者不甚堅牢不久而裂其漆成片脫落故英國不用此法

花紋之紙或貼金之器欲避風塵而不閃色可將魚肚膠消化於水須稍濃厚再加米湯或冰糖勻拭一層

東洋漆所用純白之底子將羊皮紙膠三分魚肚膠一分相和先拭極薄一層或二三層俟第三層已乾可畫花紋惟在第三層之先必將器磨至極光若髹東洋漆於木面或皮面而不用底子者其法將舍來克與松香各二兩以醋消化以布濾清拭此料時必在暖處其器亦稍烘熱切不可在濕處爲之恐此料受冷而壞先拭此料一層待乾而髹東洋漆如不做白色則最好之料爲舍來克同各種顏色俱可相合極勻法用上等舍來克五兩研成細粉浸於醋二升之內加以小熱二三日屢搖其瓶用佛蘭絨袋濾之盛於瓶內塞密凡紅銅或馬口鐵或鉛錫等器以此拭之永不脫落若欲染色任何顏料能顯明

東洋漆之白色底子

硬而純白之底子最爲難做因欲令東洋漆變硬之料既拭數層之後其色必暗有一方將鉛粉六分以水洗淨和以小粉一分晒乾而再和極細之膠水其膠水用膠一兩提淨之松香油半兩相和研勻薄拭一層始髹東洋漆再用後方之料五六層其方將極淨之舍來克二兩安尼米膠三兩各研細粉和以醋二升其舍來克必揀最白者稍帶雜色即棄之若嫌太硬可添松香油少許而減少安尼米膠又方甚佳而不脆將安尼米膠漸漸添入花生油內鎔化常沸不止添至不能鎔化爲度白漆可用此料爲底子可拭二三層此料用時必和松香油令淡雖不甚脆然碰之易有痕又不能磨光惟用之得法亦已有光可不必磨凡油質加熱其色必暗油類之白色者不過日光易變黃色

哥巴辣膠

哥巴辣膠爲配合東洋漆最好之料能用胡麻子油消化之但其胡麻油必先熬濃其法加小熱至將沸不致化分

《西艺知新》书影九·垸髹致美

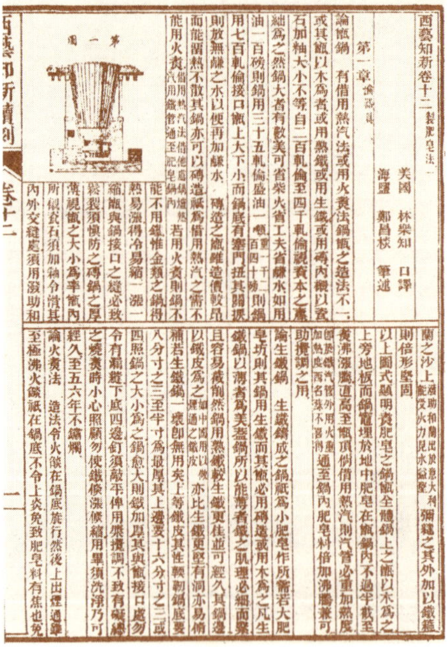

西藝知新卷十二 製肥皂法一

美國 林樂知 口譯
海鹽 鄭昌棪 筆述

第一章 論器具

論甑鍋 有借用熱汽法或用火煑法鍋甑之造法不一或其甑以木爲者或用熟鐵或用生鐵或用磚內襯以瓷石加釉大小不等自二百軋倫至四千軋倫視資本之厚細爲之然鍋大者有數美可省柴火省工夫省鹻水如用油一百磅則鍋用三十五軋倫盛油一噸重二千二百四十磅則鍋用七百軋倫接口甑上大下小而鍋底有塞門扭其關捩則放無鹻之水以便再加鹻水 磚造之甑雖造價較昂而能留熱不散其鍋亦可以磚造祗爲借用熱汽之需不能用火煑 借用熱汽法借他處鍋爐熱汽用鐵管通至肥皂鍋內 若用火煑則鍋不能不用鐵惟金類之鍋得熱易漲得冷易縮一漲一縮甑與鍋接口之縫必致鬆裂須慎防之磚鍋之厚薄視甑之大小爲率甑內所襯瓷石須加釉令滑其內外交縫處須用潑助和蘭之沙上 潑助和蘭出於意大利能受火力見水益堅 彌縫之其外加以鐵箍則倍形堅固

以上圖式顯明煑肥皂之鍋甑全體鍋上之甑以木爲之上旁地板而鍋置埋於地中肥皂在甑鍋內不過半截至煑沸漲騰直高至甑頂倘借用熱汽則汽管必重加熱度 即於鐵汽管外用火爐加熱度西名蘇不潑得 通至鍋內肥皂料倍加沸騰兼可助攪調之用

論生鐵鍋 生鐵鑄成之鍋祗爲小肥皂作所需若大肥皂坊則其鍋用生鐵而其甑必用磚造或用木爲之凡生鐵鍋以薄者爲美蓋鍋所以能薄者鐵之肌理必細而緊且容易發熱然鍋用熟鐵較生鐵更佳並可經久其鍋邊以鐵皮爲之 加中國用以[illegible]煙通之鐵皮 亦比生鐵更堅有洞亦易補若生鐵鍋一壞即無用矣上等鐵皮其性韌鍋底要八分寸之三至半寸爲最厚其上邊要十六分寸之三或四照鍋之大小爲之鍋愈大則鐵加厚其與甑接口處勿令有漏縫下底四邊釘須敲平俾用槳攪調不致有礙總之燒煑時小心照顧勿使鐵條漲條縮用畢須洗淨乃可經久至五六年不銹爛

論火煑法 造法令火燄在鍋底旋行然後上出煙通筆至極沸火燄祗在鍋底不令上炎免致肥皂料有焦也免

《西艺知新》书影十·制肥皂法

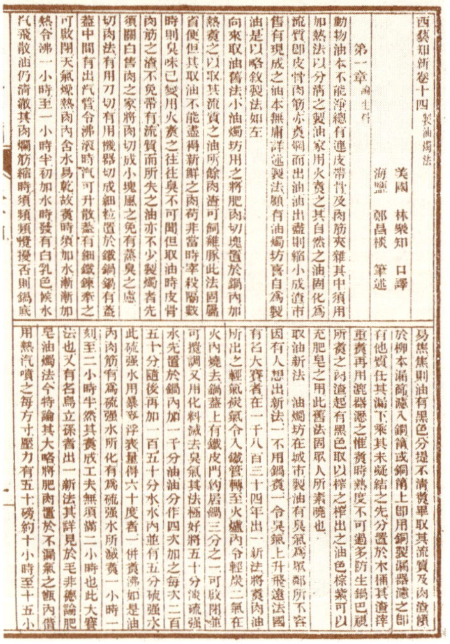

西藝知新卷十四 製油燭法

美國 林樂知 口譯
海鹽 鄭昌棪 筆述

第一章 論生料

動物油本不能淨總有連皮帶骨及肉筋夾雜其中須用加熱法以分清之製油家用火煑之其自然之油固化爲流質即皮骨肉筋亦煑爛而出油油出盡則縮小成渣市售有現成之油本無庸詳述製法頗有油燭坊喜自爲製油是以略敘製法如左

向來取油舊法小油燭坊用之將肥肉切塊置於鍋內加熱煑之以取其流質之油所餘肉渣可飼雞豚此法固屬省便但其取油不能盡得新鮮之肉苟非當時宰殺斷數時則臭味已變用火煑之往往臭不可聞但取油時皮骨肉筋之渣不免帶有流質而所失之油亦不少製燭者先須問白售肉之家將肉切成小塊風之免有蒸臭之慮切肉法有用刀切有用機器切成細粒置於鐵鍋鍋有蓋蓋中間有出汽管令沸滾時汽可升散蓋有細鐵鍊牽之可啟閉天氣燥熱肉內含水易乾故煑時須加水漸漸加熱令沸一小時至一小時半初加水時發有白乳色候水汽飛散油仍清澈其肉爛筋縮時須頻頻攪擾否則鍋底易焦焦則油有黑色分提不清煑畢取其流質及肉渣傾於柳本漏篩濾入銅篩或銅筩上即用銅製漏器濾之即有他質任其漏下乘其未凝結之先分置於木桶其渣滓重煑再用漉器瀝之惟煑時熱度不可過多防生鍋巴硯所煑之肉渣起有黑色取以榨之榨出之油色棕紫可以充肥皂之用此舊法固眾人所素曉也

取油新法 油燭坊在城市製油有臭氣爲眾鄰所不容因有人想出新法一不用鍋煑一令臭氣上升飛遠法國有名大賽者在一千八百三十四年出一新法將煑肉油所出之輕氣炭氣令入鐵管轉至火爐內令輕炭二氣在火內燒去鍋蓋上有鐵皮門約居鍋三分之一可啟閉並可攪調又用化料減去臭氣其法極好將五十分淡硫強水先置於鍋內加一千分油油分作四次加之每次二百五十分隨後再加一百五十分水水內並有五分硫強水此硫強水用暴寒浮表量得六十度者一併煑沸如是油內肉筋有爲硫強水所化有爲硫強水所減煑一小時一刻至二小時半然其煑成工夫無須滿二小時也此大賽法也又有名烏立孫者出一新法其詳見於毛非德論肥皂油燭法今特論其大略將肥肉置於不漏氣之甑內借用熱汽噴之每方寸壓力有五十磅約十小時至十五小

《西艺知新》书影十一·制油烛法

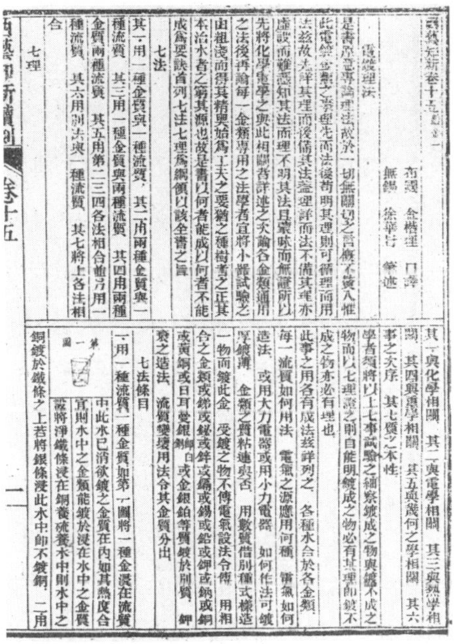

《西艺知新》书影十二・电学镀金

《西艺知新》书影十三・制玻璃法

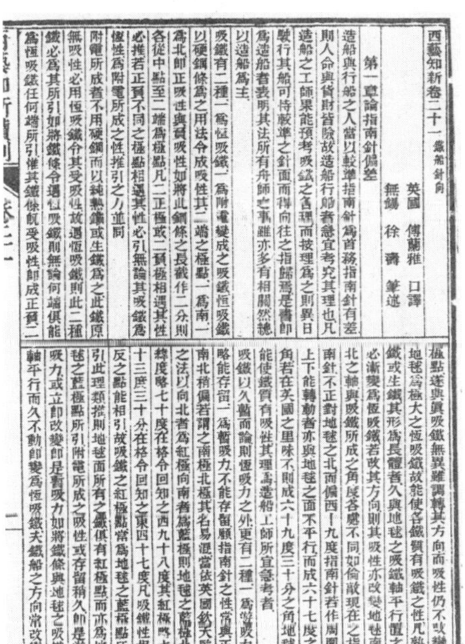

《西艺知新》书影十四・铁船针向

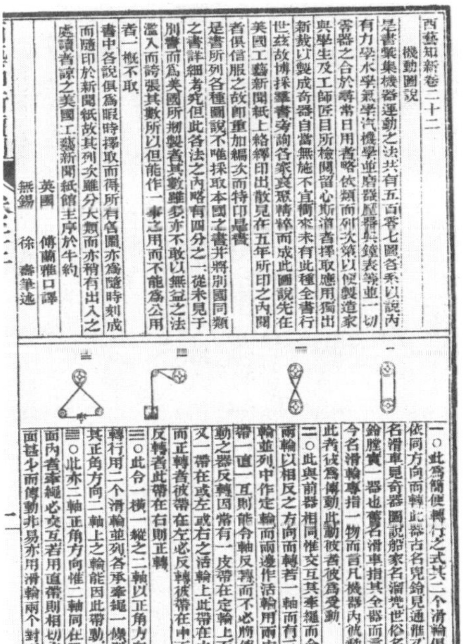

《西艺知新》书影十五・机动图说

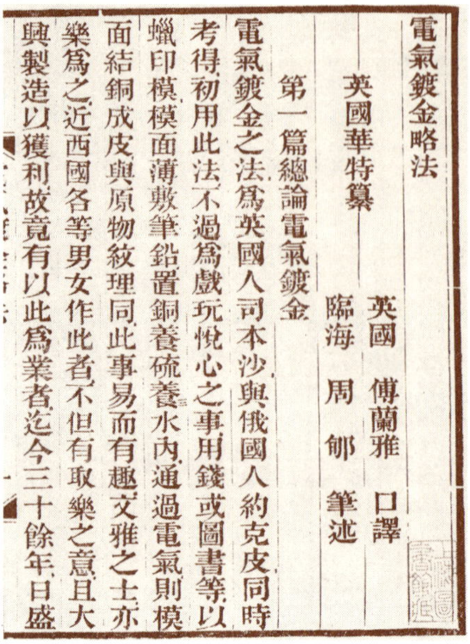
電氣鍍金略法
英國華特纂
英國 傅蘭雅 口譯
臨海 周郇 筆述
第一篇總論電氣鍍金
電氣鍍金之法爲英國人司本沙與俄國人約克皮同時考得初用此法不過爲戲玩悦心之事用錢或圖書等以蠟印模模面薄敷筆鉛置銅養硫養水內通過電氣則模面結銅成皮與原物紋理同此事易而有趣文雅之士亦樂爲之近西國各等男女作此者不但有取樂之意且大興製造以獲利故竟有以此爲業者迄今三十餘年日盛

《电气镀金略法》书影

《电气镀金略法》

1卷，附图12。傅兰雅口译，周郇笔述，沈善蒸校对。光绪六年(1880)刊。英国华特原著，原书名*Electro-metallurgy Practically Treated*。又附录镀法须知46款，三附续录46款。“电镀之法，始不过以为戏玩悦心之事，其后日精，乃有专厂以成工业者矣。此书论镀金理法及利弊。”①本书注重实际操作，介绍镀种有：铜、银、金、黄、铜、青铜、铂、钯、铅、镍、铁、锑、铋、镉、锡、锌15种金属。

電氣鍍鎳
英國 傅蘭雅口譯
無錫 徐華封筆述
近年來鍍鎳之事大行所用材料並製法比前更精又用增力吸鐵電器通電前因造上路之純鎳大板難處甚大故鍍鎳之事前多年無甚進益又平常之發電氣箱鍍鎳慢而難恃所以祇可小試不能大用又製造鎳合淡輕養之雙鹽類亦爲不易之事難得其淨料尋常出賣之鎳鹽類價甚貴而用之作鎳水而鍍鎳往往誤事
現有多人詳考鍍鎳之理法以便爲電鍍金類工藝中之

《电气镀镍》书影

《电气镀镍》

1卷，附图5。英国华特原著，傅兰雅口译，徐华封笔述。光绪十二年(1886)刊。该书介绍了西方1848年至1880年间的镀镍历史和重要专利，还有接触镀镍、局部镀镍和镍层化学抛光等新工艺。本书重工作步骤，重操作，对我国电镀启蒙教育起了重大作用。汉语“电镀”一词也

① 《江南制造局译书提要》卷二，第14页。

是在《电气镀金略法》和《电气镀镍》二书中最早使用，徐华封是“电镀”一词的创造者。

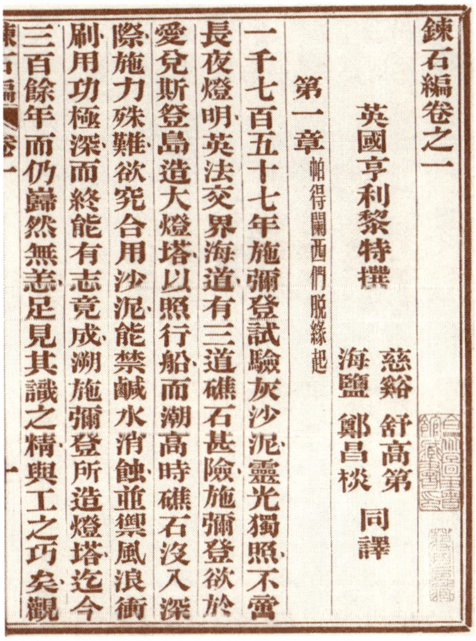
鍊石編卷之一
英國亨利黎特撰　慈谿 舒高第 海鹽 鄭昌棪 同譯
第一章 帕得蘭西們脫緣起
一千七百五十七年施彌登試驗灰沙泥靈光獨照不啻
長夜燈明英法交界海道有三道礁石甚險施彌登欲於
愛兌斯登島造大燈塔以照行船而潮高時礁石沒入深
際施力殊難欲究合用沙泥能禁鹹水消蝕並禦風浪衝
刷用功極深而終能有志竟成溯施彌登所造燈塔迄今
三百餘年而仍巋然無恙足見其識之精與工之巧矣觀
鍊石編 卷一

《炼石编》书影

《炼石编》

3 卷，22 章，图 1 卷，附图 66。英国亨利黎特原著，舒高第口译，郑昌棪笔述。约刊行于 1886—1889 年间。由缘起论及地质金石，择厂地选原料，查核料理各料，矿粉和泥制法，介绍窑及烧法，成块机器，试验器，用时试验法，最后论及使用之益，本书对中国早期冶金矿业具有一定影响。

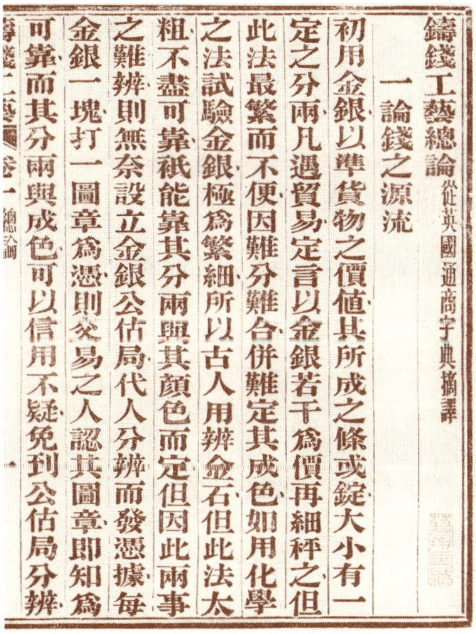
鑄錢工藝總論 從英國通商字典摘譯
一論錢之源流
初用金銀以準貨物之價值其所成之條或錠大小有一
定之分兩凡遇貿易定言以金銀若干為價再細秤之但
此法最繁而不便因難分難合併難定其成色如用化學
之法試驗金銀極為繁細所以古人用辨金石但此法太
粗不盡可靠祗能靠其分兩與其顏色而定但因此兩事
之難辨則無奈設立金銀公估局代人分辨而發憑據每
金銀一塊打一圖章為憑則交易之人認其圖章即知為
可靠而其分兩與成色可以信用不疑免到公估局分辨
鑄錢工藝 卷一 總論

《铸钱工艺》书影

《铸钱工艺》

3 卷，附图 32。傅兰雅口译，钟天纬笔述，程瞻洛校对。光绪十六年(1890)刊。该书作为基础性和实用性的工艺技术引进，对于近代冶金技能的建立和发展，发挥了积极的作用，颇具实用操作价值。

《化学工艺》

初集 4 卷，二集 4 卷，三集 2 卷，图 3 卷，附图 711。傅兰雅口译，汪振声笔述，徐华封校对，光绪二十四年(1898)刊。英国能智(G. Lunge)原著，原书名 *A Theoretical and Practical*

Treatise on the Manufacture of Sulphuric Acid and Alkali。《江南制造局译书提要》称该书“每集有图，为工艺中要书，惜校对尚欠精审”。本书在较长一段时间里流传广泛，是研究化学和化学工艺必读的书，享有很高声誉。

《取滤火油法》

1 卷，图 1 卷，附图 15。美国日得乌特撰，秀耀春、卫理口译，汪振声笔述，光绪二十六年(1900)刊。全书分 12 条介绍火油(今石油)的原质源流、产油地形勘察及开井机器和钻探器、过滤方法、运输方法及各种用途。时人评述：“惜甚简略，尚不足为实业家研究之资”，幸“倘有续译较详之书供人玩索，为益岂浅鲜哉”。①

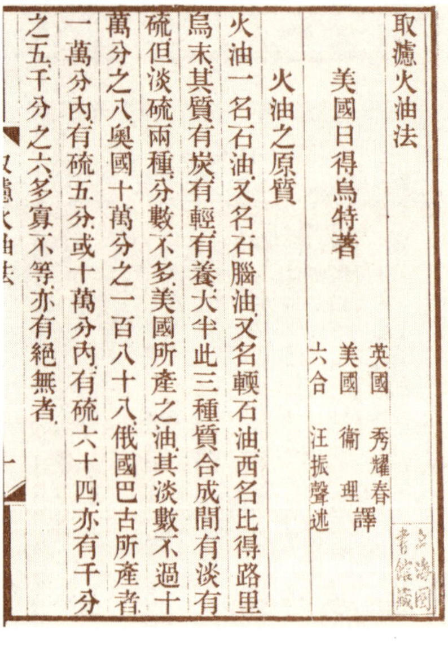
取濾火油法
美國日得烏特著
英國 秀耀春
美國 衛 理 譯
六合 汪振聲 述
火油之原質
火油一名石油又名石腦油又名轆石油西名比得路里烏末其質有炭有輕有養大半此三種質合成間有淡有硫但淡硫兩種分數不多美國所產之油其淡數不過十萬分之八奧國十萬分之一百八十八俄國巴古所產者一萬分內有硫五分或十萬分內有硫六十四亦有千分之五千分之六多寡不等亦有絕無者

《取滤火油法》书影

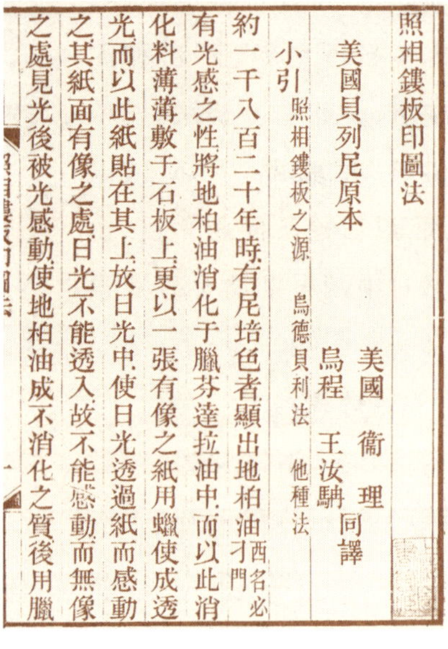
照相鏤板印圖法
美國貝列尼原本
美國 衛 理
烏程 王汝駉 同譯
小引 照相鏤板之源 烏德貝利法 他種法
約一千八百二十年時有尼培色者顯出地柏油（西名必門）有光感之性將地柏油消化于臘芬達拉油中而以此消化料薄薄敷于石板上更以一張有像之紙用蠟使成透光而以此紙貼在其上放日光中使日光透過紙而感動之其紙面有像之處日光不能透入故不能感動而無像之處見光後被光感動使地柏油成不消化之質後用臘

《照相镂板印图法》书影

《照相镂板印图法》

1 卷，9 章。美国贝列尼撰，卫理、王汝驹同译。光绪二十六年(1900)刊。全书包括照相镂版之源说起，分别介绍相片、透光影片、炭粉底、铜版光洁法、做粒纹面法，铜版发现象模法、备酸

① 《江南制造局译书提要》卷二，第 18 页。

质透入胶面蚀铜法、配酸质用酸质法、洗铜版擦铜版与修改铜版法、印图法、铜版镀钢面法，最后以材料与器具结束。此书颇为详晰，为晚清读者普及科学素养和提升工艺技术水平，打开了一扇窗口。

《金工教范》

1卷，附图95，美国康泼吞原著，王汝驹口译，范熙庸笔述，光绪二十六年(1900)版，光绪三十年(1904)再刊。该书分24课：金工用器具以及切剖、弯、扁、绞、热合、制生熟铁、淬钢、削工、钻锯、锉、烙铁焊、吹火管焊接诸多专业操作技能。本书是金工普及教科书，对应用技术的发展起到了指导作用。

《制羼金法》

2卷，附图12。日本桥本奇策原著，王季点笔述，光绪二十七年(1901)刊。以两种金属或多种金属依照规律相羼合，可以得到复合效果，或增加其强度，或减弱其硬度等。本书总论金属之物理性质及化学性质，分述铜、金、银、锌、锡、镍、锰、铝、锑、铂之间两两羼合的工艺流程。本译著直接对当时以江南制造局为代表的中国早期工业产生了深刻影响。

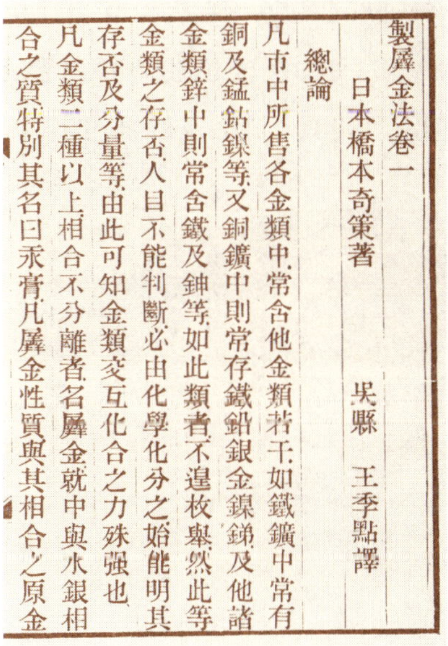

製羼金法卷一

日本橋本奇策著　吳縣　王季點譯

總論

凡市中所售各金類中常含他金類若干如鐵鑛中常有銅及錳鈷鎳等又銅鑛中則常存鐵鉛銀金鎳銻及他諸金類鋅中則常含鐵及鉮等如此類者不遑枚舉然此等金類之存否人目不能判斷必由化學化分之始能明其存否及分量等由此可知金類交互化合之力殊强也

凡金類二種以上相合不分離者名羼金就中與水銀相合之質特別其名曰汞膏凡羼金性質與其相合之原金

《制羼金法》书影

《铸金论略》

6卷，图1卷，附图351。英国司布勒村著，原书名 *A Practical Treatise on Casting and Founding*，傅兰雅口译，汪振声笔述。光绪二十八年(1902)刊。该书介绍了生铁的情形、配铸各类器式与金类结成颗粒相关之原理、炉形及其烧料、量度法、寒暑表、各种耐火材料，进风机械与风轮，造模和造模具材料，样板成模及成模机器、齿轮法、速冷法、打薄之生铁铁面变成钢法、别种金类器上加铸生铁法、制造厂内起重各架、铸钢铸铜法、论建铸金厂式及成件之费。该书是比较专业的关于铸造生铁工业流程的著作。

《造洋漆法》

1 卷，9 章，附图 8。日本藤原良纯撰，藤田丰八口译，汪振声笔述。光绪二十九年(1903)刊。该书介绍了漆的性能用途、原料造法及配方、树脂油的制法及功用。时人认为“用以涂饰器物之面并阻空气水湿之侵蚀。其用甚繁，其工甚要也”①。

《颜料篇》

3 卷，附图 5，日本守谦吉郎编，藤田丰八译，汪振声重编，宣统元年(1909)刊。凡取自于自然界各种生物和矿物制成的颜料，此书均择要论述。并以色系区分排列。《江南制造局译书提要》评述其“制法及性质亦详家考核，译笔明畅，每种华名下附译西文，尤便参阅”。

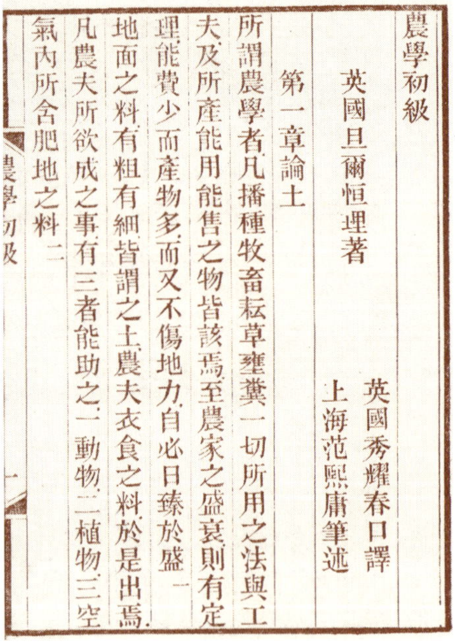
農學初級

英國旦爾恒理著　英國秀耀春口譯

上海范熙庸筆述

第一章論土

所謂農學者凡播種牧畜耘草壅糞一切所用之法與工夫及所產能用能售之物皆該焉至農家之盛衰則有定理能費少而產物多而又不傷地力自必日臻於盛一地面之料有粗有細皆謂之土農夫衣食之料於是出焉凡農夫所欲成之事有三者能助之一動物二植物三空氣內所含肥地之料二

《农学初级》书影

应用科学·农学类(共 9 种)

《农学初级》

1 卷，10 章。英国旦尔恒理原著，秀耀春口译，范熙庸笔述。光绪二十四年(1898)刊。此书分析了土质植物内质(附论种子)、各种肥料(土内、农家有产、制造、自然)、耕种方法轮种、农畜、农物遵守的

① 《江南制造局译书提要》卷二，第 21 页。

时令、配合浇灌的方式方法，并且介绍了杀虫法、引阳光法、玻璃罩法、施放电气法、汽机取水、电机犁田法。这些生产工具都应用了现代的机械原理。即使仍使用人力和畜力的操作，但其精巧程度远非传统农具所能比及。

《意大里蚕书》

1 卷，15 章。意大利丹吐鲁(Count Vincenzo Dandolo)原著，原书名 *The Art of Rearing silk-worms*，傅兰雅口译，汪振声笔述，赵元益校对。光绪二十五年(1899)刊。本书由蚕的出生到吐丝作茧，到破茧化蛾留籽，由蚕的吃食桑叶到蚕的休眠习性，易患之病，一一详加说明。经营蚕桑，历来经济收入较耕种为高，又“各项利益无不备载”此书中，故本书一时为“蚕桑家奉为金针”。①

《农务化学问答》

2 卷，附图 37。英国仲斯敦原著，原书名 *Catechism of Agricultural Chemistry and Geology*，秀耀春口译，范熙庸笔述，光绪二十五年(1899)刊。该书内容包括各种泥土的质地、泥土与动植物相关相连、深耕以增地力增收成、土内氮气、土壤有自肥能力、饲养乳牛之法，计 23 章 439 条，甚合农人事农教科之用途。

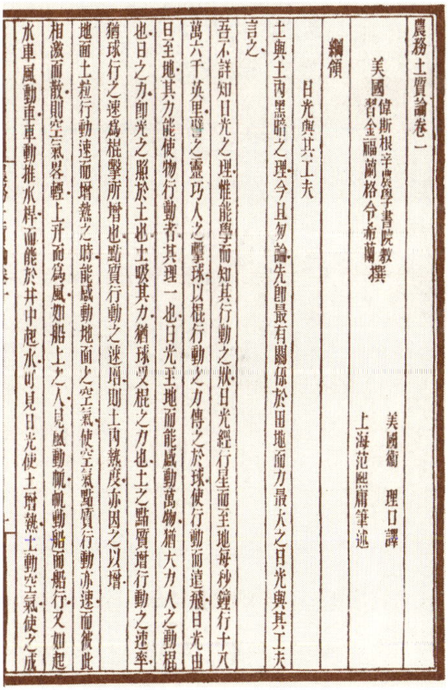
農務土質論卷一
美國偉斯根辛農學書院教習金福蘭格令希蘭撰
美國衛理口譯
上海范熙庸筆述
綱領
日光與其工夫
土與土內黑暗之理今且勿論先即最有關係於田地面力最大之日光與其工夫言之
吾不詳知日光之理惟能學而知其行動之狀日光經行星而至地每秒鐘行十八萬六千英里譬之靈巧人之擊球以棍行動之力傳之於球使行動而遠飛日光由日至地其力能使物行動者其理一也日光至地面能感動萬物猶大力人之動棍也日之力即光之照於土也土吸其力猶球受棍之力也土之點質增行動之速率猶球行之速爲棍擊所增也點質行動之速增則土內熱度亦因之以增地面土粒行動速而增熱之時能感動地面之空氣使空氣點質行動亦速而彼此相激而散則空氣略輕上升而爲風如船上之人見風動帆帆動船而船行又如起水車風動車車動推水桿而能於井中起水可見日光使土增熱土動空氣使之成

《农务土质论》书影

《农务土质论》

3 卷，图说 1 卷，附图 45。美国金福兰格令希兰原著，卫理口译，范熙庸笔

① 《江南制造局译书提要》卷一，第 61 页。

述，光绪二十八年(1902)刊。内容包括土壤里的微生物、土壤密度质地、土内水分和保湿，涉及植物根须、耕种施肥灌溉之功用及空气对土地的益处、田地肥沃需开沟泄水。本书从土壤质地切入农务，是一本探究农事原由的译作。

《农务化学简法》

3卷。美国固来纳(Grenier)原著，书名为 *Agricultural Chemistry*，傅兰雅口译，王树善笔述，蔡澄校对。光绪二十八年(1902)刊。本书阐述了养植物所需的生料、肥沃土壤的方法、农务化学增收获利的原因，共29章，“专以化学法，分析显明各肥料之可以粪田畴而美土疆者”①。

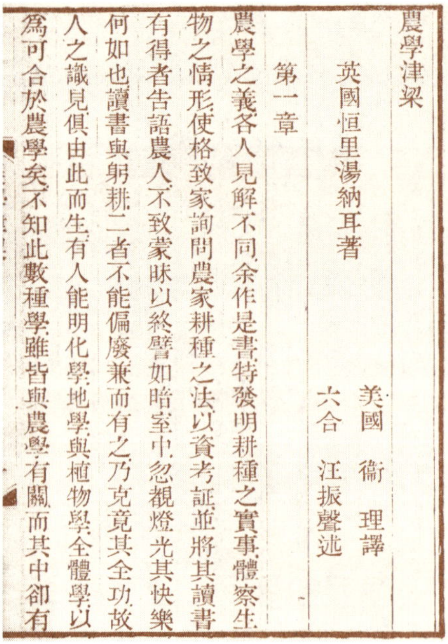
農學津梁

英國恒里湯納耳著　美國衛理譯

六合汪振聲述

第一章

農學之義各人見解不同余作是書特發明耕種之實事體察生物之情形使格致家詢問農家耕種之法以資考証並將其讀書有得者告語農人不致蒙昧以終譬如暗室中忽覩燈光其快樂何如也讀書與躬耕二者不能偏廢兼而有之乃克竟其全功故人之識見俱由此而生有人能明化學地學與植物學全體學以爲可合於農學矣不知此數種學雖皆與農學有關而其中卻有

《农学津梁》书影

《农学津梁》

1卷。英国恒里·汤纳耳原著，卫理口译，汪振声笔述。光绪二十八年(1902)刊。全书凡60章，论辨土质用肥料及耕种养畜各法，与《农学初级》大同小异，又互有详略。

《农学理说》

2卷。美国德怀特·福利斯撰，王汝驹口译，赵诒琛笔述，光绪三十年(1904)刊。计15章，末有附表，论植物生长。本农书涉及土源土质，改良肥料，及动物生长饲料和饲养规则。《江南制造局译书提要》指出该书“言简意赅，表尤详悉，施之实验甚易。农学阶梯莫便于此”。

① 《江南制造局译书提要》卷一，第62页。

《农务全书》

上、中、下编各16卷。美国施妥缕撰，舒高第口译，赵诒琛笔述，光绪三十三年至宣统元年(1907—1909)刊。论述地土及空气与植物大相关系，而地土空气二项，均含各种原质及水，所以虽然专论植物，又涉及化学，多摘录学堂讲义。《江南制造局译书提要》评介其“考验精详，足资练习”，“诚农学家及农人实地研究书也”。

《种葡萄法》

12卷，美国赫思满著，舒高第口译，陈洙笔述，宣统元年(1909)刊。美国在1847年开始种葡萄，不断改良种法，日新月异，从初始三四品种进化到成书时几百个品种，足够供应本国食品及造酒市场。该译著是美国当时最新的农学作品，从种植、修剪、培养、收果到牵棚、搭架、预备园土，各种方法，均有述及，因而力荐当时种植葡萄的农人再三阅读。

应用科学·兵学类(27种)

《制火药法》

3卷，附图58。英国利稼孙(Thos. Richardson)、华得斯(Henry Watts)原著，原书名 *Manufacture of Gunpowder*。傅兰雅口译，丁树棠笔述，李乘时校对。同治九年(1870)刊，光绪二十八年(1902)再刊。晚清发展军工，迫切需要火药、练兵等方面的实用知识。本书专事介绍火药制造流程，另外记叙了收藏火药、炸药、灭火药的器具，及各种混合制剂的配方。

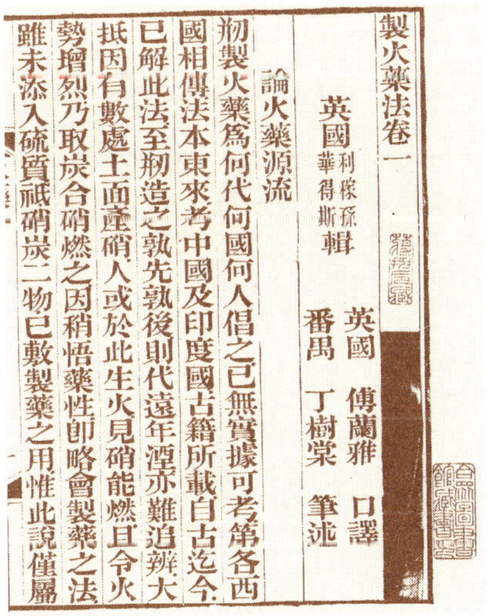
製火藥法卷一

英國 利稼孫 華得斯 輯　英國 傅蘭雅 口譯

番禺 丁樹棠 筆述

論火藥源流

剏製火藥爲何代何國何人倡之已無實據可考第各西國相傳法本東來考中國及印度國古籍所載自古迄今已解此法至剏造之孰先孰後則代遠年湮亦難追辨大抵因有數處土面產硝人或於此生火見硝能燃且令火勢增烈乃取炭合硝燃之因稍悟藥性即略會製藥之法雖未添入硫質祇硝炭二物已敷製藥之用惟此說僅屬

《制火药法》书影

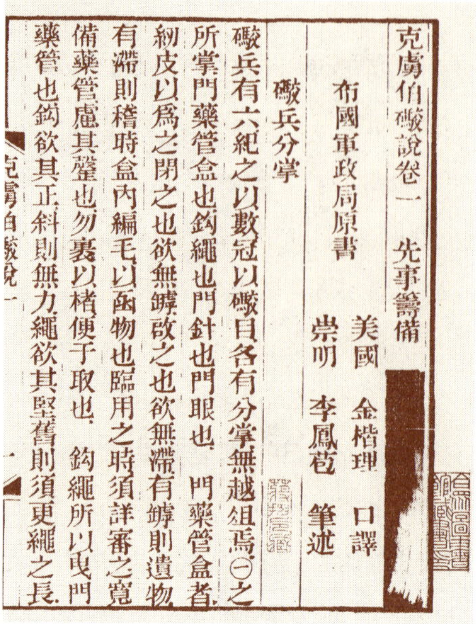
克虜伯礮說卷一　先事籌備
布國軍政局原書　美國　金楷理　口譯
崇明　李鳳苞　筆述
礮兵分掌
礮兵有六紀之以數冠以礮目各有分掌無越俎焉㊀之所掌門藥管盒也鉤繩也門針也門眼也　門藥管盒者紉皮以爲之閉之也欲無罅啟之也欲無滯有罅則遺物有滯則稽時盒內編毛以函物也臨用之時須詳審之寬備藥管處其鞶也勿褎以楮便于取也　鉤繩所以曳門藥管也鈎欲其正斜則無力繩欲其堅舊則須更繩之長
克虜伯礮說一

《克虏伯炮说》书影

《克虏伯炮说》

4卷，附图35。普鲁士军政局原著，原书名*Krupp's Guns, Description*，金楷理译，李凤苞述。同治十三年(1874)刊。该书认为，由火炮后膛来复线装药，因炮的攻击力发射速度快，比炮前膛装药有利，士兵操作方法也较前困难。火炮操作过程事关重大，非可浅尝薄涉而为之。所以本书是练兵家所必读。

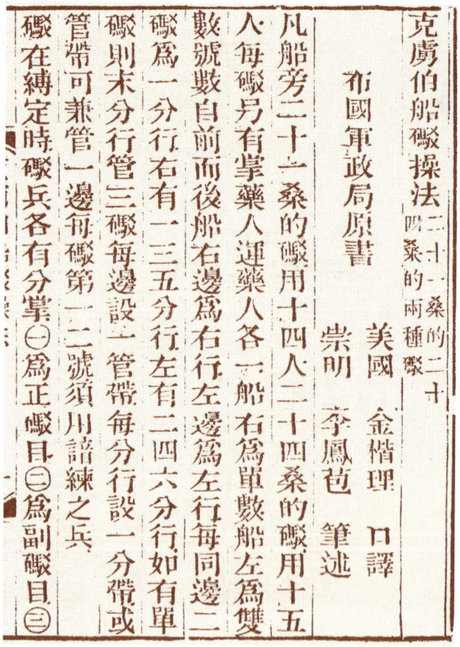
克虜伯船礮操法　二十一桑的二十四桑的兩種礮
布國軍政局原書　美國　金楷理　口譯
崇明　李鳳苞　筆述
凡船旁二十一桑的礮用十四人二十四桑的礮用十五人每礮另有掌藥人運藥人各一船右爲單數船左爲雙數號數自前而後船右邊爲右行左邊爲左行每同邊二礮爲一分右有一三五分行左有二四六分行如有單礮則末分行管三礮每邊設一管帶每分行設一分帶或管帶可兼管一邊每礮第一二號須用諳練之兵
礮在縛定時礮兵各有分掌㊀爲正礮目㊁爲副礮目㊂

《克虏伯炮操法》书影

《克虏伯炮操法》

4卷。普鲁士军政局原著，金楷理译，李凤苞述。同治十三年(1874)刊。德国克虏伯公司(Krupps)从19世纪后半叶起，逐渐发展成世界著名的军火制造商，其生产的克虏伯后膛钢炮半数以上销往国外。本书深入浅出地介绍了克虏伯产火炮的操作方法和步骤，完全服务于操作克虏伯炮。

《克虏伯炮表》

2卷。普鲁士军政局原书，金楷理译，李凤苞述。同治十三年(1874)刊。清政府出于求强求富的需要，购买了西方大批火器，翻译了许多武备书籍，本书是众多介绍西方实用弹道学知识书之一，偏重于实用技术方面，契合中国古代的科学传统，得以在晚清军方传布。

《克虏伯炮弹造法》

2卷，附图。普鲁士军政局原书，原书名 *Krupp's Guns, Shots and Shells*。金楷理译，李凤苞述。同治十三年(1874)刊。本书主要介绍克虏伯公司研制生产的炮弹种类，包括开花弹、硬质弹、实心弹、钢质弹、装砂弹、字母弹等。清廷末季，无论是在武器装备的改进，还是兵工制造技术的提高等方面，克虏伯于中国近代军事的发展都有着很大的关系。

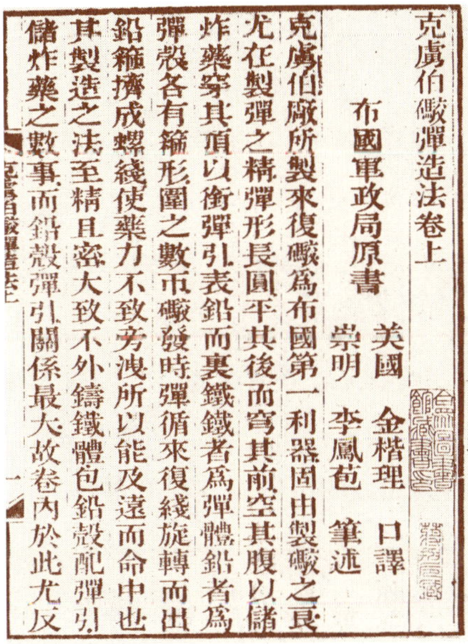
克虜伯礮彈造法卷上
布國軍政局原書
美國 金楷理 口譯
崇明 李鳳苞 筆述
克虜伯廠所製來復礮爲布國第一利器固由製礮之良尤在製彈之精彈形長圓平其後而穹其前空其腹以儲炸藥穿其頂以銜彈引表鉛而裏鐵鐵者爲彈體鉛者爲彈殼各有箍形圍之數而礮發時彈循來復綫旋轉而出鉛箍擠成螺綫使藥力不致旁洩所以能及遠而命中也其製造之法至精且密大致不外鑄鐵體包鉛殼配彈引儲炸藥之數事而鉛殼彈引關係最大故卷內於此尤反

克虜伯礮彈造法上 一

《克虏伯炮弹造法》书影

《克虏伯炮药饼造法》

1卷。普鲁士军政局原书，原书名 *Krupp's Guns, Prismatic Powder*，金楷理译，李凤苞述。同治十三年(1874)刊。当时翻译馆采取中西学者通力合作、口述与笔译相结合的办法，翻译克虏伯炮学书籍，以解当局需求之殷。虽然仿造克虏伯炮还未提上日程，但此书的翻译推介对晚清各机器局学制炮弹、炮药大有帮助，起了促进作用。

《克虏伯炮准心法》

2卷。普鲁士军政局原书，原书名 *Calculation of Trajectory of Projectiles*，金楷理译，李凤苞述。光绪元年(1875)刊。该书详述了炮位取准时的各种方法，这些方法有助于提高军队的战

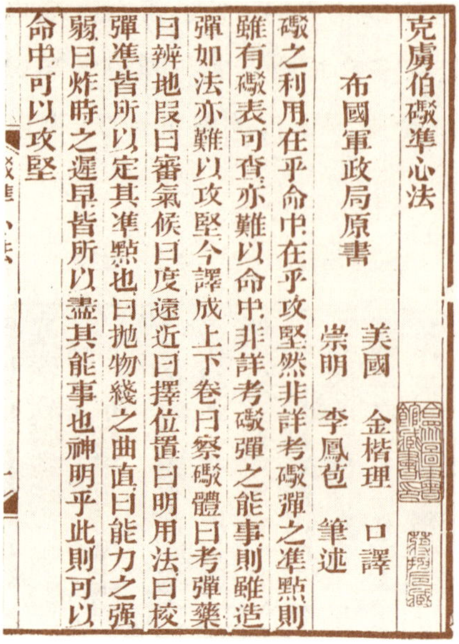
克虜伯礮準心法

布國軍政局原書

美國 金楷理 口譯

崇明 李鳳苞 筆述

礮之利用在乎命中在乎攻堅然非詳考礮彈之準點則雖有礮表可查亦難以命中非詳考礮彈之能事則雖造彈如法亦難以攻堅今譯成上下卷曰察礮體曰考彈藥曰辨地段曰審氣候曰度遠近曰擇位置曰明用法曰校彈準皆所以定其準點也曰拋物綫之曲直曰能力之強弱曰炸時之遲早皆所以盡其能事也神明乎此則可以命中可以攻堅

《克虏伯炮准心法》书影

斗力。还介绍了西方实用弹道学知识，精确描述弹道问题所需要的运动学理论和数学分析方面的知识，这标志着中国的弹道学正式跨进了现代科学行列。

《攻守炮法》

6 卷，附图 54。普鲁士军政局原著，原书名 *Fortification of Mouth of the Scheldt*，金楷理口译，李凤苞笔述。光绪元年（1875）刊。本书包括克虏伯腰箍炮说，炮架说，螺绳炮架说三卷，“论简而理明”。翻译克虏伯炮学书籍最多的江南制造局，也是仿造克虏伯炮最具成效的机器局，可知，书籍的译介的确起了一定的推动作用。

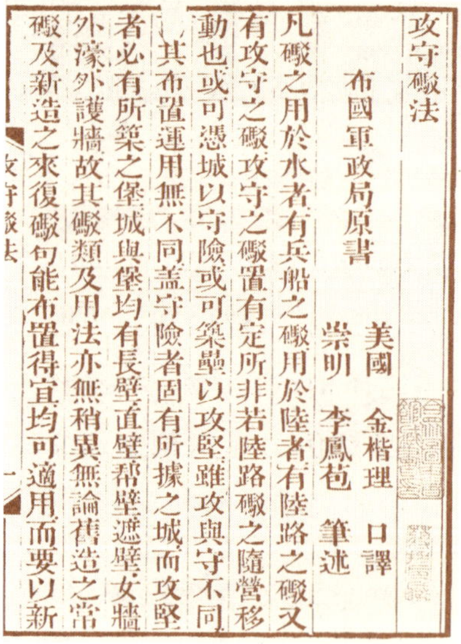
攻守礮法

布國軍政局原書

美國 金楷理 口譯

崇明 李鳳苞 筆述

凡礮之用於水者有兵船之礮用於陸者有陸路之礮又有攻守之礮攻守之礮置有定所非若陸路礮之隨營移動也或可憑城以守險或可築壘以攻堅雖攻與守不同其布置運用無不同蓋守險者固有所據之城而攻堅者必有所築之堡城與堡均有長壁直壁帮壁遮壁女牆外濠外護牆故其礮類及用法亦無稍異無論舊造之常礮及新造之來復礮苟能布置得宜均可適用而要以新

《攻守炮法》书影

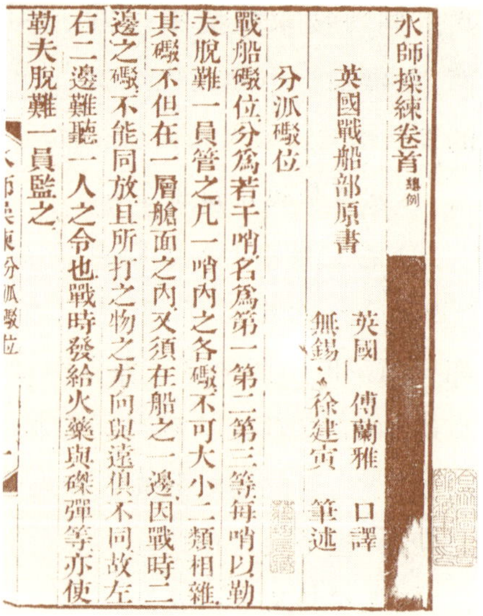
水師操練卷首

英國戰船部原書

英國 傅蘭雅 口譯

無錫 徐建寅 筆述

分派礮位

戰船礮位分爲若干哨名爲第一第二第三等每哨以勒夫脫難一員管之凡一哨內之各礮不可大小二類相雜其礮不但在一層艙面之內又須在船之一邊因戰時二邊之礮不能同放且所打之物之方向與遠近俱不同故左右二邊雖聽一人之令也戰時發給火藥與礮彈等亦使勒夫脫難一員監之

《水师操练》书影

《水师操练》

18 卷，首 1 卷，附 1 卷，附图 11。英国战船部原著，原书名

Gunnery Instructions for British Navy，傅兰雅口译，徐建寅笔述，同治十三年(1874)刊。《江南制造局译书提要》称其“首述战船操练要例，后述船舰枪炮操练各事，附卷更详及陆路守法”。

《轮船布阵》

12卷，首1卷，附图158。英国贾密伦、斐路原著，傅兰雅翻译，徐建寅笔述，同治十三年(1874)刊。中国近代海军海战阵法主要是从英国引进的，本书便是它的开端，叙述舰队阵法的基本原理，各种阵法形式及转换方法，有关概念术语等内容。其阵图部分与文字配合，将阵法内容形象直观地展示，基本反映了近代海上战斗的规律和特点。《江南制造局译书提要》称：“能明各种绕圈之法，则水师布阵之公理，可十得六七矣。此书可兼作教授学生之用。”本书的翻译为中国近代海军阵法理论奠定了基础。

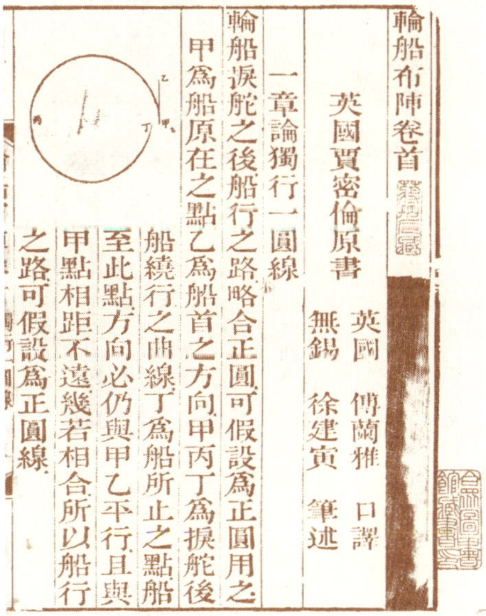
輪船布陣卷首
英國賈密倫原書
英國 傅蘭雅 口譯
無錫 徐建寅 筆述
一章論獨行一圓線
輪船捩舵之後船行之路略合正圓可假設為正圓用之
甲為船原在之點乙為船首之方向甲丙丁為捩舵後
船繞行之曲線丁為船所止之點船
至此點方向必仍與甲乙平行且與
甲點相距不遠幾若相合所以船行
之路可假設為正圓線

《轮船布阵》书影

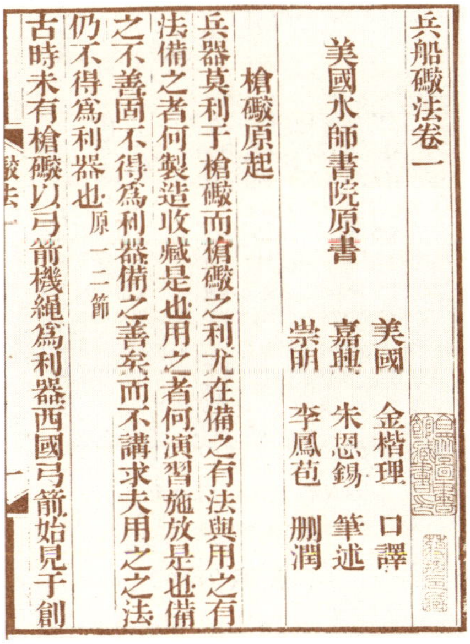
兵船礮法卷一
美國水師書院原書
美國 金楷理 口譯
嘉興 朱恩錫 筆述
崇明 李鳳苞 刪潤
槍礮原起
兵器莫利于槍礮而槍礮之利尤在備之有法與用之有
法備之者何製造收藏是也用之者何演習施放是也備
之不善固不得為利器備之善矣而不講求夫用之之法
仍不得為利器也 原一二節
古時未有槍礮以弓箭機繩為利器西國弓箭始見于創

《兵船炮法》书影

《兵船炮法》

6卷，附图180。美国水师学堂原著，原书名 *Naval Gunnery*，金楷理口译，朱恩锡笔述，李凤苞校对。光绪元年(1875)刊。由枪炮缘起、水师用炮，炮之形式讲起，谈及造件所用物料模范鼓铸及车钻各法，炮架致用质料形式利弊，炮之俯仰及位置高低，炮弹造法及查验。最后介绍后膛来复线枪炮的缘起，以及操作战炮之法。按教科书体例撰写。

《格林炮操法》

1卷。美国傅兰克令原著，傅兰雅口译，徐建寅笔述，光绪元年(1875)刊。本书详细介绍了各炮手的最佳指定炮位，操作流程，且配图例。提示炮手周围应掩以遮蔽物。还叙述了火炮的拆卸装配步骤，装置弹筒的步骤。

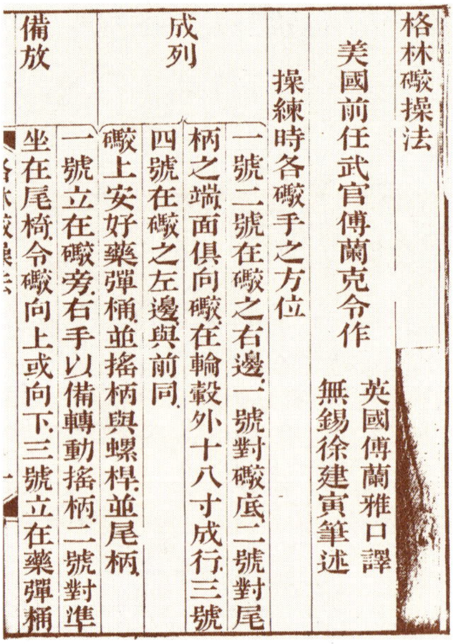
格林礟操法
美國前任武官傅蘭克令作　英國傅蘭雅口譯　無錫徐建寅筆述
操練時各礟手之方位
一號二號在礟之右邊一號對礟底二號對尾柄之端面俱向礟在輪轂外十八寸成行三號四號在礟之左邊與前同
成列
礟上安好藥彈桶並搖柄與螺梍並尾柄
一號立在礟旁右手以備轉動搖柄二號對準坐在尾椅令礟向上或向下三號立在藥彈桶
備放

《格林炮操法》书影

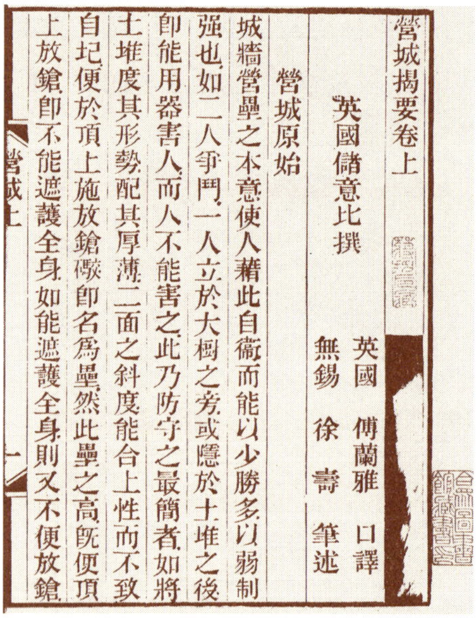
營城揭要卷上
英國儲意比撰　英國傅蘭雅口譯　無錫徐壽筆述
營城原始
城牆營壘之本意使人藉此自衛而能以少勝多以弱制強也如二人爭鬥一人立於大樹之旁或隱於土堆之後即能用器害人而人不能害之此乃防守之最簡者如將土堆度其形勢配其厚薄二面之斜度能合土性而不致自圮便於頂上施放鎗礟即名爲壘然此壘之高既便頂上放鎗即不能遮護全身如能遮護全身則又不便放鎗

《营城揭要》书影

《营城揭要》

2卷，附图50。英国储意比原著，原书名*Fortification*，傅兰雅口译，徐寿笔述，光绪二年(1876)刊。古时城墙以其高厚为坚固，自以火炮行世，护城垒墙的防御法也因之而变。后膛炮行世，城池的防御法又为之变化。从前固若金汤的现在都像平川一样，从前砖石重重累叠的，现在都变为沙土似的不安全。因为枪弹火炮能从阵头直射到阵尾，炸炮和钢弹的摧毁力也不是旧的防御法可以抵御的。读《营城揭要》就能明白其中的道理。

《营垒图说》

1 卷，附图 8。比利时伯里牙芒(Brialmont)原著，原书名 *Improvised Fortifi cations*，金楷理口译，李凤苞笔述，光绪二年(1876)刊。本书分析城池的构筑、用器、炮火兵力的布置，且引经据典，附图说明。该书于《营城揭要》互有详略对照，可相辅相融而读。

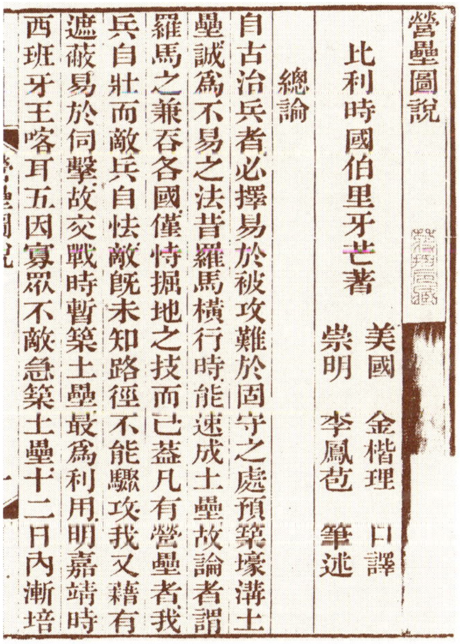
營壘圖說
比利時國伯里牙芒著
美國 金楷理 口譯
崇明 李鳳苞 筆述
總論
自古治兵者必擇易於被攻難於固守之處預築壕溝土壘誠爲不易之法昔羅馬橫行時能速成土壘故論者謂羅馬之兼吞各國僅恃掘地之技而已蓋凡有營壘者我兵自壯而敵兵自怯敵既未知路徑不能驟攻我又藉有遮蔽易於伺擊故交戰時暫築土壘最爲利用明嘉靖時西班牙王喀耳五因寡衆不敵急築土壘十二日內漸培

《营垒图说》书影

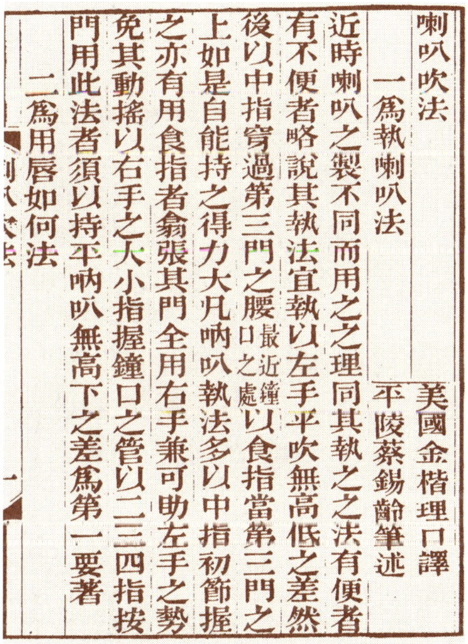
喇叭吹法
一爲執喇叭法
美國金楷理口譯
平陵蔡錫齡筆述
近時喇叭之製不同而用之之理同其執之之法有便者有不便者略說其執法宜執以左手平吹無高低之差然後以中指穿過第三門之腰（口之最近處）以食指當第三門之上如是自能持之得力大凡吶叭執法多以中指初節握之亦有用食指者翕張其門全用右手兼可助左手之勢免其動搖以右手之大小指握鐘口之管以二三四指按門用此法者須以持平吶叭無高下之差爲第一要著
二爲用唇如何法

《喇叭吹法》书影

《喇叭吹法》

1 卷，附图 31。金楷理口译，蔡锡龄笔述，光绪三年(1877)刊。喇叭是当时军队的重要通讯工具，进退取舍，事关重大。本书详细介绍如何用唇，如何成音，如何吹奏，有五线谱记谱，相当科学规范精准。

《爆药记要》

6 卷，附图 4。美国水雷局原著，原书名 *Fulmilates and Ex-*

plosives，舒高第口译，赵元益笔述。光绪五年(1879)刊。此书摘自 1874 年水雷局论爆药。虽不详细论述爆药的制造理法，也已论及最重要的原理，且多实用少空谈，以致局外人也常索要本书。

《水雷秘要》

5 卷，附图 224。英国史理孟(Sleeman)原著，原书名 *Torpedose*，舒高第口译，郑昌棪笔述，光绪六年(1880)刊。水师用水雷，如陆战用地雷，水雷较地雷更为常用。水雷的杀伤力 10 倍于地雷，只是引爆水雷的难度也 10 倍于地雷。本书阐明了雷式引爆法，重点在于用电引爆水雷，这是当时最新颖方便的方法，若此法不掌握，所设水雷均属无用。这就是本书研究重点所在。

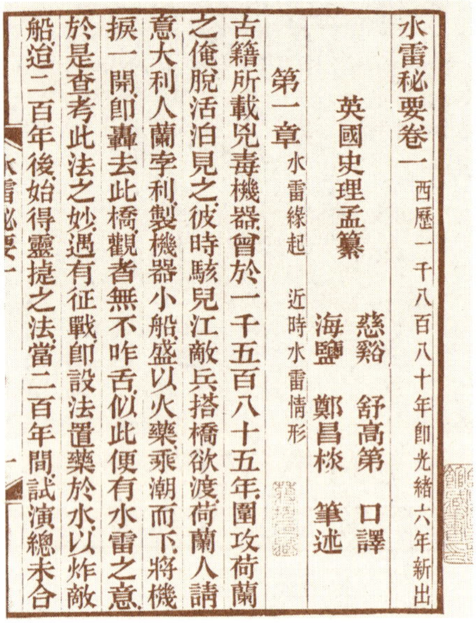
水雷秘要卷一 西歷一千八百八十年即光緒六年新出
英國史理孟纂 慈谿 舒高第 口譯
海鹽 鄭昌棪 筆述
第一章 水雷緣起 近時水雷情形
古籍所載兕毒機器曾於一千五百八十五年圍攻荷蘭之俺脫活泊見之彼時駭兕江敵兵搭橋欲渡荷蘭人請意大利人蘭孛利製機器小船盛以火藥乘潮而下將機捩一開即轟去此橋觀者無不咋舌似此便有水雷之意於是查考此法之妙遇有征戰即設法置藥於水以炸敵船迨二百年後始得靈捷之法當二百年間試演總未合

《水雷秘要》书影

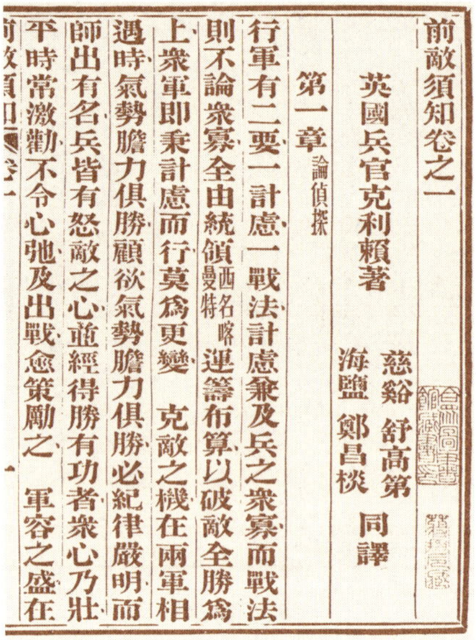
前敵須知卷之一
英國兵官克利賴著 慈谿 舒高第 海鹽 鄭昌棪 同譯
第一章 論偵探
行軍有二要一計慮一戰法計慮兼及兵之衆寡而戰法則不論衆寡全由統領西名曼特喀運籌布算以破敵全勝爲上衆軍即秉計慮而行莫爲更變 克敵之機在兩軍相遇時氣勢膽力俱勝顧欲氣勢膽力俱勝必紀律嚴明而師出有名兵皆有怒敵之心並經得勝有功者衆心乃壯平時常激勸不令心弛及出戰愈策勵之 軍容之盛在

《前敌须知》书影

《前敌须知》

4 卷，附图 19。英国克利赖原著，舒高第翻译，郑昌棪笔述，光绪十六年(1890)刊。全书分 20 节，分别论述侦探、行营巡探、分队出探、列队、各军行法、先锋军事宜、地势险夷、步兵、马兵、炮兵、涉江河、履峡地、过村镇、穿树林，及其转运协调部队。全书举欧洲大战事战役为证，探讨战略战法，详备缜密。

《炮乘新法》

3卷，附图141。英国制造局原著，舒高第口译，郑昌棪笔述。光绪十六年(1890)刊。首先介绍多种造炮材料，接着述及陆路炮、攻坚炮车、山炮车及运转车、行营各车的制造法，各种功用效能的栓炮炮架的制造，最后讲零部件配置。总之，本书专论造炮车炮架，详细完备。

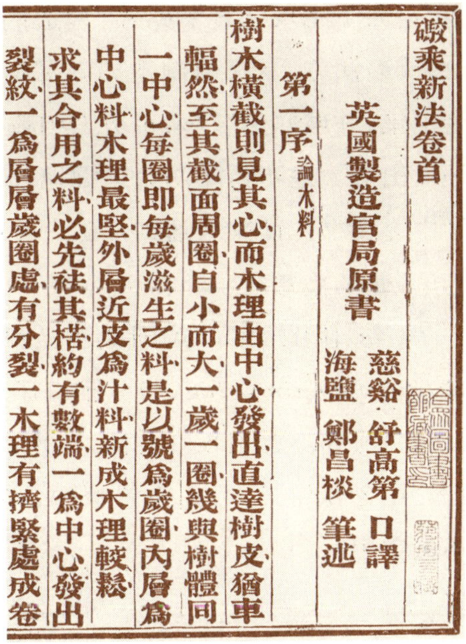
礮乘新法卷首

英國製造官局原書

慈谿 舒高第 口譯
海鹽 鄭昌棪 筆述

第一序 論木料

樹木橫截則見其心而木理由中心發出直達樹皮猶車輻然至其截面周圍自小而大一歲一圈幾與樹體同一中心每圈即每歲滋生之料是以號爲歲圈內層爲中心料木理最堅外層近皮爲汁料新成木理較鬆求其合用之料必先祛其楛約有數端一爲中心發出裂紋一爲層層歲圈處有分裂一木理有擠緊處成卷

《炮乘新法》书影

《炮法求新》

10卷。英国乌理制炮厂原书，舒高第译，郑昌棪述。介绍改装旧炮升级为新型号炮的方法，其间铸法、制法、试法、用法均一一介绍，数目款目较繁琐。附录有每年按期详报兵部的文件，内容有关格林炮、炮距抛物线、水师适用炮架及压水柜等。

《开地道轰药法》

3卷，附图114。英国武备工程学堂原著，原书名 *Dynamiting Employed by Sappers*，傅兰雅口译，汪振声笔述，光绪十九年(1893)刊。本书介绍开挖地道的步骤：开挖地道，钻石用爆药轰裂，设置炮台及城内地

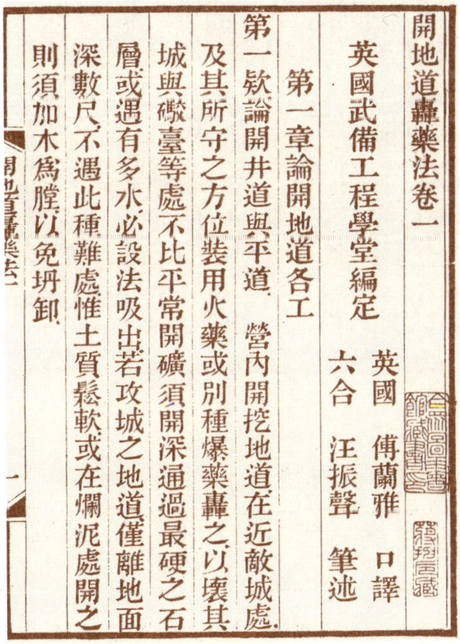
開地道轟藥法卷一

英國武備工程學堂編定

英國 傅蘭雅 口譯
六合 汪振聲 筆述

第一章論開地道各工

第一款論開井道與平道 營內開挖地道在近敵城處及其所守之方位裝用火藥或別種爆藥轟之以壞其城與礮臺等處不比平常開礦須開深通過最硬之石層或遇有多水必設法吸出若攻城之地道僅離地面深數尺不遇此種難處惟土質鬆軟或在爛泥處開之則須加木爲膛以免坍卸

《开地道轰药法》书影

道，地面下相攻守各法路径，地道的通风设置，引火放炸药慢轰法，快轰法等。《江南制造局译书提要》指出："攻城以不用地道为上策，守城亦然"，"两军势力相敌，坚持顿兵，则往往从事于掘地以出奇。遂不得不防人之掘地攻我，此开地道轰药法，亦为兵学中之要书。而其旁通则开矿之补助也。"①

《营工要览》

4 卷，附图 190。英国武备工程课则，原书名 *Instruction in Military Engineering*，傅兰雅口译，汪振声笔述，光绪二十二年(1896)前刊。首论攻守各法，再述行军取水的种种方法，三论行营驻扎各要件，最后论设置瞭望台的重要性。该书理论详尽又不失实用。

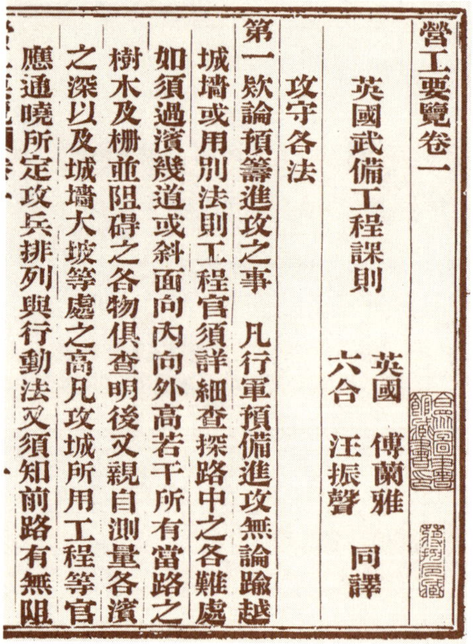
營工要覽卷一
英國武備工程課則
英國 傅蘭雅
六合 汪振聲 同譯
攻守各法
第一欵論預籌進攻之事 凡行軍預備進攻無論踰越城墻或用別法則工程官須詳細查探路中之各難處如須過濱幾道或斜面向內向外高若干所有當路之樹木及柵並阻碍之各物俱查明後又親自測量各濱之深以及城墻大坡等處之高凡攻城所用工程等官應通曉所定攻兵排列與行動法又須知前路有無阻

《营工要览》书影

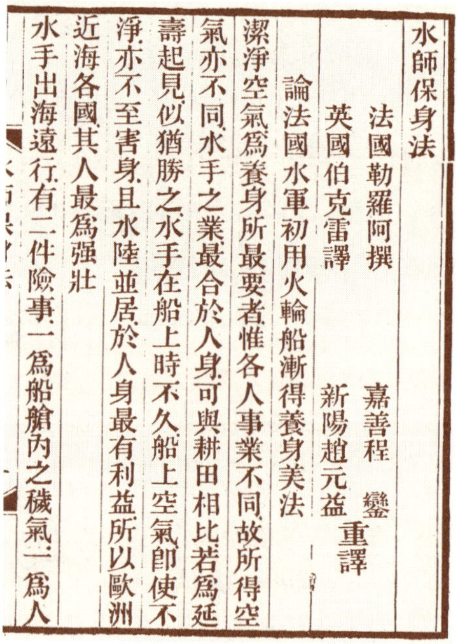
水師保身法
法國勒羅阿撰
英國伯克雷譯 嘉善程鑾
新陽趙元益 重譯
論法國水軍初用火輪船漸得養身美法
潔淨空氣爲養身所最要者惟各人事業不同故所得空氣亦不同水手之業最合於人身可與耕田相比若爲延壽起見似猶勝之水手在船上時不久船上空氣即使不淨亦不至害身且水陸並居於人身最有利益所以歐洲近海各國其人最爲强壯
水手出海遠行有二件險事一爲船艙內之穢氣二爲人

《水师保身法》书影

《水师保身法》

1 卷。法国勒罗阿原著，英国伯克雷翻译，程銮、赵元益笔

① 《江南制造局翻译馆译书提要》卷一，第 43 页。

述，光绪二十二年(1896)前刊。书中指出，在行船中长期服役的水师，接触阳光调换新鲜空气最为重要。当时西方水师用海水沐浴，尤能强体健魄。各国对海军官兵的身体状况研究日渐精微，方法也不断推陈出新，所以本国水师也不可故步自封。

《铁甲丛谈》

5 卷，图 1 卷，附图 50。英国黎特原著，舒高第口译，郑昌棪笔述。光绪二十二年(1896)前刊。该书专门讨论部队铁甲装备的得失。因火枪火炮越来越精锐，铁船也随之更加坚固。船浮出水面的高度也会降低，船速也更加快捷，炮台、炮位、操作台、司令台诸项设置也会越来越精准。书中断言：学者可从已知的船械发明未来的船械。

《行军指要》

6 卷，附图 49。英国哈密原著，原书名 *The Operations of War*，金楷理口译，赵元益笔述，光绪二十七年(1901)刊。全书论述交战要务、用兵计划、部队供给、阻军之物、列阵交锋，附地图与欧洲各大战之战场图。“盖火器之制，愈改愈精，用兵之法亦愈研愈密，而为将之道遂愈演愈难。此书专为造就将才立意。”①

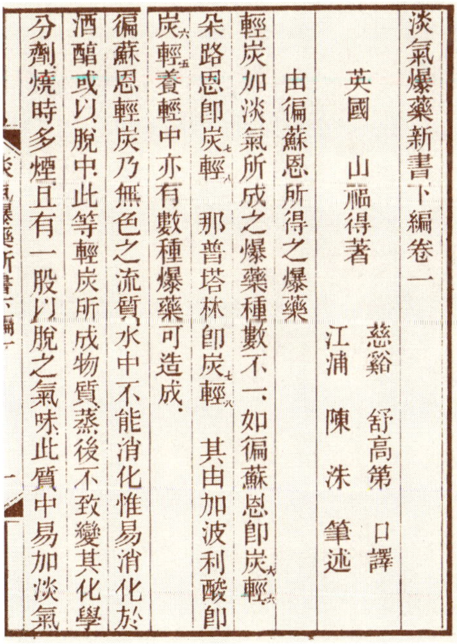
淡氣爆藥新書下編卷一
英國 山福得著　慈谿 舒高第 口譯
江浦 陳洙 筆述
由偏蘇恩所得之爆藥
輕炭加淡氣所成之爆藥種數不一如偏蘇恩即炭六輕六
朵路恩即炭七輕八 那普塔林即炭七輕八 其由加波利酸即
炭六輕五養輕中亦有數種爆藥可造成
偏蘇恩輕炭乃無色之流質水中不能消化惟易消化於
酒醕或以脫中此等輕炭所成物質蒸後不致變其化學
分劑燒時多煙且有一股以脫之氣味此質中易加淡氣

《淡气爆药新书》书影

《淡气爆药新书》

上、下编各 5 卷。英国棉花药厂制造师山福得博士著，舒高第译，沈陶章、陈洙述。宣统元年

① 《江南制造局译书提要》卷一，第 44 页。

(1909)刊。列述各种爆药材料热度、燃点及制造收藏各种方法，原原本本靡不从实验得来。“诚陆军海军必备之参考书也”。在当时之中国，仍不失为有用之技艺。

《英国定准军药书》

4卷，附2卷。英国陆军水师部编纂，舒高第口译，汪振声笔述。1912年刊，4卷，附图编，附目录。

附录:江南制造局翻译馆译书目录

题　　名	译　者	笔　录	数	出版	底　　本	原著者	出版	出版地	类　别
四裔编年表	林乐知	严良勋	4	1874	The Book of Dates	Bohn			政史类
列国岁计政要	林乐知	郑昌棪	12	1876	The Statesman's Year Book	麦丁富得力(Martin)	1874		政史类
佐治刍言	傅兰雅	应祖锡	1	1885	Political Economy	William and Robert Chambers	1852	爱丁堡	政史类
俄国新志	傅兰雅	潘　松	8	1898					政史类
法国新志	傅绍兰、秀耀春	潘　松、范熙庸	4	1898					政史类
埏纮外乘	林乐知、严良勋	蔡　澄	25,补1	1901	Encyclopaedia Britannica 等				政史类
西美战史	李景镐		2	1904		动利德			政史类
美国宪法纂释	舒高第	郑昌棪	21,附1	1907		海丽生			政史类
欧洲东方交涉记	林乐知	瞿昂来	12	1880	The Eastern Question	麦高尔(Macguire)辑			外交类
英俄印度交涉书	罗亨利	瞿昂来	2	1887					外交类
公法总论	傅兰雅	汪振声	1	1886—1894	International Law in Encyclopaedia Britannica	Robertson, E.			外交类

（续表）

题名	译者	笔录	数	出版	底本	原著者	出版	出版地	类别
各国交涉公法论	傅兰雅	俞世爵	3集,16	1894	Commentaries Upon International Law	Phillimore, Robert J.（费利摩罗巴德）	1854; 1857; 1870		外交类
各国交涉便法论	傅兰雅		6	1899—1902间	International Law, Private	Phillimore, Robert J.（费利摩罗巴德）			外交类
保富述要	傅兰雅	徐家宝	不分卷	1896					商学类
国政贸易相关书	傅兰雅	徐家宝	2	1897		Farrer, Thomas H.			商学类
工业与国政相关论	卫　理	王汝驹	2	1900	The State in Relation to Labour	Jevons, Stanley	1882		商学类
养蒙正轨	秀耀春	汪振声	1	1899					教育类
日本学校源流	卫　理	范熙庸	1	1899		路义思			教育类
日本东京大学规制考略	不　详	不　详	1	1905					教育类
防海新论	傅兰雅	华蘅芳	18	1873	A Treatise on Coast Defence	德国希里哈（Scheliha, Victor）			兵制类
英国水师律例	舒高第	郑昌棪	4	1877		英国德麟、极福德			兵制类
水师章程	林乐知	郑昌棪	14,续6	1879		英国水师兵部			兵制类

（续表）

题名	译者	笔录	数	出版	底本	原著者	出版	出版地	类别
临阵管见	金楷理	赵元益	9	1886	Tactics of the Austro-Prussian and Franco-Prussian Wars				兵制类
英国水师考	傅兰雅	钟天纬	1	1886	British Naval Examination	英国巴那比，美国克理			兵制类
美国水师考	傅兰雅	钟天纬	1	1886	U. S. Naval Examination	英国巴那比，美国克理			兵制类
法国水师考	罗亨利	瞿昂来	1	1886		美国杜默能			兵制类
列国陆军制	林乐知	瞿昂来	9	1889		美国欧泼登			兵制类
海军调度要言	舒高第	郑昌棪	3，图1	1890		英国拿核甫、赖甫吞、鲁脱能			兵制类
俄国水师考	傅少兰	李岳蘅	1	1900前		英国百拉西			兵制类
德国陆军考	吴宗濂	潘元善	4	1901		法国欧盟			兵制类
西国陆军制考略	傅兰雅	范本礼	8	1902	The Armies of the Great Powers	英国柯里			兵制类
运规约指	傅兰雅	徐建寅	3	1870	Practical Geometry	白起德（Burchett，Wm.）辑			数学类
代数术	傅兰雅	华蘅芳	25，首1	1873	Algebra	华里司（Wallace，Wm.）			数学类

（续表）

题　名	译　者	笔　录	数	出版	底　本	原著者	出版	出版地	类　别
微积溯源	傅兰雅	华衡芳	8	1874	Fluxions	华里司(Wallace, Wm.)			数学类
算式集要	傅兰雅	江　衡	4	1877	Mensuration and Practical Geometry	哈司韦(Haswell, Chas. H.)	1863		数学类
三角数理	傅兰雅	华衡芳	12	1877	A treatise on Plane and Spherical Trigonometry	海麻士(Hymers, John)辑	1858		数学类
数学理	傅兰雅	赵元益	9,附1	1879	Elements of Arithmetic	棣么甘(DeMorgan, Augustus)	1869		数学类
代数难题解法	傅兰雅	华衡芳	16	1883	A Companion to Wood's Algebra	伦德(Lund, Thos.)	1878	伦敦	数学类
算式别解	傅兰雅	华衡芳	14	1899	Algebra Made Easy	好敦司(Houston), 开奈利(Kennelly, A. E.)	1898	纽约	数学类
声学	傅兰雅	徐建寅	8	1874	Sound	田大里(Tyndall, J.)	1869	伦敦	物理学类
格致启蒙·格物学	林乐知	郑昌棪	1	1879	Science Primer Series	司都藿			物理学类
光学	金楷理	赵元益	2,附1	1879	Light	田大里(Tyndall, J.)			物理学类

（续表）

题　名	译　者	笔　录	数	出版	底　本	原著者	出版	出版地	类　别
电学	傅兰雅	徐建寅	11	1880	The Student's Text-book of Electricity	瑙挨德(Noad Henry M.)	1867	伦敦	物理学类
电学纲目	傅兰雅	周郇	1	约 1881		田大里(Tyndall, J.)			物理学类
格致小引	罗亨利	瞿昂来	1	1886	Introduction to the Science	赫胥黎(Huxley, T. H.)		伦敦	物理学类
物体遇热改易记	傅兰雅	徐寿	4	1899	Changes of Volume Produced by Heat	瓦特斯(Foster, G.)	1875		物理学类
通物电光	傅兰雅	王季烈	4,图 1	1899	X-ray	莫尔登(Morton)	1896	纽约	物理学类
无线电报	卫　理	范熙庸	1	1900					物理学类
物理学	藤田丰八	王季烈	12	1901—1903		饭盛挺造			物理学类
电学测算	徐兆熊	王汝骕、陈炳华校	1	1906—1908					物理学类
化学鉴原	傅兰雅	徐　寿	6	1872	Priciples and Applications of Chemistry	韦而司(Wells, David A.)	1858		化学类
化学分原	傅兰雅	徐建寅	8	1872	An Introduction to Practical Chemistry	包曼(Bowman, J. E.)原著，蒲陆山(Bloxam C.)增订	1866		化学类

（续表）

题　名	译　者	笔　录	数	出版	底　本	原著者	出版	出版地	类　别
化学鉴原续编	傅兰雅	徐　寿	24	1875	Chemistry, Inorganic and Organic	蒲陆山（Bloxam, C. L.）	1867	伦敦	化学类
格致启蒙·化学	林乐知	郑昌棪	1	1879	Science Primer Series	罗斯古			化学类
化学鉴原补编	傅兰雅	徐　寿	6，附1	1882	Priciples and Applications of Chemistry	蒲陆山（Bloxam, C. L.）			化学类
化学考质	傅兰雅	徐　寿	8	1883	Manual of Qualitative Chemical Analysis	德国富里西尼乌司（Fresenius K. R.）著，Johnson英译	1875		化学类
化学求数	傅兰雅	徐　寿	15	1883	Quantitative Chemical Analysis	德国富里西尼乌司（Fresenius K. R.）著，Vacher英译	1876		化学类
化学材料中西名目表	傅兰雅译			1884	Vocabulary of Names of Chemical Substances				化学类
化学工艺	傅兰雅	汪振声	12	1898	A Theoretical and Practical Treatise on the Manufacture of Sulphuric Acid and Alkali	英国能智			化学类

（续表）

题　名	译　者	笔　录	数	出版	底　本	原著者	出版	出版地	类　别
化学源流论	王汝聃		4	1903—1905		方尼司辑			化学类
无机化学教科书	徐兆熊		3	1908		琼司			化学类
测候丛谈	金楷理	华蘅芳	4	1876	Meteorology in Encyclopaedia Britannica	侯失勒			天文学类
格致启蒙·天文学	林乐知	郑昌棪	1	1879	“Astronomy” in Science Primer Series	骆克优(Lockyer, J. N.)		伦敦	天文学类
谈天	伟烈亚力	李善兰、徐建寅	18,首1,表1	1881	The Ontlines of Astronomy	侯失勒(Herschel, John)	1851		天文学类
地学浅释	玛高温	华蘅芳	38	1871	Elements of geology	雷侠儿(Lyell, C.)	1865	伦敦	地学类
格致启蒙·地理学	林乐知	郑昌棪	1	1879	“Geography” in Science Primer Series	祁觐(Geikie, A.)		伦敦	地学类
儒门医学	傅兰雅	赵元益	3,附1	1876	The Medical Handbook	海得兰(Headland)			医学类
西药大成	傅兰雅	赵元益	10,首1	1879—1887	Materia Medica and Therapeutics	英国来拉，海得兰修订	1876		医学类
西药大成药品中西名目表	傅兰雅译			1887	Vocabulary of Names of Meteria Medica				医学类

（续表）

题　名	译　者	笔　录	数	出版	底　本	原著者	出版	出版地	类　别
内科理法	舒高第	赵元益	22	1889	The Physician's Vade Mecum	虎伯(Hooper, R.)	1833		医学类
临阵伤科捷要	舒高第	郑昌棪	4	1894		英国帕脱			医学类
法律医学	傅兰雅	徐　寿、赵元益	24,首1,附1	1899	Priciples of Medical Jurisprudence	英国惠连、弗里爱	1881		医学类
妇科	舒高第	郑昌棪	不分卷	1900		美国汤麦斯			医学类
保全生命论	秀耀春	赵元益	1,附1	1901		英国肥勒			医学类
西药大成补编	傅兰雅	赵元益	6,首1	1904		英国哈莱			医学类
产科	舒高第	郑昌棪	不分卷	1904		英国密尔			医学类
济急法	秀耀春	赵元益	1	1905		英国肥勒(舍白辣)			医学类
西药新书	舒高第	赵予钦、陈　洙	8,附中西名目表	1912	Extra Pharmacopeca	Martindale and Westcott			医学类
开煤要法	傅兰雅	王德均	12	1870	Coal and Coal Mining	士密德(Smyth, W. W.)辑			矿冶类
金石识别	玛高温	华蘅芳	12	1872	Manual of Mineralogy	代那(Dana, J. D.)	1857		矿冶类
冶金录	傅兰雅	赵元益	3	1873	The Moulder's and Founder's Pocket Guide	阿发满(Overman, F.)			矿冶类

（续表）

题　名	译　者	笔　录	数	出版	底　本	原著者	出版	出版地	类　别
历览英国铁厂记略	傅兰雅	徐　寿	1	1874		傅兰雅著			矿冶类
井矿工程	傅兰雅	赵元益	3	1879	Boring and Blasting	白尔捺(Byrne, O.)			矿冶类
造铁全法	傅兰雅	徐　寿	4	1880	Iron Manufacture	费而奔(Fairbain)			矿冶类
金石中西名目表	傅兰雅		1	1883	Vocabulary of Mineralogical Terms Occurring in the Manual	代那(Dana, J. D.)			矿冶类
宝藏兴焉	傅兰雅	徐　寿	12	1884	A Practical Treatise on Metallurgy	柯鲁克(Crookes W.)			矿冶类
银矿指南	傅兰雅	应祖锡	1	1891	A Practical Treatise on Testing and Working Silver Ores	亚伦(Aron, C. H.)	1876	旧金山	矿冶类
炼金新语	舒高第	郑昌棪	1	1891		奥斯吞			矿冶类
炼钢要言	徐家宝	徐家宝		1896					矿冶类
开矿器法图说	傅兰雅	王树善	10	1899	A Descriptive Treatise on Mining Machinery, Tools and Appliances Used in Mmining	俺特累(Andre, G. G.)			矿冶类

（续表）

题名	译者	笔录	数	出版	底本	原著者	出版	出版地	类别
求矿指南	傅兰雅	潘　松	10，附 1	1899	The Prospector's Handbook	安德孙（Anderson, J. W.）	1897	伦敦	矿冶类
探矿取金	舒高第	汪振声	6，续 1，附 1	1903					矿冶类
相地探金石法	王汝驹		4	1903		喝尔勃特·喀格司			矿冶类
矿学考质	舒高第	沈陶章、陈　洙	10	1907		奥斯彭			矿冶类
航海简法	金楷理	王德均	4	1871		那丽			船政类
御风要术	金楷理	华蘅芳	3	1873	Law of Storms	白尔特(Birt)			船政类
行海要术	金楷理	李凤苞	4	1890	Practical Navigation	Thom, A.			船政类
船坞论略	傅兰雅	钟天纬	1，图 1	1894	Treatise on Decks				船政类
行船免撞章程	傅兰雅	钟天纬	1，附 1	1895					船政类
航海章程	凤仪译	徐家宝	1，附 1	1895		弗兰克林			船政类
行军测绘	傅兰雅	赵元益	10，首 1，图 1	1873	A Practical Course of Military Surveying	连提			测绘类
海道图说	傅兰雅、金楷理	王德均	15，附 1	1874	The China Sea Directory	金约翰（King, J. W.）			测绘类
绘地法原	金楷理	王德均	1，图 1，表 1	1875	Mathematical Geography	胡斯(Hughes)			测绘类

（续表）

题　名	译　者	笔　录	数	出版	底　本	原著者	出版	出版地	类　别
测地绘图	傅兰雅	徐　寿	11	1876	Method of Conducting a Trigonometrical Survey	富路玛(Frome, E. C.)			测绘类
测绘海图全法	傅兰雅	赵元益	8,附 1	1899	Hydrographical Surveying	华尔登(Warton, W. J. L.)			测绘类
器象显真	傅兰雅	徐建寅	4	1871	The Engineer and Machinist's Drawing Book	白力盖(Lebland, V.)			机械工程类
汽机发轫	伟烈亚力	徐　寿	9,表 1	1871	Manual of the Steam Engine	美以纳、白劳那			机械工程类
汽机必以	傅兰雅	徐建寅	12,首 1,图 1	1872	A Catechism of the Steam Engine	蒲尔捺(Byrne, O.)			机械工程类
汽机新制	傅兰雅	徐建寅	8	1872	Pochetbook of Practical Rules for the Proportions of Modern Engines and Boilers for Land and Marine Purpose	白尔格(Burgh, N. P.)	1864	伦敦	机械工程类
海塘辑要	傅兰雅	赵元益	10,首 1	1873	The Practice of Embanking Lands from the Sea	韦更斯(Wiggins, J.)			机械工程类

（续表）

题　　名	译　者	笔　录	数	出版	底　　本	原著者	出版	出版地	类　别
艺器记珠	傅兰雅	徐建寅	1	1884	Pocket Book of Useful Formulae for Civil and Mechanical Engineers	暮司活德（Molesworth, G. L.）			机械工程类
行军铁路工程	傅兰雅	汪振声	2,图 1	1886	Military Railways（英国武备工程课本）				机械工程类
汽机中西名目表	傅兰雅			1889	Vocabulary of terms relating to the steam engine				机械工程类
兵船汽机	傅兰雅	华备钰	6,附 1	1894	The Marine Steam Engine	息尼德（Sennett, R.）	1885	伦敦	机械工程类
工程致富论略	傅兰雅	钟天纬	13,图 1	1894	Aid Book to Engineering Enterprise Abroad	玛体生（Matheson, E.）			机械工程类
考试司机	傅兰雅	徐华封	7,首 1,图 1	1894	Reed's Engineer's Hand Book to the Local Marine Board Examinations	拖尔那（Thorn, W. H.）			机械工程类
考工记要	傅兰雅	钟天纬	17,图 1	1895		玛体生（Matheson, E.）			机械工程类

（续表）

题名	译者	笔录	数	出版	底本	原著者	出版	出版地	类别
美国铁路纪要	傅兰雅	潘松	3	1897	The American Railways	柯理(Clarke, T. C.)			机械工程类
铁路汇考	傅兰雅	潘松	13	1899	The American Railways	柯理(Clarke, T. C.)			机械工程类
制机理法	傅兰雅	华备钰	8	1899	Mechanical Engineering-Workshop Companion	觉显禄斯			机械工程类
工艺准绳	傅兰雅	徐家宝	不分卷	1900		暮司活德(Molesworth, G. L.)			机械工程类
西艺知新	傅兰雅等	徐寿等	正编10，续编12		Modern Arts and Manufactures of the West	编者多人			工艺制造类
匠诲与规(西艺知新正第1种)	傅兰雅	徐寿	3	1880	A Treatise on Lathe and Turning	诺格德(Northcott, W. H.)	1876	伦敦	工艺制造类
回特活特钢炮(西艺知新正第2种)	傅兰雅	徐寿	1	1880	Whitworth Guns and Steel	Whitworth, J.			工艺制造类
造管之法(西艺知新正第3种)	傅兰雅	徐寿	1	1880	Manufacture of Metal Tube and Files	Ure, Andrew	1867	伦敦	工艺制造类
回热炉法(西艺知新正第4种)	傅兰雅	徐寿	1	1880	The Regenerative Furnances	各尔曼(Gorman)			工艺制造类

（续表）

题　　名	译　者	笔　录	数	出版	底　　本	原著者	出版	出版地	类　别
造硫强水法（西艺知新正第 5 种）	傅兰雅	徐　寿	1	1880	Manufacture of Sulphuric Acid	士密德(Smith)			工艺制造类
色相留真（西艺知新正第 6 种）	傅兰雅	徐　寿	1	1880	The Negative and Print				工艺制造类
周幂知裁（西艺知新正第 7 种）	傅兰雅	徐　寿	1	1880	A Practical Workshop Companion for Tin, Sheet Iron, and Copper Plate Worker	布伦（Blinn, Leroy J.）	1865	费城	工艺制造类
水衣全论（西艺知新正第 8 种）	傅兰雅	徐　寿	1	1880	Diving and Diving Appartus	Davis and Heincke			工艺制造类
垸髹致美（西艺知新续第 1 种）	傅兰雅	徐　寿	1	1884	Manufacture of Varnishes and Paint	Blinn, L. J.			工艺制造类
制肥皂法（西艺知新续第 2 种）	林乐知	郑昌棪	2	1884	Manufacture of Soap and Candle	Ott, A.			工艺制造类
制油烛法（西艺知新续第 3 种）	林乐知	郑昌棪	1	1884	Manufacture of Soap and Candle	Ott, A.			工艺制造类
电学镀金（西艺知新续第 4 种）	金楷理	徐华封	4	1884					工艺制造类
制玻璃法（西艺知新续第 5 种）	傅兰雅	徐　寿	2	1884					工艺制造类

（续表）

题　名	译　者	笔　录	数	出版	底　本	原著者	出版	出版地	类　别
铁船针向（西艺知新续第6种）	傅兰雅	徐　寿	1	1884	The Adjustment of Compasses				工艺制造类
机动图说（西艺知新续第7种）	傅兰雅	徐　寿	1	1884	Examples of Producing and Transmitting Motion	B-own			工艺制造类
电气镀金略法	傅兰雅	周　郇	1	1880	Electro-metallurgy Practically Treated	华特（Watt, A.）	1875	伦敦	工艺制造类
电气镀镍	傅兰雅	徐华封	1	1886		华特（Watt, A.）			工艺制造类
炼石编	舒高第	郑昌棪	3，图1	1886—1889		亨利黎特			工艺制造类
铸钱工艺	傅兰雅	钟天纬	3	1890					工艺制造类
化学工艺	傅兰雅	汪振声	10，图3	1898		能智			工艺制造类
取滤火油法	秀耀春、卫　理	汪振声	1，图1	1900		日得乌埒			工艺制造类
照相镂板印图法	卫　理	王汝骈	1	1900		美国贝列尼			工艺制造类
金工教范	王汝骈	范熙庸	1	1900		宸泼吞			工艺制造类
制羼金法	王季点		2	1901		日本桥本奇策辑译			工艺制造类
铸金论略	傅兰雅	汪振声	6，图1	1902	A Practical Treatise on Casting and Founding	司布勒村	1878	伦敦	工艺制造类

（续表）

题　名	译　者	笔　录	数	出版	底　本	原著者	出版	出版地	类　别
造洋漆法	藤田丰八	汪振声	1	1903		藤原良纯			工艺制造类
颜料篇	藤田丰八	汪振声	3	1909		日本守谦吉郎编			工艺制造类
农学初级	秀耀春	范熙庸	1	1898		英国旦尔恒理			农学类
意大里蚕书	傅兰雅、傅绍兰	汪振声、赵元益	1	1899	The Art of Rearing Silk-worms	意大利丹吐鲁(Count Vincenzo Dandolo)			农学类
农务化学问答	秀耀春	范熙庸	2	1899	Catechism of Agricultural Chemistry and Geology	英国仲斯敦(Johnston, J. F. W.)			农学类
农学要书简明目录	傅兰雅编译	王树善	1	1901					农学类
农务土质论	卫理译	范熙庸	3,图说 1	1902		美国金福兰格令希兰			农学类
农务化学简法	傅兰雅	王树善	3	1902	Agricultural Chemistry	固来纳(Grenier)			农学类
农学津梁	卫理译	汪振声	1	1902		恒里·汤纳耳			农学类
农学理说	王汝驯	赵诒琛	2	1904		德怀特·福利斯			农学类
农务全书	舒高第	赵诒琛	3 编,各 16	1907—1909		美国施妥缕			农学类
种葡萄法	舒高第	陈　洙	12	1909		美国赫思满			农学类

（续表）

题　名	译　者	笔　录	数	出版	底　本	原著者	出版	出版地	类　别
制火药法	傅兰雅	丁树棠	3	1870	Manufacture of Gunpowder	英国利稼孙、华得斯			兵学类
克虏伯炮说	金楷理	李凤苞	4	1874	Krupp's Guns, Description	普鲁士军政局			兵学类
克虏伯炮操法	金楷理	李凤苞	4	1874		普鲁士军政局			兵学类
克虏伯炮表	金楷理	李凤苞	2	1874		普鲁士军政局			兵学类
克虏伯炮弹造法	金楷理	李凤苞	2	1874	Krupp's Guns, Shot and Shell	普鲁士军政局			兵学类
克虏伯炮药饼造法	金楷理	李凤苞	1	1874	Krupp's Guns, Prismatic Powder	普鲁士军政局			兵学类
克虏伯腰箍炮说、炮架说、螺绳炮架说	金楷理	李凤苞	3	1875		普鲁士军政局			兵学类
克虏伯炮准心法	金楷理	李凤苞	2	1875	Calculation of the Trajectory of Projectiles	普鲁士军政局			兵学类
攻守炮法	金楷理	李凤苞	1	1875	Fortification of Mouth of the Scheldt	普鲁士军政局			兵学类
水师操练	傅兰雅	徐建寅	18，首1，附1	1874	Gunnery Instructions for British Navy	英国战船部			兵学类

（续表）

题　名	译　者	笔　录	数	出版	底　本	原著者	出版	出版地	类　别
轮船布阵	傅兰雅	徐建寅	12，首1	1874	Fleet Manoeuvering, Steam Yacties	派柳、贾密伦			兵学类
兵船炮法	金楷理	朱恩锡	6	1875	Naval Gunnery	美国水师学堂			兵学类
格林炮操法	傅兰雅	徐建寅	1	1875	Gatling Gun Drill	美国傅兰克令			兵学类
营城揭要	傅兰雅	徐　寿	2	1876	Fortification	英国储意比			兵学类
营垒图说	金楷理	李凤苞	1	1876	Improvised Fortifications	比利时伯里牙芒(Brialmont)			兵学类
喇叭吹法	金楷理	蔡锡龄	1	1877	Instruction for Military Bugle	Chetcuti			兵学类
爆药记要	舒高第	赵元益	6	1880	Fulminates and Explosive	美国水雷局			兵学类
水雷秘要	舒高第	赵元益	5	1880	Torpedose	史理孟(Sleeman)			兵学类
前敌须知	舒高第	郑昌棪	4	1890		英国克利赖			兵学类
炮乘新法	舒高第	郑昌棪	3	1890		英国制造局			兵学类
炮法求新	舒高第	郑昌棪	10			英国乌理制炮厂			兵学类
开地道轰药法	傅兰雅	汪振声	3，图1	1893	Dynamiting Employed by Sappers	英国武备工程学堂			兵学类
营工要览	傅兰雅	汪振声	4	1896前	Instruction in Military Engineering	英国武备工程学堂			兵学类

（续表）

题　名	译　者	笔　录	数	出版	底　本	原著者	出版	出版地	类　别
水师保身法	程　銮	赵元益	1	1896 前		法国勒罗阿著，英国伯克雷英译			兵学类
铁甲丛谈	舒高第	郑昌棪	5，图 1	1896 前		英国黎特			兵学类
行军指要	金楷理	赵元益	6	1901	The Operations	英国哈密			兵学类
淡气爆药新书	舒高第	沈陶章 陈　洙	10	1909		英国山福得			兵学类
英国定准军药书	舒高第	汪振声	4，附 2	1912		英国陆军水师部			兵学类
航海通书（年刊）	贾步纬译编		43 册	1871—1913	The Nautical Almanal and Astronomical Ephemeris	英国政府			连续出版物
西国近事汇编（季刊）	金楷理等编译		104 册	1873—1899	Summary of Foreign Events, Quarterly				连续出版物
翻译新闻纸（五日刊）	金楷理等编译			1876—?					连续出版物
翻译西国近事（《西事提要》）（五日刊）				1876—?					连续出版物

主要参考文献

一、文献资料

1. 傅兰雅:《江南制造总局翻译西书事略》,载《格致汇编》1880年。

2. 江南机器制造总局编:《江南机器制造总局书目》,1902年刻本。

3. 魏允恭:《江南制造局记》,1905年石印本。

4. 陈洙等编:《江南制造局译书提要》,江南制造局1909年铅印本。

5.《上海制造局译印图书目录》,该目附于吴馨等编《上海县续志》,上海南国志局1928年刻本。

6. 江南制造局辑:《江南制造局译书汇刻》,清光绪年间(1875年—1908年)刻本。
7. 徐维则辑:《东西学书录》,1899年石印本。
8. 徐维则辑、顾燮光补:《增版东西学书录》,1902年石印本。
9. 梁启超:《读西学书法》,时务报馆1896年刻本。
10. 梁启超:《西学书目表》,时务报馆1896年刻本。
11. 顾燮光:《译书经眼录》,1921年石印本。
12. 黄庆澄:《中西普通书目表》,算学报馆1898年刻本。
13. 赵而巽等:《清史稿》,卷五,《续修四库全书》,上海古籍出版社1995年影印本。
14. 徐家保等纂修:《锡山徐氏宗谱》,1905年本。
15. 李振家纂修:《李氏宗谱》(崇明),1909年刻本。
16. 赵诒翼纂修:《赵氏家乘》(昆山),1919年刻本。

二、论著

1. 熊月之:《西学东渐与晚清社会》,上海人民出版社1994年版。
2. 熊月之:《上海通史》,第六卷,晚清文化,上海人民出版社1999年版。
3. 沈福伟:《西方文化与中国,1793—2000》,上海教育出版社2003年版。
4. Adrian Bennett, John Fryer, The introduction of Western Science and Technology into 19 Century China. Cambridge, East Asian Research Center, 1967.(贝内特《傅兰雅译著考略》,剑桥东亚研究中心1967年版。)
5. 熊月之:《晚清新学书目提要》,上海书店出版社2007年版。

6. 汪广仁:《中国近代科学先驱徐寿父子研究》,清华大学出版社 1998 年版。

7. 王扬宗:《傅兰雅与近代中国的科学启蒙》,(西学东传人物丛书),科学出版社 2000 年版。

8. 汪广仁、徐振直:《海国撷珠的徐寿父子》,(西学东传人物丛书),科学出版社 2000 年版。

9. 汪晓勤:《中西科学交流的功臣——伟烈亚力》,(西学东传人物丛书),科学出版社 2000 年版。

10. 纪志刚:《杰出的翻译家和实践家——华蘅芳》,(西学东传人物丛书),科学出版社 2000 年版。

11. 马军:《中国近代科学家徐建寅传略》,广西师范大学出版社 2005 年版。

12. 邹振环:《20 世纪上海翻译出版与文化变迁》,广西教育出版社 2000 年版。

13. 崇明政协文史资料委员会、崇明县档案局(馆)合编:《李凤苞——清末崇明籍外交官》,2005 年版。

14. 闵杰:《晚清七百名人图鉴》,上海书店出版社 2007 年版。

三、论文

1. 邹振环:《江南制造局翻译馆与近代科技的引进》,《出版史料》1986 年第 6 期。

2. 王扬宗:《江南制造局翻译馆史略》,《中国科技史料》1988 年第 3 期。

3. 熊月之:《江南制造局翻译馆史略》,《出版史料》1989 年第 1 期。

4. 王扬宗:《江南制造局翻译书目新考》,《中国科技史料》1995 年第 2 期。

5. 张增一:《江南制造局的译书活动》,《近代史研究》1996

年第3期。

6. 霍有光:《交大馆藏江南制造局译印图书概貌及其价值》,《西安交大学报》1997年10月。

7. 傅良瑜:《江南制造局翻译馆翻译西书方法考》,《教育资料与图书馆学》2005年9月。

8. 曾明:《翻译馆的科学和技术意义》,《上海造船》,2005年第2期。

9. 史革新:《江南制造局翻译馆和近代中国的西学传播》,《文史知识》1986年第2期。

10. 张宗友:《江南制造局的翻译出版事业》,《南京大学中文学报》1998年。

11. 傅琰、汪广仁:《徐建寅的译著与西方近代技术的引进》,《哈尔滨大学学报(社会科学版)》2002年第3期。

12. 王铁军:《傅兰雅与〈格致汇编〉》,《哲学论丛》2001年第4期。

13. 张红涛:《洋务运动时期西学书籍的翻译》,《洛阳师专学报》2002年第2期。

14. 李刚:《试论洋务运动中的翻译出版活动》,《编辑学刊》2002第2期。

后　　记

翻译是不同民族、不同语种之间进行语言与文字交流的中介手段和转换形式，它作为一种思想与文化交流的语言活动，在人类历史上发挥了重要作用。纵观世界文化的进步与发展，各民族、各国家之间的文化交往活动无疑是一股重要的动力，而翻译正是跨文化交流的主要媒介。当我们考察中外文化交流史时，可以清晰地看到，每一次翻译活动的高潮，必然促进了中国社会的进步和文化的高涨，推动了中华文明的不断创新与发展。当我们聚焦于江南制造局翻译馆的翻译活动时，面对黄浦江畔的上海，我们更能体验到西学东渐的历史在此地所谱写的浓墨重彩与时代的脉博。

2010 年，恰逢上海举办第 41 届世界博览会。在成功、精彩、难忘的上海世博会向全世界展示其宏伟的经济、文化、科技交流的舞台上，我们在这片绚丽多姿的世博园里，不仅可以看到来自 246 个国家和国际组织的多元文化，从中发现理念的碰撞与融合、思想的交互与创新、文化的畅想与会通、技术的梦幻与超越，每一个参观者都会在心中"翻译"有形或无形的展品，释读世博会这部大书中的异域新知；而且，在这片曾是江南制造局翻译馆所在地的故土上，我们更能深切地感悟逝者如斯。悠悠浦江，承载了上海的百年梦想，其奔腾入海的潮涌，正是中国近代有识之士追求国富民强、勇于吸收世界先进文明成果的坚定步伐。如今，上海世博会与江南制造局翻译馆跨越百年，在此遥相呼应，谱写了民族自强与文化复兴的历史新章，诠释了理解、沟通、欢聚、合作的世博理念。

2010 年，正值西学东渐 400 年祭。回望历史，以意大利传教士利玛窦逝世(1610 年 5 月 11 日)为标志的 400 年中西文化交流史，正是中华民族在沧桑巨变中历经挑战，在西方文明的冲击下曲折前行、不断磨砺和提升中华文化生命力的过程。沿着历史的长河回溯，当年的上海人徐光启结识利玛窦后，成为明末引进西学第一人，是中国科技翻译的先驱，开启了明末清初大规模翻译西方科学著作的高潮。阮元《畴人传》云："自利氏东来，得其天文、数学之传者，光启为最深。洎乎督修新法，殚其心思才力，验之垂象，译为国说，洋洋乎数千万言，反复引伸，务使其理其法，足以人人通晓而后已，以视术士之秘其机缄者，不可同日语矣。迄今言甄明西学者，必称光启，盖精于几何，得之有本。"经徐光启之手，完成了《几何原本》、《勾股义》、《泰西水法》、《测量法义》、《崇祯历书》等一批科学著作的翻译。作为中西会通第一人的徐光启，以超越时人的睿智，博采西学，身体力行，为上海培植了积极吸纳和融合外国文明成果的文化基因，奠基了延绵 400 年的大力翻译出版世界各国优秀图书的文化根脉。因此，当中西文化在此风云际会，上海必然以博大的胸襟引领时代，成为西学东渐和中学西进的中心。江南制造局翻译馆的诞生正是上海文化根脉传承的结果。此后，从清末到民国时期，上海成为中国的文化中心、出版中心与翻译中心，正是上海海纳百川的历史传统与文化精神的体现。

因此，从江南制造局翻译馆到上海世博会，从利玛窦、徐光启到江南制造局翻译馆的徐寿、华蘅芳，其历史的坐标既展示了中外文化交流的重要轨迹，也突显了上海兼容并蓄、开放创新的城市性格。我们回顾江南制造局翻译馆的历史，正是为了更好、更快地认识世界，走向未来，促进世界文化的和谐发展。

2008 年，在江南制造局翻译馆成立 140 周年之际，我在规划历史文献系列主题展的过程中，特别策划了“江南制造局翻译馆成立 140 周年”馆藏文献展。在本中心阅览典藏部诸同仁的辛勤努力下，在近代文献目录大厅成功举办了本次纪念展览。这本书就是展览之后的又一项成果。因资料和编写者能力的限制，本书的不足之处尚待今后的完善。感谢原江南造船厂宣传部部长曾明先生的帮助，感谢陈绛教授对本书所提的意见。

谨以此书向江南制造局翻译馆的先驱们和上海世博会致敬。

黄显功

2010-7-15